Entre communautés et mobilité : une approche interdisciplinaire des médias

Collection Économie et Gestion

Dans la même collection

FRAGILES COMPÉTENCES
Sophie Brétécher, Cathy Krohmer

CONSTRUIRE LA BIODIVERSITÉ
Processus de conception de "biens communs"
Julie Labatut

L'ACTIVITÉ MARCHANDE SANS LE MARCHÉ ?
Colloque de Cerisy
Armand Hatchuel, Olivier Favereau, Franck Aggeri (sous la direction de)

MANAGEMENT DES TECHNOLOGIES ORGANISATIONNELLES
Journées d'études 2009
Pierre-Michel Riccio, Daniel Bonnet

L'ÉVALUATION DES CHERCHEURS
Daniel Fixari, Jean-Claude Moisdon, Frédérique Pallez

SÛRETÉ NUCLÉAIRE ET FACTEURS HUMAINS :
La fabrique française de l'expertise
Grégory Rolina

PROCEEDINGS OF THE THIRD RESILIENCE ENGINEERING SYMPOSIUM
Erik Hollnagel, François Pieri, Eric Rigaud (editors)

PROCEEDINGS OF THE SECOND RESILIENCE ENGINEERING SYMPOSIUM
Erik Hollnagel, Eric Rigaud (editors)

MODEM LE MAUDIT
Économie de la distribution numérique des contenus
Olivier Bomsel, Anne-Gaëlle Geffroy, Gilles Le Blanc

ÉVALUATION DES COÛTS
Claude Riveline

LE LEADERSHIP DANS LES ORGANISATIONS
James G. March, Thierry Weil

DERNIER TANGO ARGENTIQUE
Olivier Bomsel, Gilles Le Blanc

LES NOUVEAUX CIRCUITS DU COMMERCE MONDIAL
Dialogue État-Entreprises
François Huwart, Bertrand Collomb

INVITATION À LA LECTURE DE JAMES MARCH
Thierry Weil

NEW NEIGHBOURS IN EASTERN EUROPE
Economic and Industrial Reform in Lithuania, Latvia and Estonia
Christian von Hirschhausen

Entre communautés et mobilité : une approche interdisciplinaire des médias

Médias 09

Aix-en-Provence ; 16 au 18 décembre 2009
Université Paul Cézanne, Aix-Marseille III
Institut Supérieur de l'Information et des Médias

Le colloque Médias se tiendra désormais tous les deux ans. Compte tenu de la rapidité de l'évolution du secteur des médias. Notre souhait est d'ouvrir nos travaux à d'autres disciplines, en particuliers vers les spécialistes des technologies puisque l'évolution des médias est indissociable des innovations technologiques. Nous aimerions aussi ouvrir un des ateliers aux professionnels, journalistes, communicants ou responsables de groupes médias. Tous les deux ans, un rendez-vous universitaire aixois.

Comité scientifique : Serge AGOSTINELLI, Dominique AUGEY, Virginie DE BARNIER, Michel BIBENT, Rachid BOUCHAKOUR, Philippe BOUQUILLON, Jean-Louis CHANDON, Viviane COUZINET, Eric DELAMOTTE, Georges FALESSI, Jean FRAYSSINET, Michel GENSOLLEN, Eric GEORGES, Pascal LARDELLIER, Frédéric LAURIE, Meryem MARZOUKI, Mercedes MEDINA, Nicolas PELISSIER, Françoise PRETEUX, Denis RUELLAN, Hatem SRIDI, Nathalie SONNAC, Georges TSOURVAKAS, Pierre TRUDEL.

Comité d'organisation : *Centre d'Etudes et de Recherche en Gestion d'Aix Marseille*, EA 4225, IAE d'Aix-en-Provence, www.cerog.org. *Institut de Recherche et d'Etudes en Droit de l'Information et de la Communication*, Faculté de droit et de science politique d'Aix Marseille III, www.iredic.com. *Laboratoire des Sciences de l'Information et des Systèmes*, UMR CNRS 6168, Université Paul Cézanne, Faculté des Sciences et Techniques d'Aix Marseille III, www.lsis.org

ENTRE COMMUNAUTES ET MOBILITE

Ouvrage coordonné par
Serge AGOSTINELLI, Dominique AUGEY et Frédéric LAURIE

SOMMAIRE

Entre communautés et mobilité 9
Serge Agostinelli, Dominique Augé, Frédéric Laurie

Quand les médias peuvent contribuer à renforcer les liens entre les communautés et la mobilité 21
Éric George

The advent of mobile television 43
Benedetta Prario, Cinzia Colapinto

Media-aggregator The semantic role of the pro-text 61
Pier Giuseppe Rossi, Giuliana Pascucci

Mise en visibilité et délibération collective à l'ère post mass médias 79
François Demers, Alain Lavigne

Web 2.0 in political party communication – structural changes in Germany? 95
Barbara Witte, Kirsten Rautenberg, Claudia Auer

Médias participatifs et relations communautaires : une compétence de communication au service de l'information 117
Marielle Metge

Internet : un espace médiatique fragmenté 131
Sébastien Rouquette

Néo médias et nouvelles pratiques de recherche en SIC 149
Françoise Bernard, Didier Courbet

Stratégies et pratiques socio-professionnelles dans un marché industriel Les sites UGC Scoopt et CitizenSide 165
Laurie Schmitt

L'iPod : Entre expérience contrôlée et contrôles des expériences 185
Vincent Rouzé

Entre communautés et mobilité

Serge Agostinelli
Professeur en SIC
LSIS UMR CNRS 6168

Dominique Augé
Professeur en SIC
CERGAM EA 4225

Frédéric Laurie
Maître de conférences en Droit Public
IREDIC

Université Paul Cézanne, Aix-Marseille III

Introduction a l'ouvrage

Médias09 est né de la rencontre de trois chercheurs issus de trois laboratoires différents positionnés dans trois disciplines différentes. Plus que toute autre thématique, les médias ne peuvent être explorés à l'aune d'une seule discipline aussi riche et dynamique soit-elle. En effet, analyser et réfléchir les médias implique de démarrer de l'analyse de l'envie de communiquer ou du besoin d'être informé individuellement ou collectivement.

Ici, les sciences de l'information et de la communication sont convoquées. Les théoriciens de cette jeune discipline ont catégorisé les formes de communication et les ont contextualisées au sein d'un environnement social ou technologique (Jeanneret et Ollivier, 2004). De Paul Lazarfeld qui analysa l'influence des médias sur le vote des électeurs à Roland Barthes et la sémiologie[1] (Lamizet, 1997) et la

[1] La Sémiologie ou Sémiotique étudie les systèmes de signes au delà du seul langage. Elle est une science des significations.

médiologie[2] (Bougnoux 2008) qui réfléchit le contenu des messages et des discours en passant par la Galaxie Gutenberg perdue de Marshall McLuhan (1977) ou les inquiétudes sociétales engendrées par la Galaxie Internet de Manuel Castells (2002), les chercheurs en sciences de l'information et de la communication tentent d'expliquer la place prise par les médias au sein de nos sociétés et la manière dont ils transforment nos organisations et influent nos modes de pensée. Ils croisent alors d'autres disciplines avec d'autant plus de fréquence et d'intensité que les sciences de l'information et de la communication se revendiquent elles-mêmes comme une interdiscipline où se croisent sociologues, linguistes et bien d'autres disciplines (Leteinturier et Le Champion, 2009). Les sciences de l'information et de la communication observent aussi avec inquiétude l'évolution des pratiques journalistiques et l'émergence de nouveaux métiers de l'information sur le net[3] au point de parler de médiapocalypse (Scherer, 2009).

La science politique intervient à son tour aux frontières de l'info-com (ou peut être, est-ce l'inverse[4]) pour analyser la manière dont l'information politique est produite par les hommes politiques, reprise et traitée par les journalistes et perçue par les citoyens. Média et démocratie sont indissociables. Le mode de fonctionnement de ce couple est au cœur de recherches actives au sein d'une discipline centrée sur la compréhension des liens entre l'Etat, les gouvernements et les citoyens. Le regard du juriste est lui aussi indispensable pour appréhender la complexité de l'univers des médias. Communiquer librement une opinion, une pensée, constitue l'une des libertés constitutionnelles les mieux garanties et un droit de l'homme reconnu en France depuis 1789. La liberté de l'information par la voie de presse est protégée depuis la loi de 1881. Aujourd'hui, la communication et l'information sont placées au centre de l'organisation et du fonctionnement de nos sociétés contemporaines. N'évoque-t-on pas l'ère de la société de l'information et l'ONU ne lui a-t-elle pas dédié une journée mondiale, chaque 17 mai depuis 2006, suite au Sommet mondial sur la société de l'information de Tunis en 2005[5]. L'extension de la science juridique va de paire avec celle des pratiques et usages des médias. De la liberté de la presse – sans cesse consolidée par les juridictions – à la

---

[2] La Médiologie est l'étude des interactions entre medium et message.

[3] Voir les deux numéros de la revue Reseaux, (2009) n° 157-158 Les Pratiques Journalistiques (2010), n° 160-161, La Presse en ligne, Edition La Découverte.

[4] « La richesse de la science politique mais aussi sa spécificité disciplinaire vient aussi du fait qu'elle a besoin de la description de cas comme de l'analyse de sondage de masse, de la typologie comme de l'entretien, de la réflexion historique comme de la simulation, de théories de mesures comme d'analyses de discours » (Bruter (2007).

[5] Voir le site www.itu.int/wsis (world summit on the information society).

réglementation des terminaisons physiques des réseaux de communications électroniques – qu'ils soient en cuivre, en fibre ou mobiles – l'outil du droit permet le maintien d'équilibres entre acteurs distincts. Des lignes de partage sont juridiquement définies entre acteurs politiques, opérateurs, consommateurs et citoyens dans le respect des droits de chacun, dans l'intérêt du développement économique et sous la tutelle des innovations technologiques.

La science économique est elle aussi convoquée au chevet des médias et des nouvelles technologies. Les outils de l'économie industrielle sont utilisés pour disséquer le fonctionnement d'un secteur longtemps négligé par les économistes. Ainsi Sonnac et Gabszewicz (2010) montrent qu'une des difficultés majeures de ce secteur est qu'il s'agit d'un secteur dont le chiffre d'affaires dépend à la fois des achats des lecteurs (si l'on prend le cas de la presse) et des ventes d'espaces publicitaires, le second dépendant directement du premier puisque le nombre de lecteurs ou la fréquentation d'un site détermine l'attractivité d'un espace pour un annonceur et son prix de vente. Les médias sur support traditionnel (les quotidiens papier par exemple) subissent une crise majeure, commencée de longue date et fortement accélérée depuis 10 ans. Perte de confiance dans le magister des journalistes, coût de production trop élevé, distribution archaïque, prix de vente peu attractif, concurrence des nouveaux médias, l'industrie des médias vieillit à grande vitesse. Les jeunes générations consultent les news sur leur téléphone mobile ou leur ordinateur. Ils consultent mais préfèrent que l'information vienne à eux via les recommandations de leur réseau social plutôt que de la rechercher. Ils consultent mais préfèrent l'image à l'écrit. Ils consultent mais ne payent pas. Les médias sont donc confrontés à deux difficultés extrêmes : affronter la modernisation d'un secteur et gérer le changement ; imaginer un modèle économique combinant l'attractivité de la gratuité avec une offre des services payants à forte valeur ajoutée ou en diversifiant leur activité vers la commercialisation de produits. Ainsi le groupe ELLE, a-t-il ouvert des magasins de vêtements où une marque « propre » est diffusée. Mais les économistes ne s'intéressent pas qu'à l'industrie des médias et à sa régulation, ils s'interrogent aussi sur l'influence des médias sur les prises de décisions économiques suivant en cela la voie ouverte par Anthony Downs (1957) dans un ouvrage fondateur. Les nouvelles technologies ravivent les questionnements : ainsi une interrogation essentielle porte sur l'impact des médias sur la croissance économique et plus spécifiquement sur l'impact des nouveaux supports technologiques comme le téléphone mobile. La question se pose alors à deux niveaux : le secteur des médias joue-t-il un rôle moteur comme le bâtiment autrefois[6]; l'information diffusée par les médias améliore-t-elle l'efficacité de l'économie. Cette seconde question porte le plus souvent sur le rôle de monitoring des marchés par les médias et de révélateur des politiques publiques (Ashworth et Shotts, 2010). Les médias sont alors analysés comme une institution.

Enfin, l'économiste croise la route du juriste lorsqu'il propose une analyse économique d'une règle de droit comme celle des facilités essentielles en matière de télécommunications (Renda, 2010). Les interrogations des économistes rencontrent aussi celles des juristes lorsqu'ils abordent des questionnements sociétaux fondamentaux. Ainsi la réflexion très active autour des Creative Commons, c'est-à-dire des licences libres, qui abandonnent à l'imagination des internautes les droits de propriété intellectuelle des rédacteurs-concepteurs précédents, va bien au-delà d'une réflexion technique et aborde ce qui est vu par certains comme un « nouveau choix de société » construit sur la coopération et les échanges entre individus via les réseaux numériques. Ainsi Lawrence Lessing (2008) évoque une société « hybride » où cohabitent une économie du commerce et une économie de réseau. Selon ce professeur de droit à Stanford, le copyright et les systèmes propriétaires fermés initialement imaginés pour favoriser les artistes ou les inventeurs en protégeant leurs droits de propriété intellectuelle et commerciale, ne sont plus adaptés à une société où chacun peut devenir créateur et où les informations circulent dans des réseaux. Le droit aurait donc besoin de s'adapter à une société dans laquelle les communautés d'internautes se développent rapidement. Yochaï Benkler (2009), professeur de droit à Harvard, analyse les nouvelles formes de production collaborative et évoque « la richesse des réseaux », cette dernière ne pouvant s'accroître que si les libertés et les droits de propriété sont repensés.

Le portrait des médias serait incomplet sans faire appel aux différentes disciplines des sciences et techniques. En effet, les avancées technologiques sont très rapides. Seule la recherche scientifique peut nous permettre de percevoir ce que seront les supports de demain et les nouvelles performances des réseaux.

Ainsi Médias09 a été voulu comme un lieu de rencontre de ces différentes disciplines. Médias09 n'a pas la prétention d'être le seul lieu de réflexion pluridisciplinaire mais Médias09 évolue dans un contexte particulier. En effet, Médias09 a été pensé dans le contexte de l'Université Paul Cézanne qui regroupe en son sein une faculté de droit et de science politique, une faculté d'économie, un IEP,

---

[6] Voir par exemple une déclinaison de cette question concernant les télécommunications (cf. Lam et Shiu , 2010).

une faculté de sciences et techniques, un IAE… Cet environnement pluriel sera encore renforcé à partir de janvier 2012 puisque Paul Cézanne sera une des trois universités fondatrices d'Aix-Marseille Université (AMU). AMU regroupera alors aussi les disciplines littéraires et la santé.

Médias09 a été voulu par une économiste des médias, un juriste spécialisé en droit des médias et un chercheur en sciences de l'information et des médias, respectivement Dominique Augey, Frédéric Laurie et Serge Agostinelli. Chacun de nous appartient à un laboratoire différent : le CERGAM (centre de recherche en gestion d'Aix Marseille), le LID2MS - IREDIC (Laboratoire interdisciplinaire de droit des médias et des mutations sociales – Institut de recherche et d'études en droit de l'information et de la communication) et le LSIS (Laboratoire des sciences de l'information et des systèmes). Chacun de ces trois laboratoires est abrité par des UFR différents : La faculté d'économie appliquée et l'IAE pour le CERGAM, la faculté de droit pour le LID2MS et la faculté des sciences et techniques pour le LSIS. Médias09 est aussi un colloque organisé au sein de l'ISIM (Institut Supérieur de l'Information et des Médias), structure fédérative d'enseignement et de recherche créée en juin 2008.

Le colloque se veut aussi un espace ouvert aux étudiants de l'ISIM afin de leur permettre d'accéder aux dernières recherches universitaires dans le domaine des médias dans leur domaine scientifique de rattachement mais aussi dans des domaines scientifiques qu'ils fréquentent plus rarement.

L'appel à communication a été lancé dans l'ensemble des diverses communautés scientifiques avec des succès divers. Les propositions de communications ont été nombreuses en provenance du droit et de l'info-com, en nombre plus restreint en provenance des économistes et des gestionnaires et quasi inexistante de la part des spécialistes des technologies. Mais la présentation des communications et les débats entre spécialistes de disciplines qui se rencontrent rarement ont été de grande qualité et nous incitent à renouveler l'expérience. Ainsi Médias0… deviendra un rendez-vous que nous honorerons tous les deux ans. À l'heure où nous bouclons les Actes de Médias09, Médias 011 commence à s'organiser. Ce second colloque aura lieu à Aix-en-Provence en décembre 2011. Notre challenge est d'améliorer notre attractivité vers les disciplines peu présentes lors de la première édition.

La thématique de Médias09 porte sur la mobilité et les communautés, deux phénomènes récents et de grande ampleur. Parmi de nombreuses contributions publiées en ligne sur le site du colloque www.medias09.univ-cezanne.fr, neuf d'entre elles ont été retenues pour une publication papier des Actes qui sont représentatives des différents ateliers organisés lors des deux jours du colloque.

L'évolution technologique a permis le développement des terminaux devenus mobiles tout en augmentant leur capacité de transports d'informations. Par exemple, le téléphone portable, quasi inexistant il y a quinze ans, destiné au transport de voix il y a dix ans, est devenu le « couteau suisse » de la communication moderne véhiculant des usages aussi divers que la voix, le short message service (SMS), le transport d'images et de sons au titre de la communication privée entre deux utilisateurs ou de la connexion au public en ligne, la géolocalisation, etc. Les communautés nées des usages 2.0 sur l'internet fixe connaissent une expansion sur l'internet mobile où les réseaux sociaux sont les premiers services proposés aux utilisateurs d'ordinateurs portables et, surtout, de smartphones. Les pratiques ont changé, les services de communications électroniques se sont étendus. Au-delà de l'évidence de ce constat, une interrogation demeure : l'évolution des pratiques est-elle davantage le fait des utilisateurs ou l'effet de la croissance de l'offre de services des opérateurs ? La réponse se trouve certainement entre les deux propositions. Car la mobilité constitue un facteur d'extension des comportements communautaires. D'une part, les services affectent les comportements des usagers. D'autre part, les comportements des usagers stimulent l'émergence de nouveaux services. Cette dialectique produit incontestablement des effets juridiques et économiques. Le 4e pouvoir désignant jusqu'ici la seule presse doit être compris dans un sens désormais plus large. L'information n'est plus seulement véhiculée verticalement de l'organe de presse vers ses lecteurs, mais aussi horizontalement entre usagers d'un service de communications électroniques (au moyen de forums, blogs et microblogs, wikis et réseaux sociaux). Il en résulte que toute connexion soumet désormais l'usager à des flux d'informations d'origines diverses.

Pour Eric George, de l'École des médias à l'Université du Québec à Montréal (Canada), les deux termes de « communauté » et de « mobilité » apparaissent particulièrement propices à une problématisation autour de la question des « nouveaux médias ». Si, à première vue, nous avons tendance à les opposer, à considérer la communauté comme étant plutôt liée à l'immobilité, il n'en est rien. Participer à des communautés et être mobile sont tout à fait compatibles, notamment dans le contexte du développement des nouveaux médias. Pour développer cette hypothèse, Eric George revient tout d'abord sur les notions de communauté et de mobilité. Après quoi, il traite du rôle des médias et des TIC dans le maintien et le développement des communautés et de la mobilité. Enfin, il discute quels sont les enseignements issus de l'étude du web en tant que média d'information au Québec en regard à la problématique communauté/mobilité avant de conclure en posant quelques questions.

Benedetta Prario et Cinzia Colapinto de l'Université de Lugano (Suisse) discutent le changement provoqué par la télévision numérique terrestre. L'avantage principal réside dans le passage d'une transmission analogique à une transmission numérique. Il constitue un dégagement du spectre et par conséquent, la possibilité de pouvoir réutiliser des fréquences libres pour d'autres services, tels que la télévision mobile ou la télévision interactive. Les technologies à la recherche des fréquences libres, telle que la TV à haute définition, la télévision mobile ou les services de 3G, se développent rapidement et provoquent un changement obligé dans l'attribution et la gestion du spectre de fréquence. Dans la mesure où la télévision mobile est créée par une convergence de réseaux, elle permet aux utilisateurs mobiles de regarder tant la télévision traditionnelle que des programmes et des services interactifs. Dans une industrie mûre comme celle de la télévision, le lancement de la TV mobile représente une nouvelle issue permettant aux radio-diffuseurs traditionnels de diversifier leurs activités et modèles de revenu.

Pier Giuseppe Rossi et Giuliana Pascucci de l'Univerité de Macerata (Italie) proposent le « milieu-aggregator » comme nouvelle catégorie de médias. C'est un artefact façonné de médias, de textes, de multimédia et d'une armature qui permet l'interprétation et la manipulation des textes à l'intérieur de celui. Le protext fournit des outils pour orienter, interpréter et fonctionner, le paratext est tout autour du texte et distingue le peritext (éléments dans la proximité du texte) de l'epitext (textes externes reliés au texte). L'aggregator de médias détermine une interprétation située des textes caractéristiques d'une culture locale. Il n'est pas simplement le changement de produit, mais une perspective de production et de la fructification. Ces auteurs emploient la catégorie du milieu-aggregator pour l'analyse des outils et certaines applications communes du Web 2.0.

Barbara Witte, Kirsten Rautenberg et Claudia Auer de l'Ecole internationale de journalisme de l'Université de Brême (Allemagne) montrent comme des outils du Web 2.0 autorisent une analyse des sites web des parties politiques et parlementaires du Parlement fédéral allemand pendant les élections 2009. L'objectif est ici de montrer comment les possibilités du Web 2.0 conduisent aux changements structurels des domaines publics. Ces transformations ont d'une manière un caractère coercitif alors que les domaines publics peuvent être décrits comme des processus, en tant que tubes communicatifs qui doivent changer si un développement est lancé en un point. Les conséquences sont toujours une question de spéculation et les scénarios s'étendent entre l'euphorie et la dystopie. Dès lors, le nouveau changement structurel du domaine public pourrait être considéré simultanément sous la perspective de la fragmentation et la perspective de la re-démocratisation. C'est ce que discutent ces auteurs à partir d'une étude des applications du Web 2.0 avec comme question principale de savoir quelles applications ont été employées pour mettre en place des sites Web participatifs dans le contexte des campagnes d'élection fédérales.

Marielle Metge du département Services et Réseaux de Communication de l'Université de Toulon (France) pense que les NTIC et le Web 2.0 ont permis l'émergence de nouvelles pratiques en matière d'information et de diffusion de contenus. Toutefois, elle se demande comment fonctionnent les nouveaux usages qui se veulent participatifs. A partir d'une étude empirique menée avec des étudiants de formation multimédia, dans le cadre de la production et de la diffusion d'un article sur un média participatif de leur choix, elle expose un nouveau type de relation qui démantèle la relation émetteur-récepteur, là où le lecteur est aussi rédacteur. Dès lors la notion de partage de l'information prend son sens, à partir de la distinction entre contribution, collaboration et participation. L'usage du média participatif modifie en profondeur les relations de groupes humains car il bouscule complètement les relations hiérarchiques et les relations de pouvoir au sein de nos sociétés. Cette étude autorise une approche de l'information « non journalistique » qui interroge la construction et la crédibilité de l'information mais aussi le statut du « tous journalistes ». Marielle Metge montre néanmoins qu'une dynamique communautaire se développe sur le principe d'une créativité, non exacerbée par le flux important des contenus. Il ne s'agit pas de se « faire un nom » mais bien de participer aux débats et de construire ensemble l'information.

Sébastien Rouquette de l'Université Clermont-Ferrand (France) discute les récentes évolutions d'internet et particulièrement la diversification des acteurs de l'information par un éparpillement des audiences. A partir de l'analyse d'un corpus de 60 sites Web, il propose cinq étapes de réflexions : La première vise à synthétiser les facteurs qui favorisent les comportements zappeurs ; la seconde cherche à évaluer les effets de cette fragmentation sur les mises en page des sites ; la troisième étape propose d'observer comment cette fragmentation se traduit dans la stratégie de référencement ; la quatrième envisage les incontournables mais insuffisantes ressources publicitaires ; enfin la cinquième porte sur le contenu des informations proposées. Cette contribution a donc pour objectif d'évaluer dans quelle mesure il est important de relier toutes ces questions rédactionnelles, économiques, publicitaires, ergonomiques, etc. dans une perspective théorique commune.

Françoise Bernard de l'Université de Provence (France) et Didier Courbet de l'Université de la Méditerranée (France) présente une réflexion portant sur les innovations de protocoles de recherche en communication engageante impliquant les néo médias. Le paradigme de la communication engageante s'inscrit dans une perspective de recherche pluridisciplinaire consacrée à la communication de changement. Le paradigme de la communication engageante repose sur le primat de l'action, et notamment le rôle de l'acte préparatoire ouvrant un cours d'action, comme support de changements comportementaux, cognitifs et sociaux. Ils montrent comment, non seulement les pratiques de recherche relevant de la tradition de la recherche-action participative et coopérative sont concernées par les néomédias, mais également soulignent comment certaines innovations dans la conception même de protocoles impliquent les usages des néomédias.

Laurie Schmitt de l'Université Stendhal Grenoble III (France) aborde, l'appropriation des certains outils techniques tels que les appareils photos numériques, les PDA ou les téléphones portables. Leurs usagers ont la possibilité d'enregistrer des moments vécus à dimension non plus ordinaire mais extraordinaire. Dès lors, Laurie Schmitt discute l'institutionnalisation des pratiques de témoignages caractérisées par l'intégration et la régulation des photographies d'amateurs par les professionnels comme des modalités de positionnement, de légitimation de ceux-ci. Il prête une attention particulière à deux plateformes : CitizenSide et Scoopt. Celles-ci proposent ou ont pu proposer des images d'amateurs d'actualités et trouvent des appuis financiers dans des institutions privées et/ou publiques. Ce constat fait émerger la question du sens accordé à cette méfiance-confiance des professionnels quant aux productions d'amateurs qui apparaissent ici, comme des biens culturels dans un marché industriel de l'information. Ces productions visuelles d'amateurs de prime abord individualisées sont socialisées, modélisées et cadrées par des professionnels. La dimension publique de ces images devient politique, économique et éminemment symbolique.

Vincent Rouzé du département Culture et Communication de l'Université Paris VIII (France) souligne que d'un côté, les NTIC conduisent à l'individualisation, à la production personnalisée des contenus, la liberté et la nomadisation des usages, la maîtrise du choix de ses propres activités dans l'espace et le temps ; alors que d'un autre côté, les NTIC permettent un renforcement des dispositifs de surveillance, de filtrage, de fichage et de récupération de données personnelles. C'est précisément ce jeu permanent entre le contrôle des expériences et les expériences contrôlées qui est l'enjeu de son texte. Vincent Rouzé part de l'iPod pour définir la situation actuelle. Il définit les notions de contrôle, d'individualisation voir d'individuation et de « dividuel ». Fort de ces définitions, il questionne la possible originalité de la situation actuelle qui opère une segmentation accrue et un perpétuel renouvellement des dispositifs et des expériences. Vincent Rouzé se demande si le contrôle qui s'exerce de manière transcendante et interstitielle sur le développement des « usagers actifs », autorise le passage à une situation de « contrôle-contre contrôle », à l'image du don contre-don. Il termine de façon polémique et se demande si les NTIC et leurs usages participent d'un renouveau participatif du citoyen dans la sphère publique ou si au contraire elle n'est qu'un leurre visant à masquer un renforcement idéologique de la logique libérale au sein des démocraties

La lecture de ces quelques contributions montre la richesse des échanges du colloque Médias09 qui s'est tenu à Aix-en-Provence au mois de décembre 2009. Elle montre aussi que l'on peut « faire parler », donc communiquer, des disciplines distinctes ayant un objet unique.

Cette introduction ne serait pas complète sans remercier non seulement les contributeurs à cet ouvrage mais aussi les collègues qui ont accepté de présider les ateliers du colloque. Ils ont fortement contribué à l'intérêt des échanges par la qualité de leurs questions et la justesse de leurs remarques. Que soient donc remerciés par ordre d'intervention Pierre Trudel, le doyen Jean-Pierre Centi, Nathalie Sonnac, Denis Ruellan, Françoise Bernard, Philippe Bouquillon, Pier Guissepe Rossi et Hervé Isar. Merci aussi à Viviane Couzinet qui avait accepté d'être parmi nous mais qui en a été empêchée par la neige de décembre tombée abondamment sur Toulouse.

Que soient aussi chaleureusement remerciés les membres du Comité Scientifique qui ont accepté d'associer leur nom à une aventure nouvelle et à la première édition d'un colloque. Ils ont pris un risque. Nous avons su l'apprécier et nous leur en sommes reconnaissants. Nous les remercions aussi pour le long travail de sélection des contributions par une procédure en double aveugle.

REFERENCES BIBLIOGRAPHIQUES

Ashworth, S., & Shotts, K.W. (2010). Does informative media commentary reduce politicians'incentives to pander ? *Journal of Public Economics, Vol 94, n° 11-12,* December, 838-847

Benkler, Y. (2009). *La Richesse des Réseaux : marchés et libertés à l'heure du partage social.* Lyon : PUL.

Bougnoux, D. (2008). Pourquoi les médiologues. In, Cabin Ph. (eds), *La Communication : Etat des savoirs,* 3e édition, (pp. 25-32). Paris : Edition Sciences Humaines.

Bruter, M. (2007). Une Réflexion comparée sur les liens entre science politique et sciences sociales, [www.afsp.msh-paris.fr/debats/bruter0907.pdf]

Castells, M. (2002). *La Galaxie Internet*. Paris : Fayard.

Downs. A. (1957). *An Economic Theory of Democracy*. New York : Harper & Brothers.

Jeanneret, Y., & Ollivier, B. (2004, dir.). Les Sciences de l'Information et de la Communication, *Revue Hermès,* n° 38.

Lam P-L., & Shiu, A. (2010). Economic Growth, Telecommunications development and productivity growth of the telecommunications sector : Evidence around the world, *Telecommunications Policy*, n° *34*, 185–199

Lamizet, B. (2007, ed.) *Dictionnaire Encyclopédique des Sciences de l'Information et de la Communication*. Paris : Ellipses.

Lessing, L. (2008). *Remix : Making Art and Commerce Thrive in the Hybrid Economy*. New York : Penguin Press.

Leteinturier, C., & Le Champion, R. (2009). *Médias, Information et Communication*. Paris : Ellipses.

Mc Luhan, M. (1977). *La Galaxie Gutenberg*. Paris : Gallimard.

Renda, A. (2010). Competition–régulation interface in telecommunications : What's left of the essential facility doctrine, *Telecommunications Policy, n° 34*, 23–35.

Scherer, E. (2009, ed.). Médiapocalypse ou médiamorphose ? *AFP, Observatoire Mondial des Médias, n° 6*.

Sonnac N., & Gabszewicz, J. (2010). *L'Industrie des Médias*. Paris : La découverte.

Quand les médias peuvent contribuer à renforcer les liens entre les communautés et la mobilité

Éric George
Professeur agrégé,
École des médias, Faculté de communication, UQAM
Codirecteur, Groupe de recherche interdisciplinaire sur la communication, l'information et la société

Introduction

« Communauté » et « *mobilité* » : de prime abord, nous aurions tendance à considérer les deux termes de communauté et de mobilité comme antinomiques, ne serait-ce que parce que la communauté semble imposer un certain enracinement dans le territoire, et donc une certaine immobilité. Or, nous proposons dans ce texte d'adopter une perspective différente qui consiste à envisager que l'inscription dans la communauté, la participation à celle-ci et la mobilité sont tout à fait compatibles, notamment dans le contexte du développement des médias actuels, que ceux-ci soient anciens ou nouveaux, et des technologies qui les supportent. Notre propos est donc bien délimité et ne vise pas par exemple à montrer en quoi les médias contribuent à la formation de communautés virtuelles (voir par exemple à ce sujet un texte de synthèse de Proulx et Latzko-Toth, 2000) ou à dire dans quelle mesure ils favorisent la mobilité (voir ici le texte de Rallet, 2009). Pour explorer cette hypothèse plus restreinte des liens entre communauté, mobilité et médias, nous reviendrons tout d'abord sur les notions de communauté et de mobilité, ce qui nous permettra de constater que ces deux termes sont fortement polysémiques. Notre démarche étant à finalité problématisante, nous ne choisirons pas une définition en particulier mais nous verrons que les réponses à notre interrogation principale peuvent varier en fonction des choix effectués. Après quoi, nous traiterons du rôle des médias et des technologies de l'information et de la communication (TIC), ces dernières étant entendues comme les supports des médias dans le maintien et le développement des communautés et de la mobilité. Nous prendrons alors trois cas de figure qui tendent à montrer que moyennant différentes façons de concevoir la communauté et la mobilité, nous pouvons envisager le développement de communautés comprenant une certaine mobilité, voire une mobilité certaine. Enfin, nous aborderons quelques enseignements issus de l'étude du web en tant que média d'information au Québec en lien avec notre problématique avant de conclure en nous posant quelques questions susceptibles de se transformer en pistes de recherche. Ainsi, ce chapitre[7] constitue une réflexion théorique sur les liens entre développement des médias, des communautés et de la mobilité mais repose aussi sur des résultats de recherches sur les stratégies en ligne des entreprises médiatiques canadiennes et québécoises[8]. En conséquence, il a un double statut puisqu'il vise principalement à témoigner d'un questionnement susceptible de donner lieu à de fructueux travaux tout en apportant aussi quelques éléments de réponse à la problématique.

COMMUNAUTE, MOBILITE : DEUX NOTIONS FORTEMENT POLYSEMIQUES ET PAS FORCEMENT ANTINOMIQUES

Nous allons donc commencer par revenir sur les deux termes-clés de notre problématique, la communauté et la mobilité. Comme nous allons le voir, ces deux notions s'avèrent fortement polysémiques. L'objectif ne consistera toutefois pas à proposer une analyse exhaustive des différents sens mais d'en aborder plusieurs susceptibles de commencer à faire dialoguer les deux notions entre elles.

Étymologiquement, le terme « communauté » renvoie à l'idée de partage, de communion – tout comme le mot « communication » – ainsi qu'à celle de relations sociales caractérisées par des obligations mutuelles. Cela étant précisé, le premier chercheur à avoir traité le mot comme concept en tant que forme d'organisation sociale et figure de la vie en société est Ferdinand Tönnies (1877). La notion de communauté (*Gemeinschaft*) fait ici référence à un collectif fondé sur la proximité

---

7 Ce texte constitue une nouvelle version corrigée et développée d'un autre texte intitulé Les « nouveaux » médias : un rôle de renforcement des communautés et de la mobilité ? publié dans les actes du colloque international Médias 09, entre communautés et mobilité tenu les 16 et 17 décembre 2009 à l'Université Paul Cézanne à Aix-en-Provence (http://www.medias09.univ-cezanne.fr/).

8 Financées par le Fonds québécois pour la recherche sur la société et la culture (FQRSC) et par le Conseil de recherches en sciences humaines (CRSH) du Canada. Nous remercions à ce sujet les travaux effectués par nos deux adjoints, Renaud Carbasse et Marc-Olivier Goyette-Côté tout en restant entièrement responsable du contenu de ce texte.

géographique et émotionnelle, et impliquant des interactions directes, concrètes, authentiques entre ses membres. On retrouve ici une position proche de celle d'Émile Durkheim qui parle dans son ouvrage *De la division du travail social* (1893), de solidarité mécanique caractéristique des sociétés traditionnelles par opposition à la solidarité organique qui existe au niveau des sociétés modernes notamment dans le cadre de la division sociale du travail. Dans le premier cas, les liens entre membres de la communauté sont généralement forts alors que dans le second, ils sont plus faibles. La communauté traditionnelle renverrait donc à des liens forts, exclusifs et inscrits dans la durée, le plus souvent circonscrits dans l'espace, ainsi qu'à une certaine immobilité.

Au-delà de ces premiers éléments de définition, Serge Proulx et Guillaume Latzko-Toth pensent que cette notion « constitue en quelque sorte une "tache aveugle" de la théorie du social » étant donné que « l'idée de communauté renvoie à des conceptions [...] intimement liées à notre pensée du *collectif* » qui font appel à l'articulation entre les niveaux micro et macrosocial, ainsi qu'au rôle des diverses modalités de communication dans cette articulation. Ils précisent ensuite que c'est l'ajout du qualificatif de « virtuel » avec le développement des pratiques de communication médiatisée par ordinateur (CMO) qui a « fait éclater cette « boîte noire » – pour ne pas dire boîte de Pandore – que constitue la notion de communauté » (2000, p. 110). L'expression de « communauté virtuelle » a été popularisée notamment grâce à un livre portant ce titre et très médiatisé en 1995. Son auteur, Howard Rheingold, était l'une des membres les plus illustres d'un BBS (*Bulletin Board System* ou babillard) fondé dans la Baie de San Francisco dix ans auparavant. Il avait défini les communautés virtuelles comme « des regroupements socioculturels qui émergent du réseau lorsqu'un nombre suffisant d'individus participe à ces discussions publiques pendant assez de temps en y mettant suffisamment de cœur pour que des réseaux de relations humaines se tissent au sein du cyberespace » (1995, p. 6). On voit bien ici la différence non négligeable avec les exigences portées par les définitions de Tönnies et de Durkheim. La définition apparaît moins forte. Certes, il est question d'investissement à travers les thèmes du « temps » et du « cœur » mais il s'agit avant tout de participer à des échanges. On constate aussi une dimension volontariste forte. Nous y reviendrons. Manifestement, on se retrouve dans des communautés de choix.

Justement, il est possible de distinguer les « communautés de choix » des « communautés de destin ». Ces dernières seraient notamment caractérisées par des considérations qui tendent à s'imposer à nous. Il en est ainsi du pays et de la famille dans lesquels on naît. Sauf à rompre totalement avec celles-ci, elles nous accompagnent tout le long de notre vie. Par opposition, les communautés de choix correspondent comme leurs noms l'indiquent à des décisions, des orientations voulues de notre part. On pense par exemple à celles qui sont fondées sur les centres d'intérêt, éventuellement aussi sur le travail. Et encore, le choix proposé ci-dessus n'apparaît pas si simple selon notre propre analyse de la mobilité sociale et au-delà de notre propre autonomie en tant que sujet par rapport au social entendu comme totalité. Si nous pensons que les trajectoires individuelles sont socialement largement déterminées, nous estimerons alors que les communautés de destin sont les plus importantes. En cas inverse, autrement dit, si nous pensons que nous sommes plus autonomes en tant que sujets, nous accorderons une plus grande importance aux communautés de choix.

Par ailleurs, la notion de communauté constitue une notion à prétention objective, par exemple en reposant sur des statistiques. Ces dernières vont par exemple mettre en évidence la domination d'une langue, d'une religion, de certaines caractéristiques de l'organisation économique, etc. qui sont propres à une communauté en particulier. Mais il importe de faire attention une fois de plus. Les statistiques constituent une représentation de tout objet étudié. Comme le dit Isabelle Pailliart, « La statistique est [...] l'instrument favorisant la visibilité d'un problème ou d'une catégorie sociale de notre espace public contemporain. [...] la statistique introduit dans le débat public une réalité qu'elle produit elle-même » (1995, p. 194). Une prétention objective et une dimension subjective forte cohabitent donc. Ainsi, Benedict Anderson (1991) met en avant la notion de *communauté imaginée* alors que Janice Radway parle de *communauté interprétative* (1991).

Enfin, on peut donner un sens relativement différent au terme communauté selon les perspectives de recherches. Ainsi, au sens large du terme, il peut renvoyer à un peuple, à une nation. C'est d'ailleurs ce cas de figure qui intéresse plus particulièrement Anderson qui estime que toute communauté qui existe au-delà du village comprend donc des habitants qui ne se connaissent pas en face-à-face et qui, en conséquence, ont une conception forcément imaginée de ce qui les rassemble, conception imaginée qui est influencée par les médias. Nous y reviendrons évidemment puisque cette idée est au cœur de notre propos. Mais le terme peut aussi avoir un sens léger et plus restreint comme par exemple les communautés qui correspondraient à de « simples » passe-temps partagés ou avoir un sens beaucoup plus lourd si on l'aborde dans une perspective marxiste et/ou webérienne de « classe sociale » (voir à ce sujet les travaux de Louis Chauvel, 2001).

De son côté, la notion de « mobilité » renvoie également à plusieurs significations. D'un point de vue anthropologique, celle-ci remonte aux premières migrations de l'humanité. Notre histoire même est marquée par des voyages incessants à travers la planète, ceux-ci ayant souvent eu pour cause, du moins principale, la quête d'une meilleure subsistance et plus généralement la recherche d'une amélioration des situations économiques. Plus récemment, Luc Boltanski et Ève Chiapello (1999) ont bien montré que le capitalisme repose largement sur une très forte mobilité du capital qui profite tout d'abord au système financier et aux grandes entreprises transnationales. Cette très grande mobilité facilite largement le rendement du capital, ce qui explique que dans une société connexionniste il existe toujours des rapports d'exploitation mais qui sont susceptibles de prendre de nouvelles formes. D'ailleurs, à l'autre bout du système économique, se retrouvent les travailleurs « immobiles » qui sont, eux, les exploités. Ceux-ci sont avant tout immobiles au sens qu'ils ne sont pas prêts ou qu'ils ne peuvent pas voyager de par le monde en fonction des opportunités de travail. On retrouve ici par association d'idées la représentation de sociétés qui reposent sur une plus ou moins grande mobilité sociale, ce que l'on appelait jadis l'ascenseur social. Encore par extension, il serait aussi possible de parler de mobilité mentale, de mobilité des compétences par opposition à une trop grande spécialisation, ce qui renverrait encore une fois au marché du travail ainsi qu'aux modalités de l'organisation de celui-ci dont parlent Boltanski et Chiapello, notamment au sujet de la nouvelle organisation qui s'est mise en place à partir des années 1970 en intégrant les critiques du capitalisme, notamment celles qui dénonçaient le caractère aliénant du travail et qui mettaient en avant la notion d'autonomie. Comme on le voit, le terme mobilité peut renvoyer à des questions relativement variées même si celles-ci sont reliées entre elles. Pour notre part, nous entendrons le terme avant tout en termes de migrations comme l'entendent Boltanski et Chiapello. Toutefois, nous pourrons aussi faire référence à une définition plus « modeste », en considérant par exemple les déplacements au quotidien.

Maintenant que nous avons commencé à réfléchir sur les deux notions, il importe d'établir les premiers liens entre celles-ci. Les deux notions apparaissent comme étant à la fois antinomiques et complémentaires. Il arrive ainsi que la communauté repose sur une mobilité faible. L'analyse de Ferdinand Tönnies allait plutôt dans ce sens mais pas complètement tout de même. En effet, Il distinguait trois genres de communautés, fondées respectivement sur les relations parentales, de voisinage, et amicales. Les deux premières se caractériseraient essentiellement par une « vie commune », ce qui implique un « habitat commun » et « de nombreux contacts », quoiqu'elle puisse « aussi se maintenir dans l'éloignement » alors que la troisième se fonderait sur « l'identité (...) des façons de penser » (1887, p. 200). On peut aussi faire appel ici aux travaux de Fernand Braudel qui, dans son ouvrage *L'identité de la France. Espace et Histoire,* fait référence à ces habitants des Alpes qui encore au

XVIIIe siècle avaient pour horizon ultime leur vallée, ce qui ne veut pas dire qu'il n'y avait pas d'échanges entre vallées, ceux entre le Queyras en France et le Piémont en Italie en témoignant par exemple. À quelques centaines de kilomètres de là, les Bretons, du moins ceux du bord de mer, avaient l'habitude depuis plusieurs siècles de voyager sur les Océans ayant d'ailleurs mis les pieds, tout comme les Basques, en Amérique du nord bien avant Christophe Colomb et Jacques Cartier : immobilité des uns et mobilité des autres, avec des représentations du monde et de leurs communautés fort différentes.

Il importe aussi de souligner le fait que les rapports entre communauté et mobilité changent dans le contexte international actuel caractérisé par une augmentation considérable des voyages d'affaires, des migrations et du tourisme ; et tout ça en moins d'un siècle. La mobilité des personnes est ainsi devenue au fil des décennies une donnée essentielle pour expliquer l'état de nos sociétés, même si cette mobilité est largement restreinte ou contrainte pour certains. D'un côté, la mobilité de la classe dirigeante mondiale, l'*overclass*, pour reprendre le concept de Jacques Mascotto[9], a considérablement augmenté en parallèle avec la mobilité du capital, ce qui contribue à dire que s'il y a d'ores et déjà une mondialisation qui est achevée, c'est bien celle de la finance. De l'autre, la mobilité des sans-part[10] pour reprendre ici le concept de Jacques Rancière est, quant à elle, singulièrement limitée. On le voit par exemple très concrètement avec l'érection de murs à travers la planète comme celui sur le Rio Grande entre le Mexique et les États-Unis qui visent à empêcher les migrations illégales alors que les raisons économiques ont toujours été les principales raisons de migrations à l'échelle planétaire[11].

---

9 Pour Mascotto (2005), l'overclass comprend, outre les héritiers des grandes familles et ces hauts dirigeants, les classes salariées supérieures exerçant une fonction dirigeante au sens large – avocats, experts, consultants, éditorialistes, etc. – qui forment la constellation savoir-pouvoir-contrôle. Jamais dans l'histoire du capitalisme, note-t-il, un bloc dirigeant n'a eu autant de cohésion sociale par ses revenus, son statut social et son imaginaire de la puissance. Il est apte à isoler, à filtrer et à repousser les mobilisations sociales.

10 Les sans-part sont ceux qui n'ont pas la parole et au-delà qui n'ont rien dans nos sociétés.

11 Le mur en construction entre les États-Unis et le Mexique est d'ailleurs qualifié de « virtuel » car il repose en partie sur la présence de caméras placées à la frontière dont les images sont visibles sur des sites web. Tous les internautes sont invités à faire de la surveillance et à informer les autorités étatsuniennes de tout mouvement suspect.

COMMUNAUTE ET MOBILITE : LE ROLE DES MEDIAS ET DES TIC

Maintenant, quels sont les rôles des médias et des TIC entre communauté et mobilité ? C'est la question que nous allons aborder dans la deuxième partie de ce texte. Précisons tout de suite que nous définissons les médias et les TIC à partir de leurs liens, les technologies constituant les supports de sens des médias. Ainsi, le support de la télévision (média) est le téléviseur (technologie). De même, le support du courrier électronique (média) est l'ordinateur branché sur le réseau. Dans un ordre d'idées voisin, le support du théâtre (média) est l'amphithéâtre (technologie). Cela étant précisé, nous considérons que le rôle des médias et des TIC dans nos sociétés est complexe, ce qui interdit de reprendre à notre compte une simple analyse causale. Au contraire, nous pensons, d'un point de vue général, que les relations entre médias, TIC et sociétés reposent sur des facteurs à la fois économiques, politiques, technologiques, sociaux et culturels. S'il y a détermination, celle-ci est donc forcément multicausale, même si dans les sociétés capitalistes, la dimension économique s'avère souvent prépondérante. Nous allons également voir qu'il convient d'être prudent quand il est question d'anciens et de nouveaux médias. Nous pensons en effet que la période actuelle est marquée par des mutations importantes dans ce domaine mais que celles-ci concernent à la fois des médias nouveaux et d'autres plus traditionnels qui se renouvellent à cette occasion. On pense surtout à la presse écrite, à la radio et à la télévision dont les formats, les modalités de financement et les conditions de réception changent avec l'introduction de nouveaux supports technologiques, Internet et la téléphonie mobile. De ce point de vue, anciens et nouveaux médias apparaissent étroitement mêlés. Quant aux mutations, elles concernent par exemple le fait que les nouveaux supports sont censés permettre beaucoup plus d'échanges entre producteurs et consommateurs. À la limite, dans la perspective du « web 2.0 », il serait envisageable de supprimer complètement cette frontière. Mais là encore, mieux vaut être prudent pour deux raisons. Premièrement, les possibilités de participation des consommateurs ne sont pas nées avec les nouveaux médias. On pense traditionnellement au courrier des lecteurs mais aussi plus récemment à des participations à des émissions de télévision ou au travail des médiateurs (*ombudsmen*). Deuxièmement, ces activités ne sont pas si nombreuses que nous pourrions le croire à la lecture de certains textes (Rebillard, 2007) et celles-ci sont largement encadrées par des logiques d'ordre économique. Nous y reviendrons.

Venons-en au vif du sujet. Historiquement, les médias que l'on qualifie aujourd'hui d'anciens se sont développés à différentes échelles. Ainsi, la presse écrite quotidienne est caractérisée par une dimension à la fois locale/régionale et nationale selon la plus ou moins grande décentralisation politique des pays. Dans des pays centralisés comme la France et l'Angleterre, les quotidiens des deux capitales ont un poids important alors qu'aux États-Unis et au Canada, les quotidiens nationaux constituent l'exception. Et encore, au Canada, si référence est faite chez les anglophones aux *Globe and Mail* et au *National Post* pour désigner les quotidiens dits nationaux ; parmi les francophones, la référence nationale est le plus souvent *Le Devoir*, quotidien québécois. La presse écrite a donc toujours eu une dimension locale forte en Amérique du Nord ; tout comme la radio et la télévision pour lesquelles deux modèles de programmation existent : celui du rattachement à la programmation réseau avec pour corollaire la domination du contenu local (le modèle décentralisé) et celui du décrochage local qui s'accompagne d'une programmation nationale dominante (le modèle centralisé). Une fois encore, les deux modèles sont plus ou moins présents selon la nature centralisée ou non des pays. Benedikt Anderson (1991) estime pour sa part que la presse écrite a surtout eu comme impact de favoriser l'identité nationale. Il est vrai que les médias ont souvent été considérés comme favorisant celle-ci. Tel est le cas par exemple du Québec où la télévision est même souvent considérée comme un véritable miroir, éventuellement déformé, de la province, la quasi-totalité des émissions qui bénéficient des côtes d'écoute les plus élevées étant québécoises. Tel n'est pas le cas en revanche au Canada anglais dont les habitants sont fort consommateurs de programmes de télévision étatsuniens, ce qui d'ailleurs périodiquement contribue à s'interroger sur l'existence d'une véritable identité canadienne ou plutôt *canadian*. La situation nous semble tout de même un peu plus complexe que cela. Sans doute faudrait-il ici dans certains cas distinguer puis mettre en rapport la zone de diffusion principale d'un média et l'origine géographique du contenu de celui-ci pour aller plus loin dans l'analyse. Contentons-nous de rappeler dans ce texte que le développement des médias traditionnels a généralement favorisé la formation d'identités à différentes échelles tout en témoignant aussi de l'existence de ces identités.

Cela dit, il nous apparaît que les médias traditionnels ont tenu un rôle relativement faible au sujet de la mobilité de par la moindre diffusion à l'étranger des journaux, de la radio et de la télévision en dehors des zones frontalières pendant longtemps. Il était bien difficile par exemple de continuer à suivre l'actualité de sa ville d'origine si on déménageait à plusieurs milliers de kilomètres, faute de diffusion de son journal à une telle distance. Seule exception notable, le cinéma. Ce moyen de communication a été très vite internationalisé de par la nécessité de favoriser une distribution la plus large possible afin de tenter de faire du profit à partir de coûts fixes importants et de par sa transformation en arme géopolitique internationale puis mondiale par les autorités de Washington avec la complicité très active du syndicat des producteurs d'Hollywod, la Motion Pictures Association of Producers (MPAA). On pourra aussi noter parmi les médias mobiles le cas plus ancien de la lettre qui permettait de pouvoir s'échanger informations, idées, sentiments depuis plusieurs siècles. Mais ce moyen de communication était limité aux classes lettrées, alors largement minoritaires. Depuis, il y a eu bien sûr le télégraphe puis le téléphone qui ont grandement favorisé la mobilité. Et puis plus récemment les technologies, notamment satellites et réseaux câblés ont largement facilité le maintien de l'inscription dans des communautés tout en facilitant la mobilité. Dans le cadre de cette deuxième partie, nous allons présenter trois situations qui vont dans le sens proposé.

À partir du moment où des chaînes de télévision ont été présentes dans un nombre croissant de pays, le média télévisuel a accompagné la mobilité. Il est intéressant à ce sujet de rappeler le développement du premier canal d'information continue qui allait avoir une dimension internationale, CNN, née aux États-Unis en 1980. Une version internationale de celle-ci a été lancée cinq ans plus tard dans les grands hôtels de la planète afin de rejoindre les responsables politiques et les dirigeants économiques. On ne peut d'ailleurs qu'être frappé par le fait que s'il a été beaucoup question de cette chaîne au fil des années, notamment dans les situations de conflit – on pense par exemple à la guerre du Golfe en 1990-1991 – elle a toujours eu une audience faible, dépassant rarement les 5 %. Il s'agissait et il s'agit toujours d'une chaîne écoutée principalement par une partie très spécifique de la population, une frange composée de décideurs économiques et politiques qui, peut-on émettre comme hypothèse, correspond en grande partie à l'*overclass* de Jacques Mascotto. La mobilité de cette classe sociale a donc pu être favorisée par de nouveaux développements de médias traditionnels. La direction de CNN ne s'était-elle pas donnée pour priorité lors de son lancement d'être présente dans les plus grands hôtels de la planète que fréquentent justement dirigeants économiques et politiques ?

La mobilité a pu également être facilitée grâce aux nouveaux médias, dont le téléphone... mobile justement. Francis Jauréguiberry travaille depuis de nombreuses années sur ces questions. Cet outil de communication favorise indubitablement la mobilité géographique. Ainsi, Jauréguiberry écrit que « pour les employés en déplacement ou géographiquement excentrés de leur direction, le fait d'être médiatiquement proches de leur hiérarchie est un facteur de sécurité » (2004, p. 184). Mais il ajoute que « cette faculté est ambivalente : elle peut retrancher à la liberté ce qu'elle offre en sécurité. Étant directement joignable, l'employé peut en effet se retrouver sous contrôle, quelle que soit sa position géographique » (ibid., p. 185). L'auteur prend l'exemple de la communauté des routiers traditionnellement largement caractérisée par la mobilité des travailleurs. Maintenant, avec l'utilisation du GPS et du portable, la hiérarchie est toujours informée de l'état d'avancement de leurs activités. Le routier pouvait jusqu'alors gérer son temps comme il le voulait, l'essentiel étant qu'il devait réaliser la tâche qui lui était impartie dans le délai fixé par son patron. Maintenant, il se sait surveillé en permanence. « Il ne s'agit plus pour lui de faire un plan de route et de l'adapter selon sa forme, son humeur ou les aléas de la route, mais de suivre des directives précises, sans cesse réactualisées et auxquelles il doit se soumettre. En particulier, il n'est pas rare qu'un routier se voie désormais détourné pour prendre en compte un chargement "plus urgent" » (Jauréguiberry, 2004, p. 186). Anne Mayère aboutit à la même conclusion lorsqu'elle constate que l'implantation du téléphone mobile dans les entreprises a favorisé la mobilité des travailleurs nomades mais a aussi diminué leur autonomie au profit des contrôles hiérarchiques (Mayère, 1996). Francis Jauréguiberry estime de son côté que « plus l'employé est bas dans l'échelle, plus son travail est normé, plus il est répétitif, et plus l'employé a de chance d'être surveillé et contrôlé à distance » (2004, p. 187). On voit bien ici que la mobilité ne s'accompagne pas forcément d'une plus grande autonomie mais au contraire d'un renforcement de la dépendance, de la surveillance dans certains cas de figure.

Enfin, intéressons-nous à un troisième cas, celui des diasporas. Les migrations ont longtemps signifié une rupture parfois forte avec les pays d'origine, notamment à cause de l'absence de formes de communication rapides et peu chères. La situation a en partie changé avec la diminution considérable des coûts de communication téléphoniques et par ordinateur depuis une quinzaine d'années. Mais au-delà des apports réciproques des différentes technologies mobilisées, dans un bilan des travaux consacrés aux liens entre TIC et diasporas, Tristan Mattelart (2009) propose de considérer les technologies récentes dans une certaine continuité par rapport à celles qui sont plus anciennes. Ainsi, dès 1985, Abdelmalek Sayad montrait comment les différents supports de sens utilisés – messages oraux ou écrits confiés à des intermédiaires, lettres envoyées par la poste, messages enregistrés sur cassette – « formaient système » grâce à leur complémentarité (1985, p. 61) et permettaient donc aux travailleurs immigrés, symbole d'une certaine mobilité de rester en lien avec leur communauté d'origine. Depuis, comme en témoignent les textes publiés dans le numéro double de la revue *tic&société* (2009), les outils techniques permettant de maintenir le contact avec sa communauté d'origine se sont largement développés. Mais les études montrent également que la mobilisation des médias et des TIC peut aussi permettre de mieux s'insérer dans la communauté d'accueil, par exemple à travers la participation à des forums de discussions mais aussi grâce au visionnement de la télévision. L'ensemble des médias, anciens et nouveaux, apparaissent en effet largement complémentaires les uns des autres dans un tel cas de figure. Ce qui est véritablement nouveau ici est fort probablement leur augmentation considérable au cours des dernières décennies.

Autant de cas qui tendent donc à montrer que nouveaux médias mais aussi dans une certaine mesure anciens médias, de par la dimension complémentaire des uns et des autres favorisent l'inscription dans certaines communautés tout en permettant la mobilité. Maintenant que nous avons avancé cette idée, abordons la troisième partie de notre texte, à savoir les enseignements issus de l'étude du web en tant que média d'information qui illustrent le propos tenu ci-dessus.

QUELQUES ENSEIGNEMENTS ISSUS DE L'ETUDE DU WEB EN TANT QUE MEDIA D'INFORMATION

Nous allons voir tout d'abord que les stratégies des entreprises facilitent l'accès des médias à une échelle internationale, ce qui fait que nous restons un peu chez nous tout en étant parfois très loin. En la matière, le réseau Internet joue un rôle central et, justement, les entreprises médiatiques québécoises et canadiennes ont un rôle crucial dans la mise à disposition des informations sur le web (George, 2008). Comme l'a bien montré Renaud Carbasse, la présence sur le web des entreprises médiatiques majeures et traditionnelles est dorénavant considérée comme stratégique (2009). Il s'agissait pourtant dans la deuxième moitié des années 1990 avant tout d'occuper le terrain, les décisions prises l'étant sans aucune assurance de réussite. D'ailleurs, les choix effectués par les différentes entreprises demeurent aujourd'hui sans assurances financières ; d'où la variété des choix effectués. Les directions sont encore à la recherche d'un modèle économique assurant la transformation de la valeur d'usage en valeur d'échange. Des interrogations portaient déjà sur cette question à propos d'Internet dès la fin des années 1990 (George, 1999) mais elles demeurent encore en partie valables même si le web est devenu au fil des années un support croissant de publicité. Le problème est d'autant plus grand que s'il y a en effet un transfert de la publicité vers le web, celle-ci ne va pas forcément vers les sites des médias d'information mais également vers les sites d'entreprises dites *pure players* comme les moteurs de recherche et les portails[12].

Ainsi, l'équipe du *Journal de Montréal*, quotidien populaire de Montréal (tabloïd) a lancé son site web en 1996. A suivi une importante vague d'acquisitions de la part de la maison-mère, Quebecor, dont la direction a décidé de regrouper la quasi-totalité

---

12 Voir au sujet des liens entre économie, journalisme et nouveaux médias le numéro spécial de la revue *Les Cahiers du Journalisme* coordonné par Franck Rebillard et Dominique Augey et paru à l'automne 2009.

des activités en ligne sous une nouvelle bannière, le portail Canoë. Renaud Carbasse note à ce sujet que le portail « rassemble aujourd'hui des contenus d'information et de divertissement en provenance des réseaux de télévision TVA, LCN et le Canal Argent, du Journal de Montréal et du Journal de Québec, du quotidien gratuit 24 Heures, des magazines du groupe ou des contenus originaux produits par les journalistes de Canoë. Enfin, depuis janvier 2009, le portail a également recours à l'agence de presse interne, QMI, qui rassemble et traduit articles et reportages en provenance de l'ensemble des médias » (2009, p. 68). Le contenu du portail Canoë témoigne en conséquence de la politique d'achats du groupe Quebecor devenu une figure emblématique de la concentration de la propriété des médias au Québec et au Canada, pays où la concentration est la plus élevée au monde. L'autre quotidien principal de Montréal, *La Presse*, a connu un développement un peu différent avec une même logique en bout de ligne autour de la création du portail Cyberpresse. La première diffusion de contenus en ligne issus du quotidien l'a été en 1998. Dès cette époque, ce portail avait pour ambition de former un club grâce à un contenu le plus varié possible et à l'absence de liens vers des sites web externes. Même le contenu de certains sites était dupliqué sur le portail de façon à rester à « l'intérieur » de celui-ci (George, 1999). Quant au portail de la Société Radio-Canada, l'organisme de radiodiffusion publique, il témoigne de la recherche de complémentarité entre radio, télévision et internet. Tous les contenus radiophoniques sont disponibles sur le web en direct et à la carte alors que de nombreux contenus télévisés le sont aussi en direct ou à la carte.

Dans les trois cas, la diffusion d'informations se fait quasiment en « flux tendu ». Marc-Olivier Goyette-Côté (2010) a noté que dans les cas des portails de Canoë et de Radio-Canada, les deux entreprises éditrices sont déjà habituées à ce type de pratiques et ont développé un savoir-faire possédant toutes deux des chaînes d'information continue. Ceci ne veut pas dire que ce genre de situation ne se passe pas sans problème. Ainsi, les journalistes du *Journal de Montréal*, quotidien du groupe Quebecor, étaient en octobre 2010 en grève depuis 21 mois afin de témoigner de leur opposition par rapport à leur direction qui souhaitait que ceux-ci assouplissent leurs conditions de travail, notamment pour contribuer à la production de contenu pour l'ensemble des plateformes du groupe. Il apparaît dès lors que ces orientations autour des portails des entreprises ont pour but stratégique de fidéliser le plus possible des internautes dans un contexte caractérisé par un réseau qui demeure ouvert et où il y a lutte sur le terrain de l'attention à des fins de diffusion de publicités plus ou moins ciblées. On parle d'ailleurs de plus en plus à ce sujet d'une économie de l'attention (Goldhaber, 1997 ; Kessous, 2010). Pour ce faire, une large majorité des liens de ces sites sont internes et tendent comme le note Deuze (2003) à favoriser la concentration des sources d'information en maintenant celle-ci dans un circuit fermé balisé par l'acteur dont le site est visité. Marc-Olivier Goyette-Côté (2010) note que tel est le cas de l'hypertextualité présente sur le portail Canoë du groupe Québécor. Les nouvelles sont présentées sous la forme de listes agrégées, avec des liens internes qui conduisent à d'autres sous-sites de l'entreprise. L'objectif est bien de retenir l'internaute où qu'il soit dans la communauté, ici une communauté de marque. Dans une logique opposée, les liens externes sont ceux qui lient certains textes à d'autres issus d'autres sources. C'est par exemple la stratégie suivie par Google Actualités qui n'a aucune production d'information propre.

Cela dit, pour aller plus loin dans l'analyse, il faudrait savoir si les entreprises productrices de contenus informationnels qui distribuent celui-ci à travers leurs activités sur le web ont tendance à conserver le même type de lectorat et d'audience ou pas. On pense par exemple à la possibilité d'attirer une population jeune qui a tendance à peu lire les journaux et à changer d'habitudes en termes d'usages de la télévision. Que va t-il en être dans un contexte où il est de plus en plus facile d'avoir accès à des contenus à la carte sans passer par l'étape jadis nécessaire de la grille de programmes ? Internet et la téléphonie mobile mais aussi l'enregistreur numérique augmentent considérablement les potentiels en la matière qui, jusqu'alors, reposaient essentiellement sur l'enregistrement des émissions sur magnétoscopes. Les études avaient montré qu'à ce sujet, bien des fonctionnalités étaient peu utilisées par les usagers (Baboulin, Gaudin et Mallein, 1983). Nous aurions tort de penser qu'une fois de plus, les potentialités de la technique seront pleinement utilisées. Mais on peut parier tout de même sur le développement de certaines habiletés techniques, notamment parmi un public jeune.

En complément, il faut aussi parler de la présence des médias canadiens sur téléphone cellulaire. Plusieurs d'entre eux, à commencer par le quotidien indépendant *Le Devoir* et le magazine *L'Actualité* possédé par le groupe Rogers n'ont pas de site web spécialement adapté au support mobile. La présence sur celui-ci est considérée comme nécessaire par rapport aux concurrents afin d'occuper le terrain une fois de plus mais l'importance de cette présence dépend notamment de la capacité financière des entreprises. Dans le cas où il y a eu production d'un site web spécifique, l'accent est parfois mis sur certains contenus, à l'image des résultats sportifs obtenus en direct, des programmes de cinéma et des conditions météorologiques. Autant de services qui permettent de rechercher rapidement des informations cruciales tout en étant mobiles ; des services qui permettent aussi de rester liés à des communautés de choix, on pense par exemple aux fans d'équipes sportives, à l'image de l'équipe de hockey sur glace du Canadien de Montréal, véritable figure de proue de la culture populaire québécoise. On constate même une lutte sur le terrain de la téléphonie mobile à propos de la diffusion des matches de hockey, à commencer par ceux du Canadien, notamment entre les groupes BCE et Quebecor. Le sport serait considéré en effet comme l'un des contenus les plus attrayants et donc les plus susceptibles de faire des gains financiers sur le terrain de la mobilité.

Dans le cas du groupe Gesca et de son portail Cyberpresse, une version spécifique existe pour le téléphone cellulaire mais il s'agit d'une version minimale par rapport au contenu du portail sur le web. Le nombre de textes est réduit à moins de 10 par catégorie, autour de 5 le plus souvent. La longueur des textes est elle-même très courte. Notons qu'à l'instar de ce qui se passe sur internet, il n'y a pas de paiement pour avoir accès au contenu, sauf évidemment un éventuel abonnement pour l'accès au réseau mobile en l'absence de connexion au réseau internet. Pour sa part, la direction de Quebecor met l'accent sur le fait qu'avec la version mobile de Canoë, la taille des fichiers varie entre 6 et 25 ko et il est en plus possible de retirer les images des articles pour réduire la taille. Enfin, Radio-Canada a opté pour une stratégie un peu différente de celle de ses concurrents avec un nombre de nouvelles relativement important et avec un contenu qui est le même que sur le site web à consulter par ordinateur. Étant donné leur longueur, les nouvelles sont proposées en plusieurs page-écran qui se succèdent. Dans certains cas, les contenus sont payants mais d'un coût plutôt faible. Ainsi, le Réseau de l'Information (RDS), la chaîne de sport francophone numéro une qui possède l'un des sites web les plus visités du Québec propose des nouvelles de sport les plus récentes pour la somme de 3 dollars par mois. Il n'est guère étonnant de constater que le service le plus en vue comprend l'ensemble des actions les plus marquantes des matches de l'équipe du Canadien mentionnée précédemment.

Ces choix des entreprises font que grâce au web et au téléphone portable, il est dorénavant possible[13] d'avoir accès aux contenus des portails comme Cyberpresse, Canoë et Radio-Canada au-delà des frontières. Voyager dans le monde devient dès lors envisageable tout en ayant accès à une variété inédite de contenus médiatiques

[13] On notera tout de même quelques restrictions concernant notamment les programmes sportifs qui sont diffusés dans un grand nombre de pays mais dont les droits de diffusion demeurent achetés sur des bases nationales. Dans un tel cas, certains contenus peuvent être accessibles dans un pays mais pas dans tel autre. On peut alors voir cette mention affichée sur le web.

de son pays, de sa région, de sa localité et correspondant de plus à ses habitudes[14], et ce d'autant plus que la mise à disposition des informations a été accélérée. Nous allons y revenir maintenant.

Traditionnellement, la temporalité de la mise à jour de l'information différait selon les médias. Pour la presse écrite, la fréquence correspondait à la journée avec le quotidien paru chaque matin (et parfois le soir), pour la radio, c'était l'heure (avec les flashes d'information) et pour la télévision la demi-journée (avec les principaux bulletins le soir tout d'abord puis aussi à la mi-journée et enfin le matin). Ces différentes temporalités rythmaient la journée, éventuellement en tenant compte du décalage horaire. Mais ce rapport au temps a changé au fil des années avec le développement des chaînes de télévision d'information continue, l'objectif étant de montrer que les téléspectateurs ont maintenant accès à l'actualité en direct. Au Canada, par exemple, en langue française, la chaîne privée le Canal Nouvelles (LCN) du groupe Quebecor s'est organisée autour de la production d'un bulletin d'informations réactualisé toutes les ½ heures alors que son homologue publique, le Réseau de l'Information (RDI) ne proposait qu'un journal toutes les heures, du moins à certains moments de la journée. Devant la domination de LCN en termes d'audience, la direction de RDI a décidé de changer son fusil d'épaule en proposant non plus seulement un journal plus ou moins long toutes les heures mais aussi un rappel de l'actualité tous les quart d'heures. Ce qui n'a d'ailleurs pas posé de problème étant donné que les émissions étaient déjà coupées par des messages publicitaires.

Les événements médiatiques, à commencer par les guerres ont témoigné de cette accélération de la circulation de la nouvelle avec les prises de parole en direct des journalistes depuis les lieux des conflits. Les journaux télévisés traditionnels ont en conséquence perdu en partie leur statut de rendez-vous. Prenons un exemple. Il y a encore une dizaine d'années, le Téléjournal de 22h00 de Radio-Canada était le

---

14 La direction de Radio-Canada a décidé de retirer la diffusion en direct et en intégralité du Réseau de l'information (RDI) sur le web lors des négociations effectuées auprès du Conseil de la radiodiffusion et des télécommunications canadiennes (CRTC) en 2009. Dans un contexte où l'organisme de radiodiffusion publique demande de pouvoir toucher une rémunération de la diffusion de son antenne généraliste sur le câble, il était devenu difficile que RDI, chaîne spécialisée payante par abonnement et qui, à ce titre, reçoit, elle, une rémunération des câblodistributeurs qui la financent, continue à être diffusée gratuitement sur internet. En conséquence, comme la chaîne d'information continue n'est retransmise qu'au Canada par câble et par satellite, il n'a plus été possible pour les Canadiens installés ou voyageant à l'étranger d'y avoir accès. Les discussions au CRTC étant maintenant finies, la diffusion en direct et en intégralité de la chaîne spécialisée a repris sur le web.

principal rendez-vous d'informations pan-canadien diffusé en langue française dans tout le pays[15]. Puis avec la création de la chaine d'informations continue, RDI, une première édition du Téléjournal a été produite à 21h00 pour être diffusée sur celle-ci. Quant à l'édition originelle, elle est devenue la deuxième édition et est à la fois diffusée sur la chaîne généraliste en direct à 22h00 et en différé sur le canal spécialisé à 23h00. A suivi un effritement des côtes d'écoute sur la chaîne généraliste au profit du canal spécialisé puis par la suite un second effritement dû aux possibilités de suivre le contenu sur le web en continu ou d'y avoir accès à la carte reportage par reportage.

La rapidité de la mise à disposition de la nouvelle s'est donc encore renforcée avec le développement du web comme lieu d'information. Il s'agit ici de favoriser une mise à jour quasi-permanente afin surtout d'être repéré plus facilement par les moteurs de recherche. C'est pourquoi un site web comme celui du quotidien indépendant *Le Devoir* compte sur le fil de presse de l'agence de la Presse canadienne (PC) pour bénéficier de cette mise à jour régulière du site étant donné que le contenu de la version électronique est *grosso modo* le même que celui de la version papier avec une mise en ligne de l'édition du jour dès minuit. En conséquence, l'essentiel du contenu ne change qu'une fois par jour. Renaud Carbasse (2009) a bien mis en évidence le fait que si cette formule est minimale, celle-ci s'explique parce que *Le Devoir*, en tant que seul quotidien indépendant au Québec – avec entre 2 et 3 % du tirage – ne possède pas la surface financière de ses concurrents qui lui permettrait une mise à jour plus fréquente. Si les activités en ligne du quotidien sont rentables, c'est parce qu'elles sont relativement modestes.

Tel n'est pas le cas pour Cyberpresse et pour Canoë. Dans ces cas, comme nous l'avons déjà signalé, les contenus sont rafraichis le plus souvent possible, y compris en tenant compte des contenus amateurs produits dans le cadre des blogues des journalistes vedettes. Cyberpresse met l'accent sur la mise à jour du contenu à travers ses 41 blogues, dont ceux de deux journalistes vedettes, Patrick Lagacé et Richard Hétu qui rédigent plusieurs chroniques chaque jour, chacune d'entre elles pouvant attirer plus d'une centaine de contributions de lecteurs. Par ailleurs, comme l'a constaté Renaud Carbasse (2009), dans le cas de Cyberpresse, le contenu du site web n'est plus une copie du contenu papier des différents quotidiens possédés par le groupe Gesca étant donné que l'information peut être mise en ligne avant même la distribution du journal. Il sera d'ailleurs intéressant de voir si avec ce choix en termes

---

15 Et ce contrairement au Téléjournal le plus important, celui de 18h00 qui est diffusé localement, à Montréal, Québec, Ottawa, Vancouver, etc.

de diffusion de l'information, la direction de l'entreprise ne provoque pas une « vampirisation » du quotidien papier par le site web à moyen terme. Ainsi que nous l'avons vu, le pari sur la publicité demeure risqué.

En conséquence, dans une certaine mesure, le média lui-même apparaît ne plus obéir à aucune temporalité spécifique. C'est en partie vrai et cela facilite d'autant la consultation des informations partout sur la planète. La mobilité est une fois de plus facilitée puisque cette temporalité accélérée permet d'être au courant des informations partout sur la planète sans accorder d'importance aux lieux correspondant à plusieurs fuseaux horaires. Une fois de plus, on peut rester inscrit dans la communauté tout en étant mobile. Avec cette mise en ligne de la production d'informations (et de commentaires) en flux tendu, on peut en effet avoir l'impression que le contenu n'est plus produit en fonction des horaires.

Néanmoins, il convient d'apporter un bémol à ce qui précède. La diffusion d'information suit tout de même le rythme de sa production qui dépend en partie du moins des réunions à l'intérieur des rédactions le matin, notamment dans le cas des médias qui demeurent ancrés dans le territoire et le rythme de vie dominant. C'est ainsi que la grille de programmes de CNN États-Unis est adaptée aux différents fuseaux horaires du pays. Au Canada, la chaîne publique d'informations continue de langue française, RDI, diffuse une programmation au fil de la journée qui repose sur un découpage du pays en quatre zones, y compris en termes de fuseaux horaires : les provinces atlantiques tout d'abord, le Québec puis l'Ontario ensuite et enfin les Provinces de l'Ouest. Dans leur récente étude, Franck Rebillard et ses collaborateurs (2009) notent que sur le web, 9h00, 13h00 et 18h00 sont les trois horaires où l'on retrouve le plus de nouvelles publications en ligne en France. De plus, les fins de semaine et les jours fériés sont également des journées où il y a moins de publications, ce qui s'explique par les horaires des journalistes. « Ces trois moments de surproduction éditoriale (tout du moins au niveau des descriptions des articles) correspondent aux horaires de bureau que les éditeurs savent les plus propices à la consultation d'information sur l'Internet. C'est donc en toute connaissance de cause que les éditeurs renouvellent leur production dans ces créneaux horaires particulièrement stratégiques » (2009, p. 38). Quant aux chaînes de télévision d'information à diffusion internationale comme CNN International, BBC World ou France 24, elles ont pour leur part une programmation qui vise d'emblée toute la planète. L'existence de bureaux sur les cinq continents et le recours aux images d'agences facilite une diffusion qui paraît toujours nouvelle. *In fine*, dans un contexte où l'information se doit d'être diffusée par tous les moyens de communication le plus vite possible, la production de celle-ci dépend non seulement des conditions de travail des journalistes et autres médiateurs de l'information mais aussi des lieux d'origine de cette information. À titre d'exemple, les probabilités pour avoir accès à des informations d'actualité en provenance d'Europe sont plus grandes en Amérique du Nord le matin qu'en soirée en fonction du décalage horaire entre les deux continents et des activités sociales qui s'y produisent.

Quelques interrogations en guise de conclusion

Nous voici au terme de ce texte. Pour conclure celui-ci, il nous apparaît pertinent de poser quelques interrogations. Il n'a pas fallu attendre Internet pour voir la taille de la nouvelle réduire. Dans plusieurs journaux, y compris considérés comme étant de référence, par exemple le quotidien français *Le Monde*, la taille des articles a diminué de façon notable depuis une trentaine d'années. Mais ce phénomène s'est accentué avec l'information en ligne et encore plus dans le cas de la téléphonie mobile. D'où la question qui peut être posée sur la pertinence même de cette information. Avec un format de plus en plus réduit, l'information fait-elle toujours sens ? Cette question est d'autant plus cruciale que nos systèmes politiques reposent en partie du moins sur l'accès à une information de qualité susceptible d'aider citoyens et citoyennes dans leurs choix quand il s'agit de décisions concernant la vie de la Cité. Dans une perspective proche, on pourrait également se poser la question de l'avenir de l'information dans un contexte où le divertissement est de plus en plus présent, y compris à travers des rubriques magazines. Une fois de plus, le phénomène n'est pas nouveau mais le web et le téléphone cellulaire lui fournissent deux nouveaux espaces. Il est alors possible tout en étant mobile de rester en lien avec sa communauté mais quel est le type d'information qui nous permet de rester en contact ?

On peut aussi s'interroger sur le fait que l'utilisation des TIC constitue un moyen de diminuer considérablement ses temps libres, le temps au cours duquel traditionnellement nous ne faisions rien, du moins apparemment, par exemple lors de nos déplacements. Depuis maintenant une bonne dizaine d'années, ces moments avaient été largement comblés par les appels téléphoniques eux-mêmes. Les voici susceptibles de l'être de plus en plus par une multitude de services proposés par les téléphones dits intelligents dont la consultation d'informations ne constitue qu'une fonctionnalité parmi tant d'autres. Une mobilité et une inscription dans sa communauté, ses communautés toujours sollicitées. Or, le rapport à l'autre semble indissociable à certains moments d'une certaine solitude qui permet justement de se retrouver avec soi. Ces moments n'auraient-ils pas tendance à diminuer quand on constate que dès qu'il y a un temps mort dans la journée, le téléphone est immédiatement mobilisé ?

Il apparaît aussi intéressant dans la perspective des liens entre communauté et mobilité de rappeler le point de vue d'Arjun Appadurai (1996) qui a estimé que si la presse avait pu jouer un rôle dans la formation des nations, les médias électroniques allaient favoriser l'avènement d'une ère transnationale. Pour aboutir à cette hypothèse, il se reposait sur la notion de « communauté imaginée » de Benedict Anderson et concluait ainsi au développement d'un monde « post-national » (1996, p. 21-22). La réalité nous semble passablement plus complexe. Il apparaît maintenant presque évident de dire que nos identités sont plurielles mais la dimension nationale n'a pas disparu pour autant. Et le fait de pouvoir avoir de plus en plus souvent accès aux médias de son pays même dans des contrées lointaines va certainement favoriser le maintien d'un certain lien. La position d'Appadurai apparaît donc un peu simpliste. Ce type de pensée, parfois qualifiée de postmoderne, a trop tracé un trait sur la dimension nationale de l'identité qui demeure tout à fait importante pour bon nombre de nos contemporains. On peut en voir de nombreuses manifestations lors de certaines compétitions sportives à commencer par les deux événements majeurs à l'échelle planétaire, la Coupe du Monde de football d'une part et les Jeux Olympiques de l'autre. Mais on peut aussi le constater sur un mode moins pacifique à l'occasion de conflits frontaliers toujours nombreux.

Enfin, il importe de revenir sur la notion même de communauté. Comme le dit Michel Gensollen, « les communautés médiatées sont centrées, non sur des groupes d'individus en interaction (clusters) mais sur un lieu virtuel de rencontre, caractérisé par des procédures, des règles formelles et un code de conduite tacitement accepté par tous ; ce lieu virtuel peut être un site web » (Gensollen, 2003). Or, pour retenir l'internaute sur les portails, il importe de proposer un contenu le plus attrayant, le plus attractif possible et ce d'autant plus que le web représente un très vaste ensemble de contenus. Et cette « captation » des internautes apparaît effectivement de mise. Même si les données chiffrées de navigation sur les sites web, calculées par exemple par l'institut Comscore, sont sujettes à caution, il n'en reste pas moins que celles-ci tendent à montrer la préférence des Québécois en ce qui concerne l'information sur le web pour les principales entreprises canadiennes et québécoises. Capter les internautes apparaît dès lors envisageable et renvoie à une problématique bien connue de la sociologie des usages des TIC, à savoir la marge d'autonomie dont les usagers disposent par rapport aux concepteurs (voir Proulx, 1994). Cela dit, il importerait d'aller beaucoup plus loin dans l'analyse en étudiant de près grâce à des entretiens et à des observations les comportements et les représentations des internautes lorsqu'ils naviguent sur des sites web d'information et sur le web plus globalement.

À partir des données quantitatives disponibles, on peut toutefois émettre comme hypothèse que certaines entreprises ont d'ores et déjà pris une place centrale dans le développement d'habitudes susceptibles d'être des usages sociaux selon la définition qu'en donne Jean-Guy Lacroix quand il met l'accent sur l'ancrage de l'utilisation à long terme dans la vie quotidienne (1994). Dans la même perspective, suite à plus de dix ans de travaux sur l'appropriation des TIC, Geneviève Vidal parle de « renoncement négocié » (2010) notion qui permet de prendre en considération deux forces qui semblent s'opposer : être agi et être acteur. Être acteur quand on navigue sur le web et être agi quand on limite, du moins partiellement, sa navigation à un nombre restreint de sites, notamment ceux des grandes entreprises médiatiques. Et il serait intéressant de voir ici le rôle non seulement des blogues mais aussi des réseaux sociaux numériques, à commencer par Facebook et Twitter, autrement dit des dispositifs qualifiés de web 2.0. À ce sujet, Cyberpresse a investi dans Facebook et Twitter au début de 2009 en proposant aux internautes de recevoir toutes les informations de dernière minute ainsi que les annonces de contenus mis en ligne sur le site web ; ce qui a favorisé une circulation encore plus rapide de la nouvelle. Canoë a fait de même tout en mettant l'accent sur l'apport des citoyens ordinaires à l'information. Ceux-ci sont d'ailleurs régulièrement invités à envoyer photos et vidéos prises lors d'événements où aucun « professionnel » de l'entreprise n'est présent[16]. Autant de pratiques qui sont susceptibles de faciliter encore plus la mobilité et qui favorisent l'inscription au sein de communautés de marque. Notons toutefois que ces dernières présentent ici une dimension économique prononcée. Mais ceci est (presque) une autre histoire.

REFERENCES BIBLIOGRAPHIQUES

Appadurai, A. (1996). *Modernity at Large. Cultural Dimensions of Globalization*, Minneapolis : University of Minnesota Press.

Anderson, B. (1991). *Imagined Communities. Reflections on the Origin and Spread of Nationalism,* New York : Verso.

Baboulin, JC., & Mallein, P., & Gaudin, JP. (1983). *Le magnétoscope au quotidien. Un demi-pouce de liberté,* Paris : INA, Aubier, Montaigne.

Boltanski, L., & Ève C. (1999). *Le nouvel esprit du capitalisme,* Paris : Gallimard, coll. Nrf.

Augey, D., & Rebillard, F. (2009, dir.). L'économie du journalisme, *Cahiers du Journalisme (Les), n° 20.* [http://www.cahiersdujournalisme.net/cdj/20.htm].

---

[16] On peut d'ailleurs noter au passage que ces contenus deviennent immédiatement la propriét de Quebecor qui se réserve ensuite le droit de les utiliser à des fins commerciales.

Carbasse, R. (2009). *Les stratégies des entreprises de presse quotidienne francophones québécoises dans le déploiement d'activités en ligne : 1996-2009*, mémoire de maîtrise, Montréal : Université du Québec à Montréal (École des médias, Faculté de communication)

Chauvel, L. (2001). Le retour des classes sociales, *Revue de l'OFCE*, n° 79, pp. 315-359, [http://www.ofce.sciences-po.fr/pdf/revue/9-79.pdf].

Demers, F. (2007). Déstructuration et restructuration du journalisme, *tic&société, vol. 1, n° 1*, [http://ticetsociete.revues.org/298].

Deuze, M. (2003). The web and its journalisms : considering the consequences of different types of newsmedia online, *New Media and Society, vol. 5, n° 2*, 203-230.

Gensollen, M. (2003). *Biens informationnels et communautés médiatées*, [http://gdrtics.u-paris10.fr/pdf/ecoles/sept2003/01-01_gensollen.pdf].

George, E. (1999). Internet au Québec : les fournisseurs d'accès et les portails, *Réseaux, n° 97*, novembre-décembre, pp. 265-278, [http://www.persee.fr/web/revues/home/prescript/article/reso_0751-7971_1999_num_17_97_2173].

George, E. (2008). La concentration de la propriété des entreprises médiatiques à l'heure du Web. In, *Médias et diffusion de l'information : vers une société ouverte,* M. Meimaris (dir.), pp. 42-51.

Goldhaber, MH. (1997). The attention economy and the Net, *First Monday, vol. 2, n° 4*, [http://firstmonday.org/htbin/cgiwrap/bin/ojs/index.php/fm/article/view/519/440].

Goyette-Côté, MO. (2010). *Le contexte numérique de la production du journalisme,* rapport de stage de lectures, maîtrise en communication, Montréal : Université du Québec à Montréal (UQAM), Faculté de communication.

Kessous, E., Melleta, K., & Zouinar, M. (2010). L'économie de l'attention : entre protection des ressources cognitives et extraction de la valeur, *Sociologie du Travail, vol. 52, n° 3*, 359-373.

Jauréguiberry, F. (2004). Télécommunications mobiles, entreprises et pouvoir. In, Actes du groupe de travail Sociologie de la communication (CR 33, ex GT 13), XVIIe congrès international des sociologues de langue française, Tours, du 5 au 9 juillet 2004, 184-191.

Lacroix, J-G. (1994). Entrez dans l'univers merveilleux de Videoway. In, J G. Lacroix, B. Miège, & G. Tremblay (dir.). *De la télématique aux autoroutes électroniques. Le grand projet reconduit,* (137-162). Québec : Presses de l'Université du Québec ; Grenoble : Presses Universitaires de Grenoble.

Mayère, A. (1996). Communication mobile professionnelle et transformations des entreprises. *Actes des séminaires Actions Scientifiques, n° 6*, France Telecom.

Mascotto, J. (2005). L'overclass et son imaginaire, *Relations*, septembre, *n° 703*, 17-20.

Mattelart, T. (2009). Les diasporas à l'heure des technologies de l'information et de la communication : petit état des savoirs, *tic&société, vol. 3, n° 1-2*, [http://ticetsociete.revues.org/600].

Pailliart, I. (1995). Prolongements. In, I. Pailliart (dir.). *L'espace public et l'emprise de la communication, (*pp. 193-210). Grenoble : Ellug.

Proulx, S. (1994). Une lecture de l'oeuvre de Michel de Certeau : l'invention du quotidien, paradigme de l'activité des usagers, *Communication, vol. 15, n° 2,* 171-197.

Proulx S., & Latzko-Toth, G. (2000). La virtualité comme catégorie pour penser le social. L'usage de la notion de communauté virtuelle, *Sociologie et sociétés, vol. 32, n° 2,* 99-122. [http://www.erudit.org/revue/socsoc/2000/v32/n2/001598ar.pdf].

Radway, J., (1991) Interpretive Communities and Variable Literacies. The Functions of Romance Reading. In, C. Mukerji & M. Schudson (dir.). *Rethinking Popular Culture,* (465-486). Berkeley : University of California Press.

Rallet, A., Aguiléra, A., & Guillot, C. (2009). Diffusion des TIC et mobilité : permanence et renouvellement des problématiques de recherche, *Flux, vol 4, n° 78,* 7-16, [http ://www.cairn.info/revue-flux-2009-4-page-7.htm–.

Rebillard, F. (2007). *Le web 2.0 en perspective : Une analyse socio-économique de l'internet.* Paris : L'Harmattan.

Rebillard, F. (2009, dir.). *Internet, pluralisme et redondance de l'information,* Recherche exploratoire soutenue en 2008 par la Maison des Sciences de l'Homme Paris-Nord, Rapport scientifique, avril 2009.

Rheingold, H. (1995). *Les communautés virtuelles.* Paris : Addison-Wesley France.

Sayad, A., (1985). Du message oral au message sur cassette. La communication avec l'absent, *Actes de la recherche en sciences sociales, n° 59*, 61-72, [http://www.persee.fr/web/revues/home/prescript/article/arss_0335-5322_1985_num_59_1_2271].

Mattelart, T. (2009, dir.). TIC et diasporas, *tic&société, vol. 3, n° 1-2,* [http://ticetsociete.revues.org/587].

Tönnies, F., (1992). *Communauté et société,* extraits reproduits. In, Karl Van Meter (dir.). *La Sociologie,* (195-211). Paris : Larousse,

Vidal, G. (2010). *Le renoncement négocié. Pour une analyse dialectique des usages des technologies interactives,* mémoire d'habilitation à diriger des recherches en sciences de l'information et de la communication, soutenu le 24 septembre 2010 à l'Université Bordeaux 3.

The advent of mobile television

The evolution of the Italian market and the strategy of Mediaset Group

Benedetta Prario
Lecturer in New media strategy – Dr.
Cinzia Colapinto
Researcher – Dr.
Institute of Media and Journalism, Università della Svizzera italiana
Via Giuseppe Buffi 13, CH 6904- Lugano, Switzerland

INTRODUCTION

In Europe the development of digital television is probably the most significant and complex structural innovation of recent times. The importance of digital TV is now widely acknowledged (Richeri, 1999 ; Pagani, 2000 ; Fernandez Alonso & De Moragas, 2008) as its main original advantages : multiplication of the available television channels with equal usage of the spectrum ; better technical quality of audio and video transmissions ; and the possibility of combining the telephone and television networks to transform the television set, using if necessary a set top box, into a terminal for access to Internet services. In the perspective of this chapter, these features are even more relevant: the opportunity of introducing television scheduling interactivity not just to offer viewers the possibility of taking part in real time in the programs, but also to allow them to personalize the information and, more in general, the television content ; and the opportunity to make the television set mobile. The switchover from analogue to digital terrestrial television by the end of 2012, as decided by the European Commission (COM, 2005, p. 129) is now a key issue on the agenda of almost all European governments because digital signal compression technologies will free up spectrum resources and optimize spectrum use. One of the possible reuse of frequencies is mobile television: for instance in Finland a multiplex has been exclusively allocated for mobile use.

Nowadays mobile television is a debated issue: it means the opportunity to view traditional television and interactive programs directly on the client's own mobile handset. Besides enriching the content experience for the end-users, mobile television offers business opportunities as well : from a cost-efficient way of delivering data for mobile operators to a new way of reaching audience, while they are on the move, for broadcasters.

A second relevant change in the television industry is the audience fragmentation: a general perception is that our society is moving towards an individual watching culture. People have also aspirations for interaction with television.

Italian vibrant mobile market is supported by a large part of the population receptive to new technologies. The popularity of multiple-SIM use has led to a mobile penetration rate far above the European average. As a result Italian mobile market is an interesting case study.

METHOD

Mobile television has not been studied in depth, due first of all to its novelty. The nature of this research is therefore exploratory and supported by the case study method. From the wide variety of possible research strategies, the case study approach is, on this occasion, very useful because the research question is exploratory and the questions asked concern the "how" in a context of contemporary events and behaviors that cannot be manipulated (Albarran *et al.*, 2005, p. 556). The Italian industry and in particular the commercial broadcaster Mediaset were selected for two reasons : the first one is that Italy is one of the most developed telecommunication industry with high penetration of mobile subscribers - Italy has 90.341 million mobile subscribers in 2009 (ITU, 2010) - and the second one is that Mediaset is leader in the Italian television industry as also far-sighted company, able to fully exploit its strengths (Balbi et Prario, 2009). To analyze this case study, the authors collected primary and secondary data. Information about Mediaset Group was derived from a variety of sources like company press releases and presentations, company annual reports and research reports on industry and company developments. The case study method is therefore ideal for capturing and tracking the value chain and business models of the operators involved in the current transitional digital media landscape. Indeed, the authors have interviewed some operators involved in the launch and commercialization of mobile television in Italy with the aim of providing direct evidence or proof to underpin the discussion. It is important to note that the selected case study does not have the pretension of being used for generalization but simply present a first attempt at understanding the role of telecommunications operators and the interplay between telecommunications operators and broadcasters in the launch of mobile television services.

The article is structured in two sections : in the first one it describes the meaning of mobile television, its opportunities and its limitations and in the second one, it examines the case study of Mediaset Group, presenting if and how the advent of mobile TV has changed its business models, its value chain and strategy.

THE MEANING OF MOBILE TELEVISION AND ITS MAIN FEATURES

Media development can be characterised as a socio-technical phenomenon, where people, technologies and institutions together influence the development. Over the last ten years, digital technology has encouraged a rapid growth in the personal consumption of media. The advent of personal video recorders (PVRs), video on demand (VoD) and the multiplication of programs offerings have enabled viewers to personalise the content that they want to watch. What's more interactivity allows viewers to directly express their preferences to broadcasters. As part of this trend, and alongside the growth of mobile telephony, « the place of viewing is no longer limited to the television receiver at home, or in a vehicle, but is widened to allow personalised viewing of television by individuals wherever they are located » (Digitag 2005, p. 3). Mobile television means the opportunity to view traditional television and interactive programs directly on one's own mobile. The interactivity is an essential feature of "broadcasting on the move", because this new TV model is closely related to the telephone, the pre-eminently interactive communication medium. Mobile television can be defined as the possibility of watching television programs on a handheld device and « on the move » – on public transport, waiting for an appointment or while at work. It includes live and time-shifted TV. It is therefore broader than broadcasting alone (European Commission, Memo 07/298). This second definition underlines the fact that through mobile TV you can access not only to linear programs (diffusive programs), but to not linear programs, that means interactive services, too.

The idea of watching television while on the move and not at home is not new. As well illustrated by Trefzger (2005), in 1982 Sony introduced its first portable television, the Watchman, but, unlike its music peer, the Sony Walkman, it had not much success. The failure of the Watchman could be traced back to several reasons, like its dimensions (nearly 20 cm high and 9 cm wide), its screen (tiny) and its battery power (too low) (Günthör, 2005). But today the story seems to have changed. Consumers are using their mobile phones for multimedia—not just for communication, but also for entertainment (with streamed video, music and games), and for news and information services. With your mobile you can do a whole range of things : calling, sending and receiving messages and e-mails, managing appointments and addresses, taking photos, listening to music, listening to the radio, playing games and watching short video clips. Now it seems to be the turn of television. Today, television and the mobile are facilities that most people cannot imagine living without. As reported by studies on media consumption in different countries, more than any other medium television determines the daily life of many people and is the most consumed medium (Cola & Prario, 2009 ; CENSIS, 2008). As the mobile phone is not used solely for communication via voice or SMS anymore, but also for entertainment and information, it appears feasible to use this companion to receive TV while not at home or in front of a large TV screen as well. Hence, mobile television will extend the hours of television viewing to parts of the day when viewers are not at home.

From the point of view of a broadcaster offering mobile television represents an opportunity and a new way to collect revenues. But, at the same time, offering mobile television services to the customer requires several different core competencies that cannot be easily provided by a single company (Pyramid Research, 2005). As suggested by the term « mobile television », two different industries are converging : the mobile industry and the broadcasting industry. The coming together of these two industries is evidence of the convergence between the telecommunications, media and information technology sectors. Convergence is not just about technology, as illustrated in the Green Paper of the European Commission (1997), but about services and new ways of doing business and interacting with society.

To better understand who the new operators involved in the development of mobile television are, it is useful to illustrate the value chain for mobile television. According to Chan-Olmsted & Kang (2003), the concept of value chain is closely related to the issue of the business model, because the former scrutinizes the value added to a product or service in each stage of its acquisition, transformation, management, marketing and sales, and distribution. In essence, the value chain represents a systematic approach to analyzing an industry by segmenting the market activities that add different values to the final product. Media economics tries to define the value chain of this new service, but, as in other cases, nowadays there are many suggestions for possible value chains (Booz Allen & Hamilton, 2005 ; visiongain, 2004 ; Digitag 2005 ; Trefzger, 2005), presenting some common features but significant differences, too. Summarizing, we can say that apart from the « billing » function (see figure 1), it looks like the value chain of « a multi-channel and multi-service television platform » (Prario, 2005 ; Andersen Consulting, 2002).

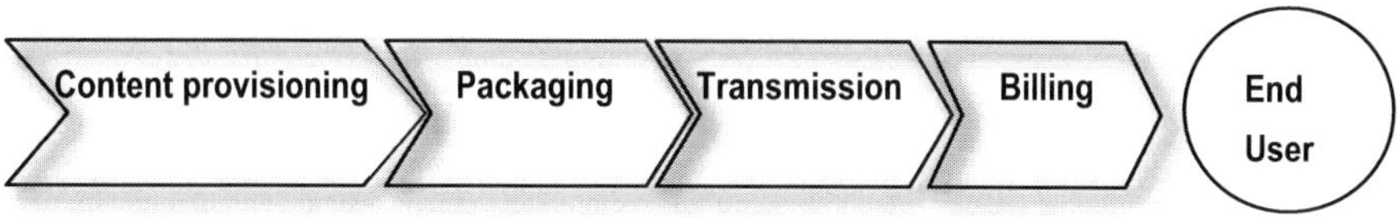

Figure 1: Value chain of Mobile Television
Source : Trefzger (2005)

As illustrated by Trefzger (2005) and Prario (2007) content provisioning, the task of content providers, relates to content production and distribution. Content providers do not necessarily create all content themselves; they also buy or subcontract content from content producers and act as agents for content owners (Andersen Consulting, 2002; visiongain, 2004). Indeed, ever more involved in the production of interactive contents, they have to supply these new services to consumers.

Packaging, the task of content aggregators, relates to the selection and packaging of content from different sources into convenient and attractive bundles and to the selling of these to service operators, directly to consumers or other third parties. As observed by Trefzger (2005, pp. 37-39), content aggregators distribute the content through various channels depending on their distribution rights. A TV broadcaster is a content aggregator in the traditional TV environment and could also perform this activity in the mobile television value chain (visiongain, 2004, p. 141).

Transmission, the task of mobile network operators, relates to the diffusion of content. Networks transmit data across their infrastructure and are responsible for the development, the maintenance and the operations of their transmission infrastructure.

These three activities are in common with the broadcaster's value chain. The billing function is a new one and typical of telecommunication value chain. The payment agents are responsible for billing customers for mobile services and collecting the money.

In some cases, as in the Italian industry, there are some vertical integrated broadcasters that manage all the activities. As we will see later Mediaset is one of these broadcasters.

Business models for mobile television services

Before illustrating Mediaset case, it is important to look at another correlated issue: the business model. When offering a mobile television service, the companies involved – mainly the mobile operators and TV broadcasters – must evaluate and decide how to earn money from the service. First of all, they have to decide if the service should be supplied for free or if the user should pay for it. Booz Allen & Hamilton (2005) distinguish three business models for mobile television : free television, pay television and VoD (see figure 2).

As illustrated in figure 2, the free TV model is entirely financed through advertising. All the revenues go to the TV broadcasters, but only if advertisers want to pay the content/service providers for the additional viewers generated by mobile television. Furthermore, the mobile phone as an interactive and widely used medium offers new and different forms of advertising, which can especially help to reach the younger audience. Mobile marketing campaigns include services such as quizzes, opt-in alerts, contests, voting, and customized ringtones (Gibler, 2004, p. 3). Mobile television can unify the traditional and the new medium in itself by enabling the combination of the classical TV spot with interactive elements from the mobile channel in one viewing device.

Model	**Offering**	**Revenue Source**	**Positioning of Broadcaster**
« Free TV »	- TV channels broadcast Free-to-Air - General channels - Theme channels	- Advertising (increase in audience ratings)	- Integrated operator (content provider, packager, network operator and payment agent)
« Pay TV »	- Bouquet of Pay channels and /or - Premium contents via DVB-H in NVOD (possibly broadcast in « push » mode to handsets)	- Basic subscription - Pay per view / time	- Content provider, content packager - Network operator
« VoD »	- Video on demand content (provided through 3G network) - Additional pay services	- Pay for consumption (bandwidth / content)	- Content provider, packager

Figure 2 : Business models for mobile television

Source : Booz Allen & Hamilton, 2005.

It is also relevant to observe that users usually watch traditional TV programs less than new content formats created *ad hoc* for the handheld with the attribute of short duration, which means that advertising in commercial breaks lasting many minutes will not be suitable. However, programs would be well-suited to sponsoring using an interstitial image of the sponsoring brand ; it could be shown at the beginning and/or at the end of the program and optionally include further interactive elements (Trefzger, 2005, p. 53). A model suggested by Nokia and represented by Trefzger would have users pay less for their data services when they allow advertisements to be displayed on their mobile phone (visiongain, 2004, p. 162). This model could be applied to mobile television, perhaps combined with a monthly subscription. "It would then give price-sensitive users the opportunity to save on the monthly fee by accepting advertisements" (Trefzger, 2005, p. 53). Indeed, in Italy the most suitable business model is the *freemium* model, based on services combining free use and use fee (Osservatorio New TV & Media (2009).

The pay-TV model includes two methods of payment: a monthly subscription or a pay per view (PPV) model, depending on time spent viewing, volume of downloaded data and type of content/services. Generally, to access specific content and services, the consumer has to subscribe, mainly on a monthly basis. Most pay-TV offers today sell their services for a monthly subscription fee, which often includes a package of channels, but also allows access to additional TV content via pay per view. The subscription model is already adopted by some mobile operators for their mobile television offerings. Often thematic programs are organized into packages (bundles) whose price is less than the sum of the single programs. "Bundling is a profitable and attractive way of offering e.g. two products to customers who were only willing to pay a smaller incremental price for the second product compared to the stand-alone price" (Trefzger, 2005, p. 50).

Pay per view is a form of payment for consumption, linked to a single event or service directly requested by the user or transmitted in near video on demand. Often this form of payment gives access to programs and services not available free to air, the so-called premium contents (like football matches, live concerts and events).

For mobile television this means that the user only gets charged for the actual usage of the mobile television service, either based on the time spent viewing a program, or the data-volume transferred during a TV-session or a single event, such as a football match that is watched or a news-clip that is downloaded. People consuming mobile television only occasionally, or using the new service for the first time, will incline toward the payment by consumed time because it is more economical than a monthly fee.

The third business model applicable to mobile television is video on demand: consumers watch a program or accessing a service when they prefer. They must have access to the portal where the content is organized and this accessibility has a price. In the portal there are not only different services, like TV programs, videos or films that can be downloaded, but also interactive services. There may also be combinations of these models (e.g. a hybrid model which includes a subscription-based service with commercials).

The importance of interactivity

Interactivity was one of the major buzzwords of the 1990s. Since then, the academic discourse has produced a large number of different theoretical definitions and concepts of « interactivity » (Kiousis, 2002; McMillan, 2002). In everyday life « interactivity » still remains a label put on all kinds of aspects of online communication and digital media. Interactive and interactivity are used to describe a wide array of different phenomena in everyday life.

An extensive body of literature exists about interactivity in human communication. Much of this literature grows out of a sociological tradition. For example, Jensen (1998: 188) suggested that, from the sociological perspective, interactivity is « the relationship between two or more people who, in a given situation, mutually, adapt their behavior and actions to each other ». Other researchers examine interaction of human beings with computer. This literature grows out of the computer science tradition and focuses on improving the interface of computer hardware and software. Only in the past 10 to 15 years scholars in the mass communication tradition have begun to examine the nature of interactivity. Rafaeli was one of the early investigators of interactivity in the mass media context and in particular in a 1990 study he examined interactivity in the context of traditional media. However, much of this work has focused on computer-mediated environments. What is evident is that interactivity is not a monolithic concept. In the scientific literature there are numerous definitions of interactivity but very few attempts to establish interactivity as a theoretical concept. Strictly speaking in the television industry, in the era of media convergence, old and new media collide and great attention is paid to the two-way relationship between media and customers. Indeed, in the last decade most broadcasters have been transforming into multi-channel and multi-services companies whose supply is characterized by interactivity and have been diagonally integrated, for example entering in the internet industry. Interactivity may impact the relationship with viewers and it is well known that television market is characterized by the presence of two distinct sides whose benefits from interacting through a common platform (Rochet & Tirole, 2002).

The definition of « interactive television » is not unequivocal. The term « interactivity » denotes the possibility that the subjects of a communication interact with each other. Technically speaking, interactivity implies a return channel from the user to the information source that can transmit in the form of « bits » of data the choices and the reaction of the user (input). As a rule, we can distinguish between symmetric interactivity and asymmetric interactivity : in symmetric interactive systems the flow of information is transmitted equally in both directions, as for example in videoconference and chat ; in asymmetric interactive systems, the flow of information is preponderant in the direction sender-receiver, as for example television services on demand and databank consultation.

It is possible to classify interactive services in another way, referring to their link with the television programming. In fact there are interactive services linked to the programming (enhanced TV), which allow the viewers to receive information (through the electronic programme guide) on the real time and weekly programming as well as to choose the different angles of sport events or televote, and the interactive services which are independent from the television programming (the so called transitive services, like t-commerce) that allow to shop, play, bet and administrate the own finance.

All these aspects are valid for all new forms of television, like IPTV (Internet Protocol Television), Web TV and also Mobile TV, that can be defined as "the transmission of traditional and on-demand audiovisual content to a mobile device".

To conclude, we can state that the interactivity is an essential feature of « broadcasting on the move », because this new TV model is closely related to the telephone, the pre-eminently interactive communication medium. This means that broadcaster can trust on new financing sources, in this case deriving from interactive services. This paper aims to illustrate that the launch of mobile TV represents a new business issue for traditional broadcasters to diversify their activities and revenues models. With an empirical investigation of the Italian context, the ambition of the article is to point out not only the innovative aspects but the most critic characteristic that the advent of mobile television implies.

THE CASE OF MEDIASET GROUP

In the last thirty years the television sector in general, and the Italian one in particular, has experienced a series of radical changes including the birth of commercial networks that ended the government monopoly in the mid 1970s, the advent of pay TV in the 1990s and the launch of digital terrestrial TV and mobile TV in the early years of this century. One television company that has managed to keep abreast with the times and successfully adapt to the ever changing scenario is *Fininvest/Mediaset*, now the indisputable leader in the Italian television and media market (Colapinto & Prario, 2009). Our interest in studying *Mediaset* stems from the pivotal role the company plays in the Italian television and media sector. Indeed, *Mediaset* is the leading Italian media enterprise with 3.882,9 millions of Euros of consolidated revenues in 2009. Its core business is commercial television but, as we will see, in recent years it has continued to branch out and expand its business, setting its sights first on the internet, then on digital terrestrial TV and, finally, on mobile TV (the so-called portfolio strategy).

It is worth mentioning that Mediaset Group controls also *Telecinco*, which plays a fundamental role in relation to Mobile television in Spain, thanks to its ongoing experimentation accomplished and still in progress with the leading mobile telephone operators in the main Spanish cities. Mobile television is a niche strategy adopted by the group as a whole. In this paper we focus only on the Italian activities. As a result, before analyzing the strategies adopted by *Mediaset* and consider in which way mobile television represents an opportunity, it is opportune to describe the Italian television market.

Italian television industry

As recently illustrated by Colapinto and Prario (2009), Italy shows the same dynamics that characterize the evolution of the audiovisual sector in Europe and worldwide : the past year has seen a further consolidation of the weight of pay TV vs. the total amount of sector resources, a strengthening of the new digital platforms (satellite and terrestrial) to the detriment of analogue TV[17] , and an increase in the competitive pressure determined by a transflow process by which traditionally free television channels enter the pay TV sector and growing shares of advertising market are acquired by pay TV operators. Since 2007 advertising revenues were below the threshold of 50 % of the total TV sector revenues, while the growth of pay TV continues (+ 7.2%). The overall revenues of the television industry were a little more than 8.6 billion Euros (AGCOM, 2010). The Italian television industry structure has different features from the other main European countries. The first one refers to the concentration of the industry. More than 90 % of the industry is controlled by three broadcasters, namely the public broadcaster *RAI* (31.7 %), the commercial one, *Mediaset* (RTI) (29.2 %) and *Sky Italia* (31.5 %). The second one is that

---

[17] For the first time, families with digital television systems passed the threshold of 70% in year 2009.

television frequencies are occupied mainly by *RAI* and *RTI-Mediaset* with respectively 29 % and 22 %, followed by *Telecom Italia Media* (5 %) and hundreds of local broadcasters (Richeri, 2008: 193). If we consider the audience of the Italian television industry we can see that nowadays *RAI* and *Mediaset* are still watched by respectively 41.4 % and 39.2 (AGCOM, 2010). Cause the characteristic of the television industry Mediaset adopted in recent years a strategy of diversification and integration, mainly vertical integration. Apart from economic issues, the firm extends its activities along all the value chain to have a major control on the television industry. At least, because of the demand and the audience fragmentation and the saturation of the advertising as financing source, it decided to enter into new business market, in particular into the mobile television. Mediaset is exploiting multi-channelling and its dynamic capabilities to answer at the changing and competitive environment.

In the Italian mobile television market, mobile telephone operators offer 3G television services (H3G, Telecom Italia and Vodafone Omnitel). H3G and Vodafone also offer personal mobile television services (using the DVB-H technology). While the Vodafone Sky TV Pass service provides access to some Sky package channels, H3G provides Sky channels as well as the *Soccer Premium* channels of the Mediaset package.

In 2009 Italian mobile media market accounted for 290 million of Euros : 90 % of revenues derive from premium content, whilst advertising has a negligible role by now. In details, the most required services are infotainment (72 %) and television content/VoD (24 %) according to Osservatorio New TV & Media (2009).

Mediaset Group and mobile television

In 2006 *Mediaset* launched Europe's first Mobile TV service, the first commercial digital terrestrial TV in the world using DVB-H technology (Digital Video Broadcast Handheld). In particular, an agreement was reached with TIM (Telecom Italia Mobile) – the leading Italian mobile telecom operator - for the transport of content in TIM's package over the DVB-H network run by Elettronica Industriale (controlled by Mediaset Group), the supply of the schedules of RTI (Canale 5, Italia 1 and Retequattro), the supply of PPV sports content from Mediaset Premium's offer (Serie A and the Champions League).

A second agreement was reached with the telecom operator 3 Italia/*H3G*, concerning the simulcast supply of 'best of'from the generalist channels (Canale 5, Italia 1 and Retequattro), the soccer matches form the Serie A championship and the free digital terrestrial children's channel, Boing.

All these agreements are not exclusive and the new mobile digital platform offered by Mediaset is open to all operators in the system. Mediaset signed a third deal with *Vodafone Italia* concerning the use of Mediaset's multiplex DVB-H capacity for a period of five years, with an option on a further five years ; in exchange, *Vodafone Italia* will make its technology and broadcast infrastructure available in order to complete the network. From the content side, once again in 2006, *Vodafone Italia* and *SKY* (the Italian satellite operator) launched *Vodafone SKY TV*, the mobile digital television (DVB-H) created to offer the best SKY programmes on Vodafone handsets.

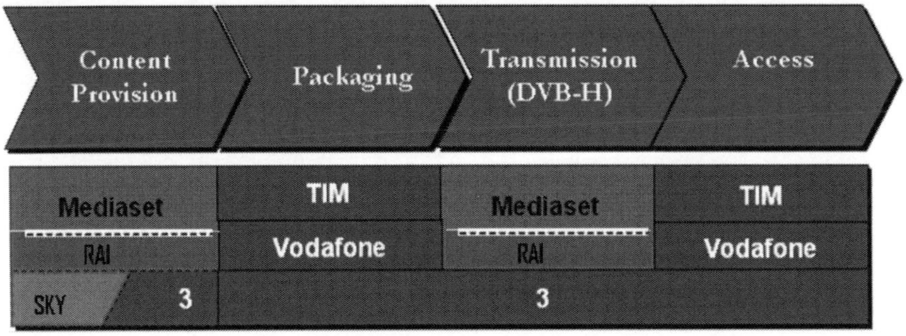

Figure 3: The Italian mobile television market
Source : own elaboration on Mediaset and other Tlc and TV market data

Mediaset operates as both content provider and network operator, thanks to the development of its own DVB-H transmission network, used by the leading mobile phone operators. Mediaset Group has indeed obtained from the competent authorities the licence of network operator for digital multiplexes on terrestrial frequencies and has stipulated agreements in relation to the DVB-H technology-based broadcasting capacity offering[18]. As a result, it is not only a content provider - Mediaset channels are available to all mobile network operators (TIM, Vodafone and 3 Italia) -, but it managed the transmission, too. More precisely, Mediaset owns the frequency and operates the network : for example, referring to TIM, DVB-H gap fillers hosted on TIM towers, covered 75 % of the population by the end of 2006. As Marco Bosetti, Business Affairs manager of Mediaset, said, « the role of Mediaset in

[18] In Italy two out of 10 digital terrestrial multiplexes are exclusively dedicated to DVB-H technology, and they are owned by RTI S.p.A. and by mobile operator H3G (AGCOM, 2008). The Mediaset multiplex dedicated to the broadcast of DVB-H standard content currently covers more than 70% of the population (Mediaset Group, 2007).

the launch of mobile television services was increasingly significant .... It had come to an agreement with TIM and Vodafone for using our network... »

Mobile TV should be seen as an additional platform for the distribution of television content in innovative media environment and allows Mediaset to exploit economies of scales. *Mediaset Premium,* its pay TV service, is available on different platforms : it can be received on D-VBH mobile phones as part of the packages offered by TIM and H3G.

Launched on the digital terrestrial platform by Mediaset in 2005, *Mediaset Premium* is a pay-TV service that is accessed by a pre-paid card. The model works, like the pre-paid offer of mobile phone operators, with a card equipped with a microchip (the so-called « smart card ») that holds in its memory the credit available with which the viewers can select what they want to watch. In order to ensure the maximum flexibility for users, cards can be recharged with any of a range of six amounts, from €10 to €100. This new approach has allowed *Mediaset Premium* to combine in the same package the advantages of both the pay-per-view model and the pre-paid formula.

The Italian mobile television market is characterized by the pay TV business model (see table 1), and uses as a driver premium content (PPV offer). Mediaset has no direct contact with end users.

Company	Partecipating companies	Business model	service launch date	tariffs pricing levels
TIM TV	TIM, Mediaset, Nagravision	Pay TV	June 2006	€5 per month €15 per month (Alice Mobile TV)
Vodafone Sky TV	Vodafone Italia, Sky Italia	Pay-per-subscription pay-per-view, pay-per-time.	December 2006	€9.90 per month (Basic TV package)

3 Italia	H3G	Pay TV, Free-to-Air, Pay. per-view	June 2006	Daily, weekly or monthly packages, with or without other services included. Pay-as-you-go users : €4 per day, €9 per week, €19 per month or 29 € for 3 months. Subscribers : €29 per month getting free access to all digital mobile TV services, access.

Table 1: Mobile Television services in Italy

If we consider the revenues of Mediaset we can highlight (see figure 4) that in the last years advertising revenues declined in favour of other revenues and in particular of interactive revenues and payments, like for mobile television services.

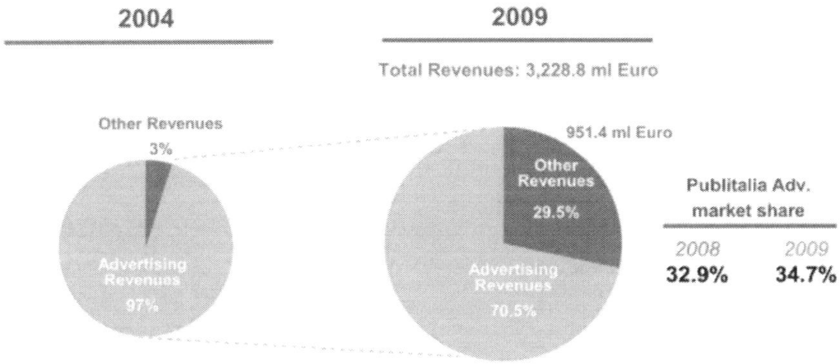

Figure 4: Mediaset revenues
Source : Mediaset Group, 2009.

This trend is also evident if we consider the four Italian operating segments : free to air TV, Pay per view (Mediaset Premium), Network Operator (Elettronica Industriale) and other operations (this segment includes service selling and content providing to mobile telephone companies). PPV experiences a good performance and the last segment shows a positive trend for Mobile TV.

CONCLUSIONS

In the last decade new models for content consumption (e.g. on-demand services and catch up TV) emerged, as a result some TV players are proactive in creating cross-platform synergies, in order to exploit their expertise and brand across a multitude of platforms, thus increasing their profits. Indeed, mobile TV represents an additional platform for the diffusion of television content in a context characterized by an increasingly requests TV access at anytime and anywhere. *Mediaset Group* is in the forefront in a sector that is eliciting great interest, showing that Mobile TV tends to complement traditional television in terms of the way in which it is consumed (on the move, during leisure time, before or after work).

Mediaset is a fully integrated media company and thanks to its broadcasting capacity, it also transports third party channels, offers premium content in pay-per-view format and has begun DVB-H technology based broadcasting for Mobile TV.

Innovation has modified *Mediaset* business model. In the last years, from its core business (free to air television) Mediaset Group indeed developed its activity in the pay TV offer, both digital terrestrial television and mobile television,

From the technological point of view, the choice of adopting the DVB-H technology (and not the other mobile communication technologies, 3G or UMTS) to support Mobile TV depends on two features :

- the capacity of transmitting high-quality broadcast video content at a reasonable price for the user, regardless of the number of simultaneous users
- the availability of a return channel.

From a strategic point of view, thanks to long-term agreements, Mediaset has strongly focused on this sector in order to offer broadcasting capacity and contents to Italy's leading mobile phone operators (H3G, Vodafone and TIM). The setting of this industry will be further modified by the 2012 expected switch-off and the consequent assignment (based on beauty contest method) of multiplexes for DVB-H services.

REFERENCES BIBLIOGRAPHIQUES

AGCOM (2008). *Relazione annuale*, Rome.

AGCOM (2010). *Relazione annuale*, Rome.

Albarran, A., Chan-Olmsted, S.M., & Wirth, M. (2005). *Handbook of Media Management and Economics.* Mahwah, New Jersey : Lawrence Erlbaum & Associates.

Andersen Consulting. (2002). *Outlook of the development of technologies and markets for the European Audiovisual sector up to 2010*, Brussels.

Balbi, G. & Prario, B. (2009). The history of Fininvest/Mediaset's media strategy. 30 years of politics, market, technology and Italian society. *Media, Culture and Society, Vol. 32 (3)*, pp. 391-409.

Booz Allen & Hamilton (2005). *Mobile television – Contenuti e modelli di business.* Milan.

Censis (2008). *Rapporto annuale 2008*, Rome.

Chan-Olmsted, S.M., & Kang, J. (2003). Theorizing the strategic architecture of a broadband television industry. *Journal of Media Economics,* Vol. 16 (1), pp. 3-21.

Cola, M., & Prario, B. (2009). *Dotazione e uso dei media. La Svizzera italiana nel contesto elvetico.* Bern : Peter Lang.

Colapinto, C., & Prario, B. (2009). The 'network'in the Italian television industry, in I. Bernhard The geography of innovation and entrepreneurship, University West (Sweden), 307-319.

Digitag (2005). *Television on a handheld receiver.* Geneva.

European Commission (1997). *Green Paper on the convergence of the telecommunications, media and information technology sectors, and the implications for regulations,* Brussels.

European Commission (2005). *Communication from the commission to the Council, the European Parliament, the European economic and social committee and the committee of the regions* « i2010 – A European Information Society for growth and employment », COM (2005) 229. Bruxelles.

Fernandez Alonso I., & De Moragas M. (2008), Communication and cultural policies in Europe. Government of Catalonia, Barcelona.

Gibler, G. (2004). R U Up-to-Date on Mobile Marketing? *Credit Union Executive Newsletter, October 25,* 3.

Günthör, F. (2005*). In die Röhre sehen.* [http://www.guenthoer.de/roehre.htm]

ITU (2010). *Yearbook of Statistics.* Geneve.

Jensen, J. F. (1998). 'Interactivity : Tracing a New Concept in Media and Communication Studies', *Nordicom Review,* Vol. 19 (1), pp. 185-204.

Kiousis, S. (2002). Interactivity : a concept explication. New Media & Society, Vol. 4 (3), pp. 255-283.

Lindlof, T.R. (1995). Qualitative Communication Research Methods (3rd vol.), Thousand Oaks, Sage Publications.

Mediaset Group (2007)

McMillan, S. J. (2002) Exploring models of interactivity from multiple research traditions : users, documents, and systems In L. Lieverouw and S. Livingston (Eds.), The Handbook of New Media (pp. 162-182). London : Sage.

Osservatorio New TV & Media (2009) New Tv & Media : la crisi accelera la trasformazione, avaiable at : www.osservatori.net.

Pagani, M. (2000) La TV nell'era digitale : le nuove frontier tecnologiche e di marketing della comunicazione televisiva. Milano : Egea.

Prario, B. (2005). Le trasformazioni dell'impresa televisiva verso l'era digitale. Peter Lang.

Prario, B. (2007), Mobile Television in Italy : Value Chains and Business Models of Telecommunications Operators. Journal of Media Business Studies, Vol. 4 (1), pp. 1-19.

Pyramid Research (2005). *Transforming Telcos with IPTV : Business Models, Pay TV Competition and Content Challenge.*

Rafaeli, S. (1990). Interacting with Media : Para-Social Interaction and Real Interaction, in B. D. Ruben and L.A. Liverouw (eds.) *Mediation, Information and Communication : Information and Behavior,* Vol. *3*, pp. 125-81. New Brunswick, NJ : Transaction Publishers.

Richeri G. (2008). *Un'analisi critica dell'evoluzione economica del mercato dei mass media.* Paper presented at ASMI Conference The Media in Italy : Historical Perspectives and Future Challenges, Edinburgh 21-22 November.

Richeri, G. (1999). Reti di trasmissione digitali terrestri : una strategia di lungo periodo, in La televisione digitale terrestre : tendenze di sviluppo, vantaggi e problemi. Quaderno dell'Istituto di Economia dei media. Roma : Fondazione Rosselli.

Rochet, J.C. & Tirole, J. (2002). Platform Competition in Two-Sided Markets, *RAND Journal of Economics*, Vol. 23 (3), pp. 334-349.

Trefzger, J. (2005). *Mobile television-Launch in Germany – Challenges and Implications.* Working Papers of the Institute for Broadcasting Economics, No 209, Cologne University.

Visiongain (2004). *Mobile television : Market Analysis and Forecasts, 2004-2009.*

Interviews

Marco Bosetti, Manager Business Affaires – Mediaset, 24 May 2006

David Bogi, Manager Digital Terrestrial Projects – Mediaset, 24 May 2006

Enrico Parazzini, responsible of the TIM Media business unit, 8 June 2006

Media-aggregator
The semantic role of the pro-text

Pier Giuseppe Rossi
Direttore del Centro per l'informatica l'e-learning e la multimedialità
Giuliana Pascucci
Dottore di ricerca in storia e conservazione dei beni culturali
Dipartimento di Scienze dell'educazione e della formazione dell'Università degli Studi di Macerata, Piazzale Bertelli, Contrada Vallebona, Macerata, Italy

Introduction

It's difficult to say what web 2.0 is : web applications, multimedia applications, aggregators of multimedia materials, knowledge building tools, community building tools, corporates of the knowledge economy. All the previous definitions are proper but no one can express by itself the overall meaning of web 2.0. Besides the difference among the various applications makes it difficult to create a unique identikit. We will start with the current literature analysis in which the web 2.0 common and most representative elements in different applications are highlighted to continue presenting a further analysis of the concept.

To understand the web 2.0 it's needed to observe it from different perspectives : economic, social, semiotic, informatics, didactical (Di Bari, 2007). Many of the existing analysis highlight either the characteristics of the economy promoted by web 2.0 or the technology and the informatics architecture been used, or the effects that web 2.0 produces both on the sociality and on the individual creativity.

Web 2.0 is certainly the place where economy meets knowledge not as a support but as merchandise. Many authors present the web as a new production modality, more democratic and to some extent revolutionary in respect of the current economy (Tapscott & Williams, 2007 ; Yochai, 2007 ; Barners, 2007). The titles of the three books, « Wikinomics. La collaborazione di massa che sta cambiando il mondo » (Wikinomics. The Mass Collaboration that is Changing the World), « Capitalismo 3.0, il pianeta patrimonio di tutti » (Capitalism 3.0, The Planet Everybody Property) and « La ricchezza della Rete » (The Richness of the Web), are eloquent enough. Web 2.0 relies on commons, that is, on objects that can be used by everyone without restrictions and without fees, as happens for the freeware software, and on the horizontal production, that is the phenomenon of wide-scale cooperation and those elements are creating a production modality that is alternative to the market economy. Grazzini (2008) underlines how Internet and web 2.0 open new perspectives of production in which knowledge becomes the central element. He goes beyond the authors previously quoted and thinks that not only scenarios are opening towards the democratization of capitalism but they also project society beyond the capitalism itself.

The productivity of web 2.0 does not depend on the owned knowledge but on the built knowledge and on knowledge being built. In primis in daily creativity that web 2.0 manager must possess to improve the applications in real time. Who works on web 2.0 must produce continuous innovation, nothing more. While Lyotard (1983) highlighted how in the post modern society innovation is more valuable than the product, and Baricco (2008) the speed more than quality, web 2.0 made of innovation its modality of being. It introduced the « eternal beta » that is, it's difficult that an application will be released when it reaches its maturity. In most cases any fraction of hour a new version is released and, other times, different versions are released at the same time to check the acceptance of the audience. The second meaning is that web provides users with services to build knowledge or worlds and web itself becomes a net of knowledge that renews thanks to the direct participation of thousand of users. Just think about blogs, wikis and Flickr.

Many authors (O'Reilly, 2005 ; Moro, 2006 ; Di Bari, 2007 ; Grazzini, 2008) consider web 2.0 as a bridge between users and knowledge. The applications are neither client nor content but powerful URL lists that connect the user to his/her goal. They are services before being content and this is the major difference with the web 1.0.

On the informatic level the technologies used are not strongly innovative and they already existed. Anyway Berners-Lee (2001), the creator of the World Wide Web, states that web 2.0 is nothing new since has just reificated the already existing elements of the initial www project. It changes the way of combining and using those technologies. The central elements are applications that let pages to be modified and new content to be added in an extremely easy way and farm of powerful databases that contain the references. Finally a series of almost infinite utilities necessary to connect, recover and often connect in an automated way the different materials. Hence tags and RSS, surely the most characterizing elements of web 2.0.

The effects of this architecture are mainly social. The easiness for everybody to upload content and create networks (tags are built from the bottom and let materials by different users to be connected in an automated way) has connected users and created networks and has transformed users in producers. Not just this. Many users are producers just for the fact of being consumers since the application tracks and remembers choices, preferences, evaluations.

The easiness of uploading materials lets reading to be connected to writing. Today most users in the web are both readers and writers and often in a very connected way. While reading you often write and reading soon produces a comment, a new writing. There are changes both in the sense of writing and the way of producing writing, which produces writing as distance and a new sense of presence is inaugurated, something similar to oral cultures. It is not a case that Ong talks about a return to orality (1986). Those last considerations have pushed commentors to see a revolution in web 2.0 as important as the one of print and more in general in the Internet. (Grazzini, 2008). If print has enormously widened the number of readers and has determined the success of a culture based on the transmission of knowledge as an absolute and validated datum, Internet allows most people to become writers and shift the focus of transmission from the knowledge transmission to world building.

Dol Dougherty and Tim O'Reilly coined the expression web 2.0, but they didn't provide its definition which was later developed thanks to the conferences about web 2.0 promoted by the two creator in 2005. Di Bari (2007) synthesizes the main elements of web 2.0 in a decalogue. Web 2.0 provides services, it is a platform, it is in the web, it connects many services, it is light, social, flexible, mixable, it self-develops continuously thanks to its users, it is involving and friendly. Some of these elements concern technological architectures, others involves social aspects.

An aspect that is not considered in the previous analysis is what web 2.0 is from a semiotic perspective. Web 2.0 is communication, its elements are multimedia communications. But of what kind? Not simple texts, images, audio and video files or, better, texts, images audio and video files along with other. Another element neglected by all previous analyses is the communicative function of web 2.0. We know that web 2.0 creates and we know that it creates sociality, social networks, profit, knowledge building, but what are the semiotic elements of those applications that produce those effects? And what roles do they play?

HYPOTHESIS OF RESEARCH

Even if we don't deny the validity of the previous definitions, the hypothesis of research we propose is the following : semiotic approach can be useful to analyze web 2.0 applications because it lets communicative functions be highlighted fostering and rationalizing the design of the application themselves.

A web 2.0 application can be defined as media-aggregator, that is an application that has the main goal of aggregating, organizing, sharing and making media objects available. Those objects, which are not always present in the application itself but are often linked to it, are valued and made available by the utilities of the media-aggregator.

The media-aggregator is a media artefact constituted by multimedia texts (which can be present or simply linked) and by a frame (pro-text) that intervenes in the interpretation, manipulation and sharing of its texts. The pro-text provides tools to orientate, to decode and produce further writing and these are the main functions of web 2.0.

The media-aggregator, even if it includes texts, images, sounds and videos, is not restricted to them or to their aggregation, because the pro-text intervenes in a relevant way on the overall meaning. The pro-text has elements of proximity with the paratext. Genette (1989) considers the paratext as everything around a text and distinguishes the peritext (elements in proximity of the text) from the epitext (external texts connected to the text we are dealing with). The need to shift from the paratext to the pro-text comes from the nature that today the multimedia communication has gained.

In classical texts there already existed a paratext that helped contextualize their meaning and contributed to their interpretation, but its value was not always relevant. In a media-aggregator « the interpreting circle » greatly influences the artefact and modifies the meaning of its texts, where the user becomes the prosumer. This is the relationship between structure and posted writing in a blog and between structure and images in a photosharing application like Flickr. On the other hand, it would be reductive to define as text the textual sections of a blog that are external to the posts : the menu, the links, the indications, the categories, the tags, the descriptions of the blog's author, the posts' index and the blogroll or the social software connected.

Thus the media-aggregator is not a « consumer », but, quoting Manovich, a « processor of media » (2000, pp. 39-45). So the change happens both on the production and fruition level. The designer deals with different media in only one environment, a media-aggregator. From the user point of view this implies a wider interaction and opportunity of individualized management in the choice of communication channels. The media-aggregator offers tools able to modify both the work modality of the producer and the one of the reader. Who builds and writes the pro-text? There are maybe two typologies of pro-text: the one created by the producer and characterized by real and potential objects and the one developed by the prosumer who can insert materials (tag) and remodel the website at multimedia level inserting objects according to the possibilities offered. We can distinguish between the constituent elements of the pro-text besides the format of the screen (menù, links, cathegories, tags, social software connected), its web design, interaction and remediation of textual, visual, audio, audiovisual media defined by its producer we can have also a pro-text characterized by inner and external peritextual and epitextual signs, defined mainly by the producer and left in the space by the person who has « used » it, recovering the distinction proposed by Genette (1989). If we accept such hypothesis we can identify in the external frame personalized by the reader an epitextual space and in the inner personalizations allowed by the social software a peritextual space. Before dealing with the analysis of the protextual elements from a semiotic viewpoint we will delimit the concept of web space.

THE SPACE IN THE WEB

The term space assumes in the semiotic context different meanings (Greimas, 2007, pp. 338-340), in the phenomenological analysis of the space of online writing proposed by Max van Manen & Catherine Adams (2009) the author is surrounded by a complex spatiality provided by the physical experience (the space of writing), temporal experience (the space of text) and virtual experience (the cyberspace). The space of writing is at the same time physical and temporal and once the right condition of writing and/or reading is found we can access the space of the text.

« When we open up a book or when we open a new page on our word processor and we enter the perspectival space of the text we enjoy a temporal experience of opening ourselves to, and an opening of, the world evoked by the words of the text. Perhaps the experiential meaning of the space of the text lies in this 'opening' that we seek but never quite find. » (van Manen & Adams, 2009, p. 12).

Online writing keeps both the aspects that characterize the textual spatiality : the one related to the more familiar hand writing and the one related to the distance of the word processor.

« In a wikispace, for example, a text can change without notice from its original, having been edited, rewritten or even entirely obliterated by another writer. In a journal database, our words persist unchanged, mimicking the constancy of printed text. In yet another online environment, we may suddenly find our words made public in an unexpected, unintended way, and irretrievably lost to our reach or recourse» (van Manen & Adams, 2009, p. 13). In the e-mails, in the forum and in the blogs we read and we are read by others only through writing without any visual or oral interference. «Here, textuality is the sole interstitial site of meaning, presence, contact, and touch. Otherness is felt in the particular choice of words, in the style and tone of writerly presence, in the manner participants respond (or not) to others online. All else is left to the imagination. In this way, writing online forces us into a mode of pure relation » (van Manen & Adams, 2009, p. 17). Online writing in such a circumstance loses the temporal and spatial quality peculiar to handwriting in favour of the immediacy peculiar to the oral conversation (van Manen & Adams, 2009, p.18)

Writing in the cyberspace, as analysed by Max van Manen & Catherine Adams (2009, pp. 14-17) recovering the observations of Bruce Sterling, is like accessing a space 'between', in a 'dark electric netherworld', that echoes back to the obscure literary space in which, according to Blanchot, the author lives (1955). In the analysis of the French critic, in fact, the literary space is a metaphor of the nocturnal space where writing was born and shows itself and that moves continuously in the domain of « neutral » taking part in the organization of the space itself.

The fact that the new technologies have represented a conquest not only at technological level but also at behavioural and educational level can be based on the work of the American anthropologist Walter Jackson Ong (1986) and the mass media expert Marshall McLuhan (2002), who observe the way in which electronic communication media transform the models of thinking and social organization. In regard to this, Landow (1998, pp. 116-117) highlights how the evolution of electronic writing in the hypertextual form, instead of « maximizes commitment of the word to space and to (electronic) local motion and optimize analytic sequenciality » [Ong 1986, p. 191], allows reading and thinking in a non linear way reducing the artificial isolation of the text from its contexts. «Writing, alphabet, print, cyberspace», Pierre Lévy observes, « every layer integrates the previous one and takes to a new expansion and cultural diversification » (2000, p. 210). The cyberspace integrates all previous media and the mechanisms of their communications, supports intellectual technologies who increase memory, imagination, perception and creation ; it allows hypermedial communicative forms « one to one », « one to many » and « many to many » on a large scale and the interconnection in real time. To conclude, what stated by McLuhan is recovered and developed when it's said that technology is the aspect that starts a series of environmental changes. The environment is the dynamic background (not a container, but a processor that totally changes the content) in continuous transformation in order to reply to a new technology, not immediately recognizable by users who remain disoriented because they are initially unaware of the psychological and social effects created by the reconfiguration of the environment (McLuhan, 1998, p. 21).

Every « place is a language » since every place is delimited and controlled by a specific code, the same way the bidimensional universe « Flatlandia » is, a universe described in the famous fantastic novel by reverend Edwin A. Abbott and anonymously published in 1882, in which it's described the coming of a tridimensional world and multidimensional worlds are theorized, worlds that just wait for someone to discover them. The bidimensional « form » of the text and consequently the space in which it is called to « live » assumes in the web multidimensional connotations. The web space is a metaphoric place for digital writing and a space of media aggregation, remediation (Bolter, 1993 ; 2002 ; 2009), action (Ricoeur, 2004) and social relation (Granieri, 2009). This finds correspondence with the quick evolution of technology but also in the literary and semantic criticism that brings into question the idea of the text and its « space » in the way it was conceived till that time.

The analysis of the spatial elements of writing and of their textual manifestations done by Jay David Bolter in the first edition of « Writing Space » (1993) describes how the hypertextual writing, metaphor of the human thinking, affects both the textual genre (content) and their supporting material (form). In the second edition (2002) the author recovers what previously theorized in the light of the quick technological development of the web explaining how the digital text has introduced new reading and writing modalities besides producing a remediation of the characteristics of the analogical print. In fact the hypermedia, according to the expert, proposes a remediation of print proposing a sort of return to orality characterized by the presence of vocal media (voice) and visuals (images) hypermediated by the computer (2002, pp. 43-65). The relevance of visual media, peculiar to the digital age, makes the web as an ideal place for Bolter for the expression of writing with images and the better remediator for print format. Already in the first edition of « Writing Space » the author presents the concept of « topic writing », made of places, capable of fostering a logical and spatial organization of content (1993, pp. 23-24) observing how it is related to the human way of writing. Besides the literary space the digitalization of media reconfigures also the «visual and ideal space of writing » (Bolter, 2002, p. 23) so that we believe to navigate in the web while actually data move from the web to the computer. The space of the electronic writing affects both the screen where it is visualized and the hardware where it is elaborated and memorized producing "a space of fluid writing, visually complex, and changeable by boot the person who writes and the one who reads" (Bolter, 2002, p. 24).

In Remediation, written with Grusin, Bolter (2009) applies the intuition of McLuhan, « the content of a medium is always another medium » (2002), to the concept of multimedia, observing that the content of digital media is provided by the other media since « a medium is what it remediates. A medium takes techniques, forms and social meanings from other media and tries to compete with them and to remodel them in the name of real » (2002, p. 93). On the technological level the computer, like television, cinema, graphics and digital photography represents for the two professors of New Media studies a network of remediation, a « manipulator of symbols, thus, able to remediate previous technologies based on an arbitrary manipulation of symbols like handwriting and print » (2009, p. 94). Digital technologies use a process of remediation more powerful since they rely on both the logic of immediacy and the logic of hypermediacy. The first aims at making the interfacing device transparent between the user and what is represented ; the second at making it visible even if, as demonstrated by Bolter & Grusin, the immediacy to reach high levels of natural forms needs the hypermediation (2009, pp. 43-78 ; pp. 109-116). The web space uses both strategies: «in such applications, graphics, sound and video digitalized images are often seen as transparent representations of reality, while bottons and hyperlinks remind the user that he is taking the helm of a hypertextual program for computers» (Bolter, 2002, p. 245).

In such a space the role of text and paratext (Genette, 1989), experiences a hierarchical turnover as Tomasi observes (2005, p. 715) : the role of paratextual elements must take priority «forcing the person who is in charge of authoring to take care of both the organization of information in a pluridimensional space and the setting of a system of signals to be around the text, that is, the paratext, signals to be functional to make the access to the content easy for the reader and harmonize the communicative context ». Even if, as it is underlined by Landow (2005, p. 26), it becomes more and more difficult to distinguish between the textual elements and the paratextual ones since : « some hypertexts make links visible as paratextual, as something added to the main text, while others make the links appear so relevant for the hypermedial document to make tham appear mainly textual ».

TEXT AND PARATEXT

The idea of paratext, developed by the French literary critic Gérard Genette (1997; 1989), is addressed as a «privileged place of pragmatics and strategy, of an action on the audience with the task, more or less understood and achieved, of making the text more acceptable and of developing a more pertinent reading for the author and his allies» (Genette, 1989, p. 4). The paratextuality, thus, determines the relation between the text and its « secondary signals, autograph and allograph, that provide the text with a frame (variable) and sometimes either an official or out of record comment » (Genette, 1997, p. 9). Substantially for the French critic the paratext is made by an irregular set of practices and discourses that provide the text with a pragmatic dimension whose aims are the distribution and fruition. A « threshold », a space of transition/transaction between the text and the reader, a space made of a series of elements that Genette places around the text (peritext) and far from it (epitext).

Following the taxonomic proposal of Genette we can distinguish a spatial peritextual trajectory from an epitextual one : in the first there's everything around the text with the function of presenting, orientating and explaining (cf. cover, inside flaps, dust jacket, wrapper, kind of paper, tipographic composition, size, title page, author name, title, dedications , epigraphs, prefaces, introductions, acknowledgements, intertitles, index, notes etc.). In the spatial epitextual category we have "any paratextual element that is not connected to the text in the same volume but that goes freely in a physical and social space virtually unlimited" (Genette, 1989, p. 337). This is addressed by Genette in : newspaper articles, posters etc. (editorial epitext) and reviews, critical editions etc. that don't depend directly on the author (out of record allograph) and have mainly a promotional aim ; in interviews, presentations, conversations with the author (public epitext authorial) and in letters, private diaries etc. (private epitext authorial) that can have the function of building a paratext authorial aimed at guiding the interpretation of the text. But, as Genette underlines, the functional choices are not alternative and sole ; they can at the same time aim at different objectives, chosen within the repertoire peculiar of each element (Genette, 1989, p.14).

We believe that also in the web space a paratext can be identified, both as epitext and as peritext. We also believe that the paratext has in the web a more relevant importance that we are going to highlight. At a semiotic level we can face the analysis of the paratext using both an informatics approach and a functional one. To describe the paratext in the web space we prefer to start from its functions. The presence of paratextual elements:

- allows the navigation ;
- helps orientating the reader (Iusi, 2005, p. 706) ;
- fosters a « diffuse authorial » (Tomasi, 2005).

If partly those functions are similar to those of the paratext of the print text the modalities with which they are applied in the web space and mainly the third function produce a strong « criss cross landscape » .

- The informatic approach is characterized by a stratified structure on different levels : from the operative system to the specific applications till the inner features of the applications. It's clear that the different categories are not in a deterministic way connected, that is, for a given function they can contribute all the three levels :
- a first paratextual level is given by the interface of the operative system chosen by the user (Windows, MacOs o Linux).
- a second level is represented by the browser that as Francesco Iusi observes (2005, p. 706) besides guiding in the navigation it allows to build a paratextual personalized level.
- a third level is represented by the specific application. It is characterized by the linguistic and structural characteristics peculiar to the multimedia publishing (Eletti, 2003, pp. 44-51).

The linguistic component of a multimedia product, and thus also found in the paratext, is given by the interaction of three factors: informatics, publishing and audiovisual. The informatics component, as we have already seen, is not only the technical level on which multimedia publishing is based, but is also a discipline that brings contents : it lets the author express through more media and go along with the direct action of the reader on the text, contributing in a decisive way to the birth of hypermedial language thanks to the logical rigour, the modularly of structures, the non linearity, the precision and granularity of its definitions (Eletti, 2003, p. 45). The publishing component represents the content not only textual, but also visual and sounding recalling thus other kinds of languages besides the verbal one and other professional competencies besides the ones of the writer (graphic design, design of the page...). The publishing component has to amalgamate heterogeneous media in the same space for an effective communication since the paratextual structure in the digital space becomes part of the text itself: « the paratext, practically, is not only made of words with which the author expresses his choices but also the structure of the decisions the author took and explored by the reader » (Iusi, 2005, p. 705). The audiovisual component implies, instead, the way the multimedia publishing presents itself and mostly the development of time (cf.rhythm, sequence, contiguity and parallelism in the narration) of the different fragments of meaning recalled by the action of the user (Eletti, 2003, p. 46).

But as previously said a function of the paratext is to foster diffuse authorial. If the paratext of the printed book is mainly constituted by information in the paratext of the web space we have both information (file name in the application « word »), and commands (again in « word » we can think about a button for the format). For such complexity we think it's necessary pass through a remediation: from Genette concept of paratext to the definition of pro-text. This is mainly due to the role that the web space has not only for the producer, but also for the prosumer. The pro-text is the one that makes real what in 1972 Marshall McLuhan and Barrington Nevitt had imagined communicating that technology would have made any consumer a producer.

In order to describe the most common components of the paratext or better of the pro-text in the web space as previously proposed, it's essential to firstly identify the field/functions and the connected commands/information in which we can divide the pro-text (cf. Table 1). It has the following functions: navigate, orientate, aggregate/structure/manage, produce and socialize.

Functions	Description	Color
To navigate	Buttons that let you move inside the page (menu) to other pages (arrows and links), change page, go from one file to the other	yellow
To orientate	Within the page : search, find, indications on the page, name of the file, map, index Outside the page : search field, windows with links, tags	red
To produce/modify	Editor, adding notes, adding comments, modify	green
To Aggregate/structure/manage	adding tags, adding links, creating maps, creating structures using drag and drop, managing files, aggregating comments and blog's posts	pink
To socialize	Verifying who is online, activating communication programs, connecting with the author	blue

Table 1. fields/functions of pro-text

The pro-text lets you navigate inside the document or in the documents connected and such functions are strongly tied to the materiality of the medium.

While the navigation of a printed text is connected to its physical structure and it's changed during time, (unrolling a scroll is different from leafing through a book), in the web space the commands present in the pro-text guarantee the reading. They are present both in the application (links), and in the browser (back button), and in the window of Windows. The second function is the one of orientating the user in the navigation of the site and so it has a semiotic and semantic role: it suggests the navigation (highlight a link, add bookmarks) and thus has a semiotic task, but it also orientates to the activity (e.g. in an educational environment it facilitates the understanding of the learning path, the structure of the course). The third function is the one related to the organization of different elements (aggregate/structure/manage). Also in this case we have a semiotic aspect created by the possibility of connecting different materials, with indicators or with « copy and paste », and semantic aspects as we see in the e-portfolio where new products and meanings are created by aggregating materials present elsewhere or in a training course when we link in a personalized way what has been uploaded by different authors. There is, then, the possibility for the user to create new materials and modify the existing ones and to facilitate the creation of a community even if in a certain sense, what lets you aggregate it lets you create sociality. In this last category we put the buttons that let you send a page to a social software, let you know who is online, let you invite someone to join a chat.

SOME EXAMPLES

The proposed analysis has a specific aim: to verify if the aggregation of buttons according the function can provide useful indications for software producer and can improve the usability of the application.

Googledoc

The first element that we found relevant in the analysis of the first example is that we have two frames, one inside the other. The first frame consists of the whole page and it's provided by FIREFOX, the second one is the frame of GOOGLEDOC (cf. fig. 1)

FIREFOX's frame addresses mainly the epitext, that is, it connects the present file with external files and applications : connections to delicious, google, diigo, to the personal home pages and different bookmarks. We have to underline that among the buttons inserted with Diigo some let you modify the text we are examining (highlight and adding comments).

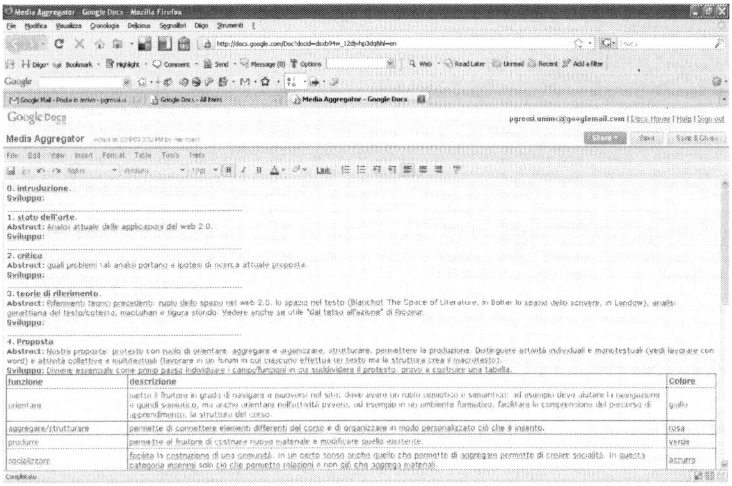

Figure 1. Googledoc. Frame of Firefox

Googledoc's frame is surely richer and interesting and deals with both the epitext and the peritext in a balanced way. (cf. fig 2).

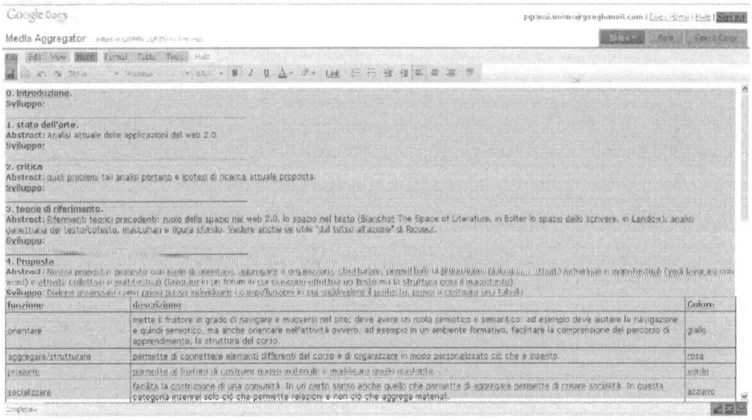

Figure 2. Frame of Googledoc.

Figure 2 presents only the second frame. Being Googledoc a tool used for individual activities we don't have many blue sections and to socialize there's only the e-mail exchange. The yellow sections tell us where we are, what we do and how to do (hclp), while the green sections provide the tools to do things. We remain with the doubt if we have to divide the tools useful to structure and the ones useful to aggregate. In this case the act of structuring is related to everything useful to save and manage a file while aggregating is only related to the menu « add ». Also in this case we have a doubt: to add an image in a file is related to aggregating or manipulating? With grey is clearly indicated the text.

Flicker

Among the analysed social photo sharing applications Flickr shows itself as a thematic web site where registered users can share photos and video of little size (maximum of 90 seconds length and 150MB). While in the free account we can rely on 100,00 MB a months to upload photos and 2 videos, in the pro account we can have unlimited storage, the possibility to create infinite number of sets, access to original files, autostart of the account, the chance to explore and share without publicity, reproduction in HD for the video upload.

Once registered the user has the possibility to organize his page using different styles. In such way the personalization is considered by us as the possibility to modify the space itself of the pro-text. As GOOGLEDOC, also the visualization of FLICKR is characterized by a double frame (cf. fig 3).

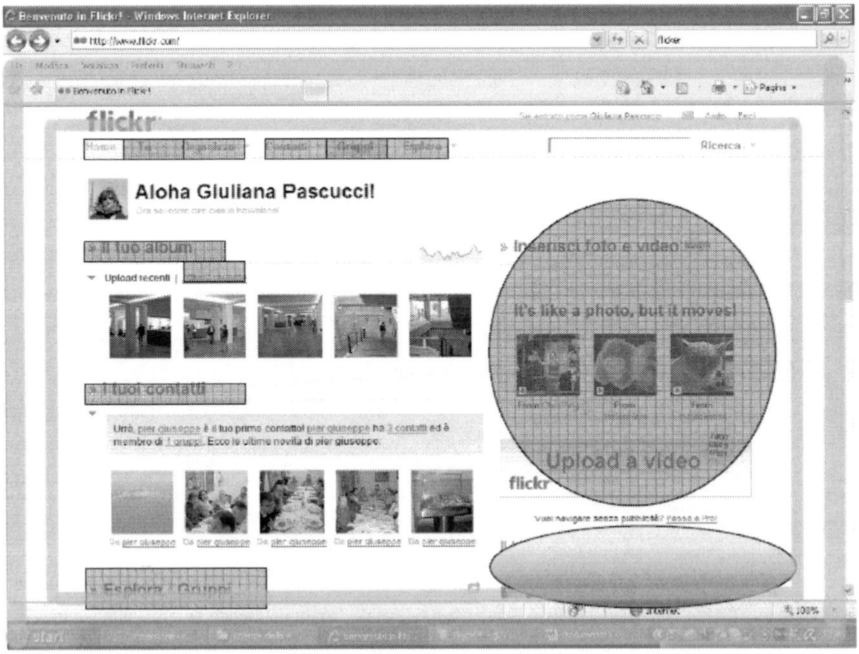

Figure 3. Flicker : double frame

The first epitextual frame is the one provided by the browser and can be personalized by the user, as shown in the previous analysis besides the formal adjustments offered by the connection device (computer, mobile phone). The second frame (epi and peritextual) is the one related to the site that lets the user, just registered, navigate and orientate but also understand the possible uses of the available services. So in the site are shown the possibilities to upload, modify and organize and share photos and videos online. At first we can see how every activity proposed is always accompanied by a series of information for a proper use.

CONCLUSION

The previous analysis seem to have showed as in some web 2.0 applications the pro-text plays different roles, some informative, others manipulative and those can be grouped in five main functions : navigate, orientate, create, aggregate and socialize. The remediation has added to the mainly informative functions of the textual paratext, the act of creating and socializing that are mainly manipulative functions and therefore has presented a structure that can be divided into a peritext and an epitext.

The analysis here proposed has two main applications:

- facilitate the activity of the reader/writer ;
- guide the web designer to organize spatially the information and the commands present in the pro-text and improve the usability of the application.

Particularly the second aspect highlights that the organization of the pro-text is mainly spatial, that is, its communicative efficacy depends on two factors : firstly on the icon/symbol that characterizes every info/command, secondly on the position it has in the web page. The role of space can be seen as the red thread that goes through the present contribution. We have started from the analysis of the space in the text, to analyse afterwards the spatial structure of the pro-text, to state in the conclusions that the spatial organization of the pro-text more than the single commands and info, facilitates the navigation and the orientation on one hand and the creation, aggregation and socialization on the other hand. For this reason the pro-text in the web 2.0 applications has a central role. The protextual space guarantees the main functions of the application itself and those functions connote the application more than the media text in it. For example the peculiarity of Flicker is not given by the images it contains but by the possibility to gather, manipulate, visualize, search for photos, socialize with authors of the photos. Those functions can be grouped in the term « aggregate ». A similar description can be done for

Facebook or Delicious. The commands that allow those functions are in the pro-text. The aggregation in the web 2.0 applications produces in a parallel way its effects on two levels: while aggregating concepts and media it connects also the authors/users of mass media and acquires a social function.

REFERENCES BIBLIOGRAPHIQUES

Blanchot, M. (1975). *Lo spazio letterario.* Torino : Einaudi. (Ouvrage original publié en 1955).

Barnes, P. (2007). *Capitalismo 3.0, il pianeta patrimonio di tutti.* Milano : Egea.

Baricco, A. (2008). *I barbari : saggio sulla mutazione.* Milano : Feltrinelli.

Berners-Lee, T. (2001). *L'architettura del nuovo Web.* Milano : Feltrinelli.

Bolter, J.D. (1993). *Lo spazio dello scrivere : computer, ipertesti e storia della scrittura.* Milano : V&P (Ouvrage original publié en 1991).

Bolter, J.D. (2002). *Lo spazio dello scrivere : computer, ipertesto e la ri-mediazione della stampa* (2ème éd. révisée). Milano : V&P (Ouvrage original publié en 2001).

Bolter, J.D., & Grusin, R. (2009). *Remediation : competizione e integrazione tra media vecchi e nuovi* (5ème éd. révisée). Milano : Guerini. (Ouvrage original publié en 1999).

Eletti, V. (2003). *Manuale di editoria multimediale.* Roma-Bari : Laterza.

Guarnieri, G. (2009). *Umanità accrescita.* Roma-Bari : Laterza.

Genette, G. (1997). *Palinsesti : la letteratura al secondo grado.* Torino : Einaudi (Ouvrage original publié en 1981).

Genette, G. (1989). *Soglie. I dintorni del testo.* Torino : Einaudi (Ouvrage original publié en 1987).

Di Bari, V. (2007). *Web 2.0 : internet e cambiato. E voi? : i consigli dei principali esperti italiani e internazionali per affrontare le nuove sfide.* Milano : Il Sole 24 ore.

Grazzini, E. (2008). *L' economia della conoscenza oltre il capitalismo : crisi dei ceti medi e rivoluzione lunga.* Torino : Codice.

Greimas, A.J., & Courtés, J. (2007). *Semiotica. Dizionario ragionato della teoria del linguaggio.* Milano : Bruno Mondadori (Ouvrage original publié en 1979).

Iusi, F. (2005). Rese paratestuali negli archivi letterari. *Atti del convegno internazionale 2004 : I dintorni del testo : Approcci alle periferie del libro* (pp. 705-712). Roma : Edizioni dell'Ateneo.

Landow, G.P. (1998). *L'ipertesto : Tecnologie digitali e critica letteraria.* Milano : Bruno Mondadori (Ouvrage original publié en 1997).

Landow, G.P. (2005). L'ipertesto : testo o paratesto? *Atti del convegno internazionale 2004 : I dintorni del testo : Approcci alle periferie del libro* (pp. 17-29). Roma : Edizioni dell'Ateneo.

Lévy, P. (2000). *Le tecnologie dell'intelligenza : Il futuro del pensiero nell'era dell'informatica.* Verona : Ombre corte (Ouvrage original publié en 1990).

Lyotard, J.F. (1983). *La condizione postmoderna : rapporto sul sapere* (5ème éd. révisée). Milano : Feltrinelli Economica (Ouvrage original publié en 1979)

McLuhan, M. (1998). *Percezioni. Per un dizionario mediologico.* Roma : Armando.

McLuhan, M. (2002). *Gli strumenti del comunicare.* Milano : Net (Ouvrage original publié en 1964).

McLuhan M., Nevitt B. (1972*). Take today. The Executive as Dropout.* Ontario : Logman.

Moro, F. (2006). Web 2.0 : innovazione applicata ai sistemi di rete. *Openarea.net.* [http://www.openarea.net/Web2.0.pdf.]

Ong, W.J. (1986). *Oralità e scrittura : le tecnologie della parola.* Bologna : Il Mulino (Ouvrage original publié en 1982).

O'Reilly, T. (2005). What Is Web 2.0. Design Patterns and Business Models for the Next Generation of Software. *O'Reilly Media.* Récupéré le 2 septembre 2009, sur http://oreilly.com/web2/archive/what-is-web-20.html.

Ricoeur, P. (2004). *Dal testo all'azione : saggi di ermeneutica* (2ème éd. révisée). Milano : Jaka Book (Ouvrage original publié en 1986).

Tomasi, F. (2005). Il paratesto nei documenti elettronici. *Atti del convegno internazionale 2004 : I dintorni del testo : Approcci alle periferie del libro* (pp. 713-722). Roma : Edizioni dell'Ateneo.

Tapscott, D., & Williams, A.D. (2007). *Wikinomics, La collaborazione di massa che sta cambiando il mondo.* Milano : Rizzoli.

van Manen, M., & Adams, C. (2009). The Phenomenology of Space in Writing Online. *Educational Philosophy and Theory, 41(1),* 10-21, Récupéré le 2 septembre 2009, sur http://www3.interscience.wiley.com/cgi-bin/fulltext/121641449/PDFSTART.

Yochai, B. (2007). *La ricchezza della Rete.* Milano : Università Bocconi.

Mise en visibilité et délibération collective à l'ère post mass médias

François Demers
Professeur titulaire
Alain Lavigne
Professeur titulaire
Groupe de recherche sur les pratiques novatrices en communication publique, Université Laval. Département d'information et de communication
Université Laval (Québec) Canada

INTRODUCTION

Les sociétés dites avancées seraient en train de sortir d'une configuration globale où, pendant plus d'un siècle, les médias de masse ont constitué « la » scène publique (Watine & Rieffel, 2002), à tel point que même les principales arènes étatiques de délibération, politiques et administratives, leur paraissaient subordonnées.

Dans le présent texte, les expressions « médias de masse », « médias traditionnels » et « médias généralistes » sont équivalentes. Elles désignent toutes trois ces médias « de masse » - on pense généralement aux quotidiens et aux chaînes de télévision des années 70 – qui, « généralistes », traitent en principe de tous les thèmes de la vie en société : politique, économique, social, arts, sports, et s'adressent, en intention à tout le moins, à toute la population d'un territoire donné, national ou régional. Chacun d'entre eux forme une place publique à lui seul. Dans les faits, la concurrence entre eux pour la totalité d'un même public, délimité par un territoire ou une langue, tend vers le monopole. Cette représentation des médias, de masse et généralistes, a longtemps dominé l'horizon de la recherche et de l'analyse. Encore aujourd'hui, quand ils discutent des médias, de nombreux observateurs et commentateurs se réfèrent à la conception selon laquelle ces médias ont un mandat qui leur permet à la fois de faire se rencontrer toutes les différences et de répondre, jusqu'à un certain point, à toutes les attentes. Journaux quotidiens, hebdomadaires régionaux, magazines d'actualité, grandes stations de radio et de télévision forment ainsi ce groupe de médias que l'on nomme maintenant « médias traditionnels », par opposition à « nouveaux médias » (sites Web, blogues, téléphones mobiles, presse gratuite, canaux hyper spécialisés, etc.).

Dans la nouvelle configuration globale en développement, les médias traditionnels perdent leur monopole en raison du déploiement d'autres mécanismes de mise en public. De telle sorte que la communication publique est désormais réalisée par un orchestre de moyens en expansion. En conséquence, la délibération collective qui accompagne les régimes démocratiques, et qui leur est indispensable, se révèle suspendue aux possibilités et contraintes offertes par ce nouvel ensemble encore instable et largement cacophonique.

Le groupe de recherche sur les pratiques novatrices en communication publique (PNCP), auquel sont rattachés les auteurs du présent texte, amorce au Québec une recherche empirique sur cette question auprès d'un échantillonnage d'une dizaine d'organisations privées, publiques et associatives. Plus spécifiquement, il s'agit d'analyser le rôle et le poids que ces organisations attribuent aux médias traditionnels dans leurs pratiques de communication ainsi que la distribution des ressources qu'elles y consacrent. La recherche s'intéresse aussi à la réaction des médias de masse face à leur propre recul ainsi qu'au déploiement par eux de stratégies de survie et de repositionnement dans un contexte d'hyperconcurrence (Brin et al, 2004).

Le texte présente les grands traits de cette recherche prévue pour se déployer sur un cycle de trois à quatre ans. Sont d'abord exposés sa problématique et son hypothèse de recherche, ses repères théoriques, dont l'usage particulier qui est fait du concept de communication publique. Suivra la présentation de sa méthodologie et d'un de ses outils, soit une grille préliminaire des activités potentielles d'une organisation dans le contexte contemporain de la mise en public dans les sociétés développées. Une application en sera esquissée pour le cas de la ville de Québec.

PROBLEMATIQUE ET HYPOTHESE DE RECHERCHE

La problématique de recherche de l'équipe PNCP veut donc qu'un changement radical soit en train de se produire en matière de production et de diffusion des messages publics. L'équipe déploie ses travaux à l'intérieur de cette problématique selon quatre axes. 1) *Théorique.* Elle développe l'idée de communication publique comme outil conceptuel qui met l'accent sur les processus par lesquels se font les échanges discursifs sur la scène publique contemporaine des sociétés développées.

Cet accent apparaît plus adéquat que la métaphore spatiale de l'espace public à un moment où les moyens de la mise en public des discours des uns et des autres se multiplient et où les publics se fragmentent. 2) *Éthique*. Il s'agit de situer le modèle normatif du journalisme d'information de masse (quatrième pouvoir, objectivité, ...) dans la transformation des valeurs collectives, des modèles et des représentations. 3) *Historico-culturel*. Le programme s'attache à l'héritage culturel de la catégorisation des messages publics (information, publicité, divertissement, ...) construite à tâtons par les médias de masse. Il considère ces catégories comme des signes de piste pour la navigation dans la forêt de plus en plus dense de messages dirigés vers les citoyens (consommateurs, clients, interlocuteurs). La pratique des médias traditionnels et de leurs messages est bousculée notamment par l'Internet, ce qui appelle et annonce, pour les publics, une autre alphabétisation et éducation aux médias. 4) *Professionnelle*. La recherche se concentre sur les innovations dans les pratiques de production de messages publics. En journalisme, par exemple, comment les journalistes couvrent-ils l'Internet, comment utilisent-ils les « sources » qu'on y trouve ou les outils informatiques qui leur permettraient de valider ce qui circule dans ce monde virtuel? Comment, de leur côté, les agents et stratèges de la communication institutionnelle et des relations publiques déploient-ils leurs activités de mise en public dans un environnement médiatique si riche, divers et même encombré?

En conséquence, dès sa création en 2001 à l'Université Laval, l'équipe PNCP (http : //www.pncp.ca) s'est donnée comme mandat d'explorer un certain nombre de facettes de la transformation postulée de l'univers des médias dans les sociétés développées. La première phase des travaux de l'équipe a été dominée, d'une part, par l'intention de fédérer les compétences et les approches de ses membres qui ont tous vécu une expérience professionnelle dans le journalisme et/ou dans les relations publiques avant d'entrer à temps plein dans la carrière universitaire ; certains d'entre eux étaient alors jeunes chercheurs. D'autre part, il s'agissait, à partir des préoccupations de chacun et du point de vue des producteurs de messages publics, de fonder l'intuition selon laquelle la communication publique serait en train de connaître une transformation radicale (Bernier et al., 2005). La deuxième phase des travaux s'est efforcée d'approcher le changement du point de vue des récepteurs à propos de la confusion / hybridation des genres des messages médiatiques (Bernier et al., 2008a et b). La recherche qui s'amorce constitue donc une troisième phase des travaux de l'équipe.

Elle repose sur le constat, au fil des différents travaux menés par l'équipe PNCP, que l'un des éléments-clés du changement en cours est *la perte de poids des médias traditionnels à l'intérieur de la communication publique*. Les signes les plus apparents de ce recul se manifestent par la baisse continue des tirages de la plupart des quotidiens et des audiences des chaînes généralistes de télévision. L'augmentation du nombre des publications, des stations de radio et de télévision ainsi que le succès exponentiel d'Internet ne font qu'accentuer la tendance générale. Cette simple donnée du passage d'un état de relative rareté des médias à une grande abondance, de même que la concurrence accrue que cette augmentation provoque entre eux, en même temps qu'elle induit une extrême fragmentation du public, impose un ajustement de l'ensemble des acteurs sociaux au nouveau contexte.

En particulier, et c'est là l'hypothèse plus spécifique qui guide la présente recherche, cet ajustement doit déjà être perceptible chez ces acteurs de poids que sont les organisations, qu'elles soient publiques, privées ou associatives. Ces dernières ont en effet un intérêt manifeste à développer et maîtriser leur image publique. Elles ont, à cet égard, des moyens financiers souvent importants et du personnel spécialisé pour détecter le changement, l'analyser, adapter leurs stratégies de communication, explorer et innover en la matière (Collet, 2004 ; Libaert, 2000). D'où la question que pose cette recherche : dans leurs stratégies de communication, les organisations publiques, privées et associatives – qui ont pu expérimenter au fil des années des moyens d'accès de plus en plus nombreux et de plus en plus efficaces aussi bien à l'espace médiatique (Ollitreault, 1999) qu'aux autres espaces publics (Neveu, 1999) – prennent-elles désormais en compte l'élargissement de l'éventail des moyens disponibles pour leur assurer une présence visible et efficace sur la place publique ? Si oui, leurs professionnels des communications sont-ils en mesure de s'en expliquer peu ou prou ?

Dans cette perspective, *les médias traditionnels sont des organisations comme les autres.* Eux aussi doivent s'ajuster au nouveau contexte et à la transformation de leur environnement. En ce sens, une publication récente du Centre d'études sur les médias (CEM), en collaboration avec le Consortium canadien de recherche sur les médias (CCRM), montre qu'un certain nombre de journalistes professionnels des médias traditionnels québécois commencent à intégrer le déclin des médias qui les emploient dans leurs représentations du journalisme et de sa mission (Marcotte, 2008). Le discours d'un nombre important d'interviewés indique en effet une adaptation en cours des artisans des médias, *convaincus de ne plus être nécessairement au centre du système médiatique* (voir aussi Bernier et al, 2008a). La présente recherche entend explorer plus en profondeur dans cette direction.

REPERES THEORIQUES : LA COMMUNICATION PUBLIQUE

Au cœur de l'analyse, on trouve un outil conceptuel nouveau « la communication publique » définie comme l'ensemble des phénomènes de production, de traitement et de diffusion de l'information relative aux débats et aux enjeux publics. Cette information est non seulement le fait des médias, mais aussi des institutions, entreprises, mouvements et groupes qui interviennent sur la place publique (Beauchamp, 1991).

Très tôt, cette expression a été adoptée par l'équipe PNCP pour, au départ, inscrire l'activité professionnelle des journalistes, des communica-teurs/relationnistes et des publicitaires dans un même ensemble communicationnel où les médias contribuent aux interactions symboliques entre les membres d'une société donnée. Puis l'étiquette s'est hissée au niveau du concept pour désigner les échanges communicationnels médiatisés de un à plusieurs ou en forme de réseaux indispensables à la vie en collectivité (Demers et Lavigne, 2007 ; Demers, 2008a ; Lavigne, 2008). Il est à noter que le concept de communication publique englobe ici l'acception courante, de portée réduite aux institutions publiques (politiques et étatiques), de la même expression en France (Europe) (Zémor, 2005 ; Libois, 2002).

La communication publique peut être schématisée de diverses façons. Elle l'a notamment été de la façon suivante par Demers et Lavigne (2007) et Demers (2008a).

Le schéma 1 montre que l'ensemble « communication publique » est fait d'une partie du journalisme, celle qui traite des enjeux publics et qui n'est pas principalement dans la mouvance de la sphère commerciale ou de celle du divertissement, et que l'on nomme aujourd'hui (en français) « journalisme citoyen ». Elle englobe aussi la partie des relations publiques qui soutient le débat à propos de la conduite des affaires publiques. Côté publicité, ce qui intersecte la communication publique, ce sont les messages en soutien à des prises de position sur les questions d'intérêt social. Enfin, la communication par réseautage, qui connaît un énorme bond en avant grâce à Internet, peut participer elle aussi du débat public dans la mesure où certaines des activités qui s'y déroulent permettent à des individus de s'introduire dans le débat public, notamment par des blogues, ce qui a aussi ouvert la porte, en communication politique et spécialement en période électorale, à des opérations de propagande camouflées en initiatives individuelles. Les observateurs états-uniens nomment cette activité, le « citizen journalism ». Dans chaque cas, ce qui est retenu, ce sont les activités reliées plus directement à la gestion des affaires collectives.

Le schéma 1 montre aussi les deux liens forts et fondateurs : d'une part aux médias de masse, d'autre part à la politique *via* la délibération démocratique. La communication publique est en effet arrimée à la communication médiatique d'un côté et de l'autre, à la sphère politique, plutôt qu'à celle du commerce, dont traite notamment le marketing, ou à celle du divertissement principalement liée aux arts de la scène (Thussu, 2007).

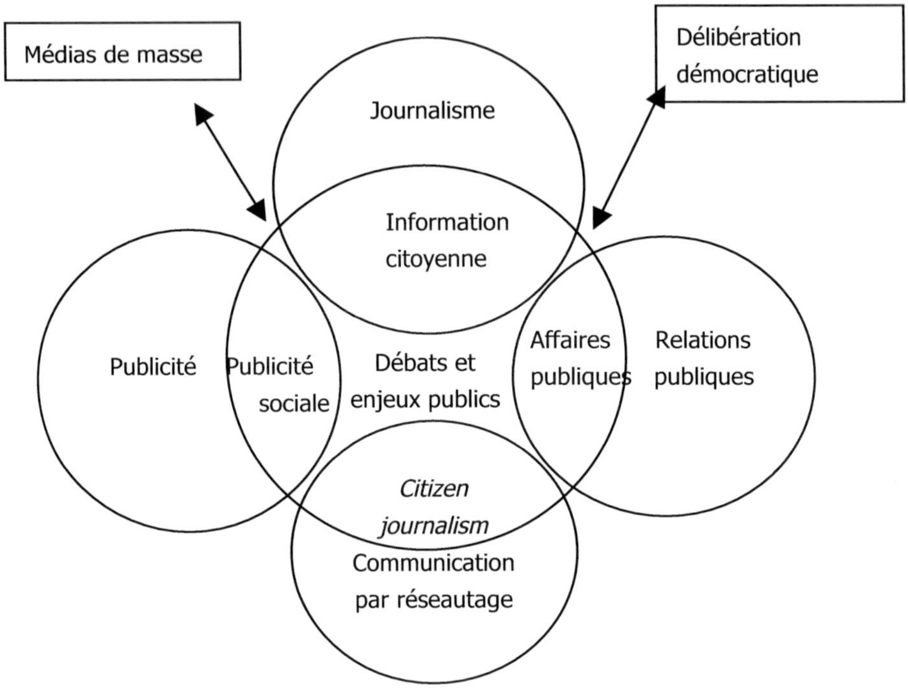

Schéma 1 : La communication publique

CINQ ARENES DE MISE EN PUBLIC

Pour les fins de la recherche en cours, il convient aussi d'identifier certaines pratiques déployées par les organisations pour être présentes dans différentes arènes de communication publique. Le tableau 1 qui suit propose une telle cartographie à partir d'une distinction entre cinq grandes arènes de mise en public du point de vue de l'organisation.

L'arène politique recouvre les lieux statutaires de la délibération entre les représentants dans les systèmes démocratiques : chambre de députés, sénat, commissions parlementaires et autres assemblées convoquées par les dits représentants. Elle comprend autant les divers mécanismes de consultation et de participation que les appareils administratifs des États qui les promeuvent et les activent de manière rituelle.

L'arène médiatique est faite des médias de masse traditionnels et de toutes ces autres entreprises (publiques, privées et associatives) qui, selon une formule qui s'apparente à celle des médias de masse, offrent une communication de un à plusieurs.

Arènes de CP (du point de vue de l'organisation)	
Politique	Représentations auprès des institutions politiques et des structures administratives dans le cadre de commissions parlementaires, sommets, forums, tables de concertation et autres formules de consultation offertes par l'appareil d'État
Médiatique	Relations de presse et publicité de plaidoyer ou institutionnelle dans les médias traditionnels et les autres médias
Hors médias	Communication directe auprès de divers publics ou segments de l'opinion par des forums de discussion, assemblées publiques, événements, sondages, etc.
Rue (réelle et virtuelle)	Interventions directes par des manifestations, contre-sommets, réseaux sociaux sur Internet, etc.
Organisationnelle	Communication interne auprès des employés, des partenaires, des fournisseurs et des clients

Tableau 1 : Pratiques de communication des organisations privées, publiques et associatives selon les différentes arènes de communication publique (CP)

L'arène de la rue est ce lieu public réel (places et lieux publics urbains et villageois) ou virtuel (les réseaux sociaux sur Internet) dans lequel un individu ou un gang peut se manifester spontanément ou de façon stratégique aux yeux de plusieurs.

L'arène organisationnelle est celui que forme une entité sociale (administration publique, entreprise, association) qui rassemble d'une certaine façon de nombreux participants, lesquels doivent échanger à des fins de travail et de production, mais dont la communication déborde sur l'extérieur notamment par les autres réseaux sociaux auxquels ils appartiennent.

L'ARENE MEDIATIQUE

Comme, par ailleurs, la recherche en cours porte une attention particulière au poids de l'arène médiatique dans la communication publique globale d'une société, il nous apparaît important d'y consacrer un autre schéma (le no 2) pour présenter les diverses sortes de médias qui y contribuent.

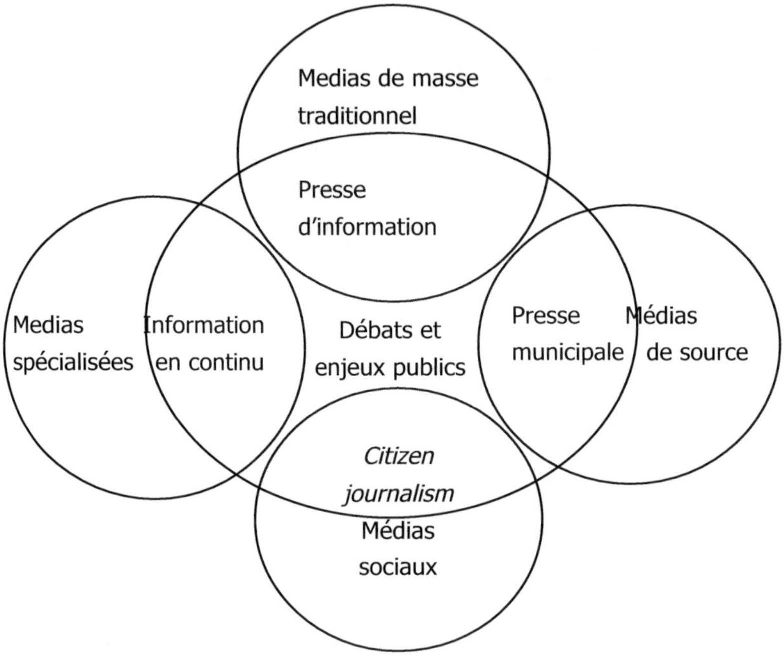

Schéma 2 : Les médias de la communication publique : des exemples

On y voit qu'une partie seulement des activités de quatre sortes de médias contribuent à la communication publique. Il faut se rappeler ici que celle-ci vise l'information, l'opinion et la publicité au sujet des enjeux publics et non pas les activités à visées commerciales ou les divertissements et spectacles, même si ces autres mises en public peuvent parfois contribuer à la marge à la délibération des affaires collectives. Ce sont au premier chef les médias de masse traditionnels en raison de leurs contenus dits d'information. Puis, leur extension historique : les médias spécialisés dont la figure exemplaire en matière de communication publique est les chaînes télévisées d'information en continu. Un troisième groupe est fait de médias, habituellement spécialisés, mais qui forment une catégorie différente sous l'angle de leur propriété et de leur mission. Ils sont en effet des moyens de mise en public utilisés par des organisations d'abord et avant tout préoccupées de leur image, de son affirmation et de sa défense. S'ils utilisent les formes discursives des médias traditionnels (et du journalisme professionnel), ils ne sont pas comme eux, d'abord et avant tout des entreprises commerciales (à but lucratif) ou des services d'État. Meyer Sant'Anna (2009) les nomme « médias de source ». De leur côté et dans le même sens, Croissant et al. (2005) ont documenté le cas français exemplaire du magazine *Epok* de la FNAC.

Enfin, le quatrième et dernier groupe de médias est totalement lié à Internet. Il est fait des sites de réseaux sociaux (Facebook, YouTube, Twitter, etc.) et des blogues plus spécifiquement préoccupés de commenter l'actualité journalistique.

METHODOLOGIE

La recherche entreprise par le PNCP prévoit que trois démarches empiriques étalées sur trois années consécutives seront menées. La première, *l'examen détaillé de la pratique communicationnelle de dix organisations* publiques, privées et associatives à partir de leurs activités visibles en la matière, témoignant de leur « agir communicationnel ». Pour cette première phase des études de cas, les chercheurs s'appuieront plus particulièrement sur les recommandations méthodologiques de Yin (2003), Stake (1995), Mucchielli (1996), Hamel (1997) et Gagnon (2005).

La seconde sera faite de *quarante entrevues en profondeur* avec des dirigeants (et/ou des communicateurs à leur emploi) des dix organisations examinées dans la phase 1 afin d'obtenir des explications précises et documentées sur leurs stratégies de communication actuelles, leur perception du « marché » des médias et des transformations qui touchent aujourd'hui le monde de la presse, leur vision des changements à apporter à leur approche communicationnelle au cours des prochaines années. À l'aide des données préalablement recueillies et de leur analyse (phase 1), un canevas d'entrevue unique sera établi par les chercheurs pour préparer les quarante rencontres individuelles. Les études qualitatives ont souvent recours à l'outil méthodologique que constituent les entrevues en profondeur (Ansart, 1990 ; Dépelteau, 2000 ; Gauthier, 2003 ; Grawitz, 2001). La sélection des organisations à examiner ayant ciblé des entités à la fois de taille importante et ayant toutes un historique significatif, il est apparu raisonnable de penser qu'il serait possible d'interviewer dans chaque cas quatre personnes ayant un rôle stratégique à jouer dans les communications de son organisation (par exemple : directeur général, directeur des communications, responsable des relations avec la presse, employé du service des communications).

La troisième phase mettra en place *un groupe de discussion* (Martineau et Simard, 2001 ; Geoffrion, 2003) formé de dix répondants sélectionnés parmi l'ensemble des acteurs interviewés au cours de la phase 2 afin d'approfondir certains aspects révélés dans les deux phases antérieures, tirer bénéfice de l'interaction entre les participants et mettre l'accent sur certaines données pour l'analyse finale. Ils auront été ciblés au cours des entrevues individuelles pour l'intérêt, l'originalité ou la spécificité des propos par rapport à une dimension particulière de la recherche. Avec un participant pour chacune des dix organisations (ou deux participants pour chacun des cinq domaines d'activité couverts), le groupe ainsi constitué correspondra au format habituel recommandé pour les groupes de discussion (*focus group*) et devrait permettre d'aborder les principales dimensions de la recherche.

Les dix organisations pressenties sont :

- deux organisations socioculturelles de forme associative et œuvrant dans l'économie sociale, soit la *centrale syndicale CSN* et l'ONG caritative *Centraide Québec et Chaudière-Appalaches* ;
- deux organisations qui relèvent du domaine de l' « entreprise privée », soit *Bell Canada* (téléphonie, télécommunications, etc.) et *Cascades* (multinationale d'emballage et de papier tissu, pionnière en recyclage, dont le siège est dans la région Centre du Québec) ;
- deux organisations publiques, donc gouvernées par un devoir d'informer et de transparence qui commence à peine à s'imposer au domaine privé à travers le thème de la « bonne gouvernance », soit la société d'État *Hydro-Québec* et, à un autre niveau, la *ville de Québec* ;
- deux organisations internationales, soit l'ONG *Développement et Paix* et la composante de l'entreprise coopérative *Développement international Desjardins* ;
- deux organisations médiatiques qui, outre leur mission d'informer, ont elles aussi des besoins communicationnels de plus en plus impérieux dans le contexte hyperconcurrentiel actuel (rappelons qu'à certains égards, les entreprises de presse sont des organisations comme les autres), soit les cas de la *Société (d'État) Radio-Canada* et le groupe privé de presse *Quebecor*. Ces deux cas spécifiques seront les terrains privilégiés d'analyse de la recherche quant aux réactions des médias face à leur propre recul dans la communication publique et quant au déploiement de leurs stratégies de survie et de repositionnement.

Les organisations retenues pour la recherche, considérées comme productrices de discours publics et participantes au débat public, ont été choisies sur la base d'une différenciation entre certains domaines d'activités, en même temps que de la richesse de leur trajectoire en matière de communication publique. Ceci laisse présager un matériel abondant de productions permettant d'établir un portrait communicationnel complet de chacune d'elles. Cette première phase s'alimentera, pour chaque organisation, des données suivantes : des documents organisationnels tels les communiqués, dépliants, journaux institutionnels, sites Web, etc. ainsi que, lorsque pertinents, des documents « à propos de » l'organisation mais produits hors de cette organisation (revues de presse, monographies, mémoires, etc.). La facilité d'accès au personnel de ces organisations a été prise en compte, au même titre que l'existence de travaux universitaires antérieurs sur ces organisations. Enfin le choix tient également compte des préoccupations et expertises des membres de l'équipe.

LE CAS DE LA VILLE DE QUEBEC

Le tableau 2 ci-après offre une grille préliminaire d'activités potentielles d'une organisation dans l'arène médiatique. En plus d'aider à la réalisation d'un inventaire systématique des médias utilisés pour chacune des organisations à l'étude, une telle grille permettra de différencier les actions relatives aux espaces journalistique et publicitaire de ces différents médias (deux ensembles de contenus en principe clairement balisés aux yeux du public). À titre d'illustration concrète, le tableau rassemble ici les données disponibles à l'été 2009 en ce qui concerne le cas de la ville de Québec, capitale de la province du même nom, fondée en 1608 et comptant quelque 500 000 habitants.

Médias	Espace journalistique	Espace publicitaire
Médias traditionnels	Tous les médias locaux, régionaux et à l'occasion nationaux	Publicité institutionnelle à l'occasion dans les quotidiens, les hebdos et à la radio
Médias spécialisés	Canaux d'information continue RDI et LCN Revues *Prestige, Continuité, Inter/Le lieu, Capital-Québec, Constructo, Bazzart*	Publicité institutionnelle à l'occasion dans les revues
Médias communautaires	*Droit de parole, L'Exemplaire, Journal des immigrants* Télé Vox Québec Radios CHYZ, CKIA, CKRL, Radio Galilée	Publicité institutionnelle à l'occasion à la radio
Médias sociaux	Pratiques réactives seulement	Non
Médias de source :		
-journal	*Ma ville*	Non
-magazine institutionnel	Non	-
-magazine client		
-site Web	Non	-
-blogue d'entreprise	Oui	Non
-extranet	Non	-

Tableau 2 : Activités d'une organisation dans l'arène médiatique : l' exemple de l'administration de la ville de Québec

Comme on peut le constater, l'administration de la ville de Québec recourt systématiquement, et depuis la création d'un service des communications en 1978, à l'ensemble des médias traditionnels couvrant son territoire. À l'occasion, selon la portée de l'information, elle alimentera aussi les médias nationaux. Côté publicité, la ville dispose d'une petite enveloppe budgétaire qui lui permet de diffuser occasionnellement des publicités institutionnelles dans ces différents médias.

Par ailleurs, l'administration fait tout autant avec tous les médias spécialisés de son territoire de même qu'avec les médias communautaires qui sont apparus à compter du début des années 1980. Pour ce qui est des médias plus récents, les médias sociaux, les communicateurs municipaux ont pour le moment une approche essentiellement réactive puisque les blogueurs récupèrent eux-mêmes des communiqués de la ville à même son site Web.

Enfin, Québec dispose depuis 1980 d'un journal mensuel distribué gratuitement dans tous les foyers. Son site Web est en ligne depuis 2002. Ces deux médias de source ne diffusent aucune publicité.

Ce portrait d'ensemble vaut pour la communication dite administrative de la ville, distincte de la communication politique qui, elle, relève du cabinet du maire et du conseil municipal. La recherche appliquera la même grille d'analyse à la communication politique de la ville. Ces deux producteurs de communication de la même entité utilisent les mêmes médias de source, mais il faudra inventorier les différences pour ce qui est des autres médias. Par exemple, est-ce que les médias traditionnels nationaux sont davantage utilisés par le maire compte tenu que la ville est une capitale provinciale ? Est-ce qu'un grand événement comme le 400e anniversaire de la ville en 2008 a fait davantage l'objet d'une communication politique misant sur une mise en visibilité de son nouveau maire Régis Labeaume en même temps qu'une communication administrative misant sur une mise en visibilité des thématiques et activités propres à l'événement ? Si oui, par quels moyens et par quels médias ?

La grille préliminaire « Activités d'une organisation dans l'arène médiatique » reste à être validée et peaufinée lors de la réalisation des différentes études de cas. Ainsi, il est déjà prévu de situer précisément, dans le temps, le début de chacune des activités relevées, tout comme les ressources humaines et financières qui leur sont consacrées.

Conclusion

La recherche qu'amorce l'équipe PNCP vise à explorer et à documenter la façon dont les organisations publiques, privées et associatives évaluent le contexte communicationnel dans lequel elles évoluent aujourd'hui et les stratégies de communication qu'elles ont déjà activées en conséquence. À l'aide du concept de communication publique, elle entend évaluer la profondeur du changement en cours en enregistrant l'ajustement des stratégies de visibilité des organisations et des discours des responsables de leurs services de communication. Quelles sont leurs explications des changements apportées aux stratégies? Quelles sont leurs visions de l'environnement communicationnel contemporain? Que sont les défis qu'ils estiment devoir affronter au cours des prochaines années?

Indirectement, il sera par ailleurs possible de mieux mesurer le poids du journalisme professionnel dans la nouvelle configuration communicationnelle d'une société avancée, largement ouverte sur les flux communicationnels mondiaux en même temps que porteuse d'exigences fortes d'expression discursive pour tous, au point d'y épuiser sa conception de la démocratie (Demers, 2008b). Il sera possible aussi d'évaluer l'émancipation de la délibération publique de sa dépendance aux médias de masse traditionnels (Demers, 2007).

REFERENCES BIBLIOGRAPHIQUES

Ansart, P. (1990). *Les sociologies contemporaines.* Paris : Seuil.

Beauchamp, M. (dir.). (1991). *La communication publique : repères pour l'action et la réflexion.* Boucherville : Gaëtan Morin.

Bernier, M.F. (2008). *Journalistes au pays de la convergence : sérénité, malaise et détresse dans la profession.* Québec : Presses de l'Université Laval.

Bernier, M.F., Demers, F., Lavigne, A., Moumouni, C. & Watine, T. (2008a). *L'héritage fragile du journalisme d'information - Les citoyens entre perplexité et désenchantement.* Québec : Les Presses de l'Université Laval.

Bernier, M.F., Demers, F., Lavigne, A., Moumouni, C. & Watine, T. (2008b). Québec - À propos des catégories de contenus médiatiques : information, publicité, opinion, divertissement... In Augey D., Demers François & Tétu, J.F. (dir.), *Figures du journalisme Brésil, Bretagne, France, La Réunion, Mexique, Québec* (pp. 147-170). Québec : Les Presses de l'Université Laval.

Bernier, M.F., Demers, F., Lavigne, A., Moumouni, C. & Watine, T. (2005). *Pratiques novatrices en communication publique - Journalisme, relations publiques, publicité.* Québec : Les Presses de l'Université Laval.

Brin, C., Charron, J. & De Bonville, J. (dir.) (2004). *Nature et transformation du journalisme - Théorie et recherches empiriques.* Québec : Les Presses de l'Université Laval.

Collet, H. (2004). *Le guide de la communication sociale.* Eaubonne : CRIDEQ Éditions.

Croissant, V, Rebillard, F., Spano, W. & Touboul, A. (2005). De la culture comme image de marque aux marques journalistiques de la culture : *Epok*, le *consumer magazine* de la Fnac (pp 49-87). In Ringoot, R. & Utard, J. M. *Le journalisme en invention. Nouvelles pratiques, nouveaux acteurs.* Rennes : Presses Universitaires de Rennes.

Demers, F. (2008a). La communication publique, un concept pour repositionner le journalisme contemporain par rapport au débat public et à la démocratie, *Les Cahiers du journalisme*, 18, 208-230.

Demers, F. (2008b). Déstructuration et restructuration du journalisme, *tic&société*, récupéré le 1er août 2009, sur http// www.ticetsociete.org.

Demers, F. (2007). Les logiques financières dans le capital des entreprises médiatiques du Canada - L'élargissement de la liberté d'expression. In Kiyindou A. & Mathien, M. (dir.), *Évolution de l'économie libérale et liberté d'expression* (pp. 199-222). Bruxelles : Bruylant.

Demers, F. & Lavigne, A. (2007). La comunicación públ1ca : una prioridad contemporánea de investigación. *Comunicación y Sociedad*, 8, 65-87.

Dépelteau, F. (2000). *La démarche d'une recherche en sciences humaines.* Québec : Les Presses de l'Université Laval.

Gagnon, Y. C. (2005). *L'étude de cas comme méthode de recherche.* Sainte-Foy : Les Presses de l'Université du Québec.

Gauthier, B. (dir.) (2003). *Recherche sociale - De la problématique à la cueillette de données.* Sainte-Foy : Les Presses de l'Université du Québec.

Geoffrion, P. (2003). Le groupe de discussion. In B. Gauthier (dir.), *Recherche sociale - De la problématique à la cueillette de données* (pp. 311-335). Sainte-Foy : Les Presses de l'Université du Québec,

Grawitz, M. (2001). *Méthodes des sciences sociales.* Paris : Dalloz.

Hamel, J. (1997). *Étude de cas et sciences sociales.* Paris : L'Harmattan.

Lavigne, A. (2008). Suggestion d'une modélisation de la communication publique : principales formes discursives et exemples de pratiques. *Les Cahiers du journalisme,* 18, 232-245.

Libaert, T. (2000). *Le plan de communication.* Paris : Dunod.

Libois, B. (2002). *La communication publique - Pour une philosophie politique des médias.* Paris : L'Harmattan.

Martineau, S. & Simard, D. (2001). *Le groupe de discussion.* Sainte-Foy : Les Presses de l'Université du Québec.

Marcotte, P. (2008), *La qualité du journalisme vue par ceux qui le pratiquent.* Québec : CEM-CCRM.

Meyer Sant'Anna, F. C. C. (2009). *Média de source Un nouvel acteur sur la scène journalistique brésilienne Un regard sur l'action médiatique du Sénat fédéral du Brésil.* France : Les documents de travail du Sénat, République française, Groupe interparlementaire d'amitié France-Brésil. No GA 82.

Mucchielli, A. (1996). *Dictionnaire des méthodes qualitatives en sciences humaines.* Paris : Armand Colin.

Neveu, É. (1999). Médias, mouvements sociaux et espaces publics. *Réseaux,* 98, 20-85.

Ollitreaut, S. (1999). De la caméra à la pétition-web : le répertoire médiatique des écologistes. *Réseaux,* 98, 153-185.

Stake, R.E. (1995). *The Art of the Case Study Research.* Newbury Park : Sage Publications.

Thussu, D K (2007). *News as Entertainment The Rise of Global Entertainment.* Newbury Park : Sage.

Watine T. & Rieffel, R. (dir.) (2002). *Les mutations du journalisme en France et au Québec.* Paris : Institut français de presse.

Yin, R.K. (2003). *Case study research - Design and methods.* Beverly Hills : Sage Publications.

Zémor, P. (2005). *La communication publique.* Paris : Presses universitaires de France.

Web 2.0 in political party communication – structural changes in Germany?

Barbara Witte
Professor of Broadcast Journalism
and Online-Communication
Kirsten Rautenberg
Research Assistent
Claudia Auer
Research Assistent
Hochschule Bremen
Internationaler Studiengang Fachjournalistik, Bremen

Introduction

Election campaigns increasingly take place on the Internet. With Web 2.0 political parties gained technical possibilities that let citizens participate in political decisions with the aim of implementing a deliberative democracy and (re)gaining legitimization.

Media and communication research in this respect, examines the implications of these new technologies for changing of the public sphere. Habermas wrote about the structural change of the public (cf. Habermas 1990) and it is possible that an increasing use and application of Web 2.0 applications will trigger some kind of second structural change that is characterized by a series of consequences. What these consequences look like is still a matter of speculation. The scenarios range from euphoria to dystopia. One common suggestion is a re-democratization of public spheres (cf. Leggewie/Bieber 2003; Welz 2002). Opposed to that are empirical investigations regarding fragmentation and emerging knowledge gaps (cf. Bonfadelli 1994; Dahlberg 2007). However, it is also possible to specifically consider the communication conditions underlying the situation and the suggestion of a "linguistification" of these conditions (cf. Yang 2008; Egloff 2002). In terms of scientific engagement, the opposed empirical evidences suggest turning away from one-sided perspectives. They have their justification, but might obstruct the analytical perspective. Consequently, the new structural change of the public sphere might simultaneously be regarded from the perspectives of fragmentation *and* re-democratization. If so, it is then questionable how these two perspectives interact. Are there any offers which show that political parties are turning to deliberative democracy? And how do the parties implement it? Do they just refer to their own party or do they offer Web 2.0-applications that go beyond that?

Research on how citizens use Web 2.0-applications and with what effect (research on media use and impact) already exist (cf. Bräuer et al. 2008; Gscheidle/Fisch 2008; Zerfaß et al. 2007 ; Vowe et al. 2007 ; Krueger 2002 ; Bimber 1998). How Web 2.0 can be applied in political communication not only in a theoretical sense, but also how political actors such as political parties actually utilize it, has been little investigated until now (cf. Brunauer 2008 ; Albrecht et al. 2008 ; Ward et al. 2003 ; Gellner/Strohmeier 2002). Therefore, the present paper examines the extent to which political parties actually applied Web 2.0 in their political online communication in 2008 and in the beginning of their 2009 election campaigns (May 2008 – May 2009), and what this means for re-democratization and fragmentation. Since the year 2009 is a so-called "Superwahljahr" (super election year) in Germany (there are four important elections : European elections, federal elections, state elections, and local elections), many changes are expected on the political websites due to the election campaigns. This is particularly true since German politics has seen how successful U.S. president Obama was with his internet election campaign and what importance the internet has meanwhile gained in media discourse. Even though American politics is not transferable to Germany, in their election campaign plans the German parties to a great extent orient themselves using the American role model (cf. Bosch 2008).

Theoretical Background

Setting the context – The German political party system

In analyzing the application of Web 2.0 by federal political parties in Germany with respect to questions of legitimization and participation, the German party system and its recent developments have to be taken into account.

The German Federal Republic is a parliamentary representative system that has strongly set out in writing a democracy predominantly reigned by political parties, what political researchers call a "party state": Apart from the constitution and the Basic Law, the rights and functions of political parties and fractions are fixed in the Political Parties Act, through the electoral law or the Broadcasting Laws, and within the regulated participation of political parties in the Board of Directors (cf. von Alemann 2003: 81). The fundamental basis of the German democracy, however, is stipulated in Article 20 of the Basic Law, which states that the authority of the state derives from the people and is exercised through elections and specific legislative, executive and judicial bodies (cf. Bundeszentrale für politische Bildung 2002).

Grounded in the sovereignty of the people and in the normative functions of political parties that are stated by the Political Parties Act, the political party communication is to fulfil several tasks: Political parties shall participate in the formation of the political will of the people (Article 21 of the Basic Law) and in the therefore crucial process of manifold and daily interplay with the formation of political will within state organs (cf. Bundesverfassungsgericht 85: B I, 1). They shall encourage and deepen political education for enabling citizens to participate in the political process (cf. Gesetz über die politischen Parteien, §1 (2)). Their political communication thus has the aim of thoroughly informing in order to reduce the complexity of political issues and to ensure decisions and mobilization. Only then the communication is the "continuing active interrelationship between the people and the state institutions" (Gesetz über die politischen Parteien, §1 (2)) as stated in the Political Parties Act. Sarcinelli even concludes that the sole core task of political parties is the « creation and maintenance of communicative connections between citizens (base) and political leadership (elites, representatives) » (Sarcinelli 1998b: 697, own translation).

However, their task is not restricted to the formation of the political will, but also encompasses its implementation: In one of its verdicts, the Federal Constitutional Court labels political parties as the "mediator through which the political will of the citizens can also be carried out in-between the ballots" (Bundesverfassungsgericht 44: II, 2, own translation). By that, the court allocates another crucial function to political parties: They shall make collectively binding decisions "in the name of the people". The Federal Constitutional Court even refers to "feedback" in that context (cf. Bundesverfassungsgericht 85: B I, 1, own translation). As a result, the sovereignty of the people, combined with the normative tasks of political parties, makes them to the highest degree dependent upon assent and legitimization.

This fact is strongly stressed by the latest developments the German political system is faced with. In the political process, citizens take a crucial status that goes beyond the one-time exertion of sovereignty in form of the decision about power or no-power in the election: As party members they commit to a political party in the continuous struggle for power – be it as election campaign aide or a multiplier who upholds the interests of the political party and carries it into society, or by staffing political positions. They thus contribute to the capacity of the political party and to the stability of the political system as a whole. In recent years however, political parties have been faced with a negative quantitative and qualitative transformation of the electorate and the politically engaged populace. The following relevant processes should be mentioned at this point:

Long-term election statistics show a decrease of participation in the federal elections. The lowest turnout, with 77.7 per cent participation (cf. Statistisches Bundesamt 2006: 158), was recorded in the 2005 federal elections[19]. "The party of non-voters is in all "participatory democracies" the only political party that can record solid growth" (Beck 1993: 219).

Simultaneously, the voters' behaviour is becoming increasingly flexible (cf. Beyme 2001: 330; Strohmeier 2004a : 60f.) : The percentage of swing voters increases ; the amount of loyal voters decreases.

Analogous, the membership figures decrease continually. Whereas in 1990 3.8 per cent of the eligible voters were affiliated with political parties, in 2004 it was less than 2.5 per cent (cf. Statistisches Bundesamt 2006: 642). As a result, the political parties can no longer keep up with their recruitment function.

Apart from the quantitative transformation, the political system is also faced with qualitative changes that find their statistical expression in the quantitative transformations : The partisan ties erode and the party affiliations loosen. These processes are labelled "dealignment" (cf. Gluchowski et al. 2001: 184). Additionally, the trust in political parties dissolves. According to a study conducted by Infratest dimap, it decreased from an already meagre 25 per cent in 1998 to 14 per cent in 2006 (cf. Infratest dimap 2006: 11).

---

[19] In 2009 the participation at the elections was again around seven per cent lower. 70.8 per cent of the eligible voters participated in the federal elections (cf. Schorn/Gisart 2010: 223).

Legitimization and the principle of deliberative democracy

Legitimacy is a fundamental theoretical category of democratic political communication as it ties the validity claim of political leadership to a communicative justification act (cf. Sarcinelli 1998c: 253). It "consists of an empirical component (public trust and support) and a normative component (justifiableness according to norms, values, traditions)" (Meyer 1999: 619). Thus legitimacy is both the determinant and the resultant of political communication (cf. Sarcinelli 1998: 254). This is reflected in the heuristic approach of input and output legitimation suggested by Scharpf (1970). The democratic input is based on the idea that legitimation and "collectively binding decisions should originate from the authentic expression of the preferences of the constituency in question" (Scharpf 1998). The democratic input consists mainly of three parts: (1) the authorization of power holders, (2) responsiveness in the exercise of power and (3) the accountability of power holders (cf. Meyer 1999: 619). The democratic output refers to the idea of "government for the people which implies that collectively binding decisions should serve the common interest of the constituency" (Scharpf 1998).

The statistical trends presented above support the conclusion that the legitimization of German political parties is eroding. This process has been called "crisis of representation" (Hayward 1995) or "Political Party Crisis" (von Alemann 2003: 187) and Wolfgang Thierse, Vice-President of the German Bundestag, labels it "Stander-by Democracy" (Thierse, quoted in Bode 2007). One explanation for these developments can be seen in the lack of responsiveness of the political establishment (cf. Leggewie/ Bieber 2003), one part of the democratic input. Although the Federal Constitutional Court refers to "feedback" (cf. Bundesverfassungsgericht 85: B I, 1, own translation) in its verdicts, the mass media have manifested a hierarchically structured one-way communication : The political party speaks, the citizens listen – despite the fact that civil participation in the exercise of sovereignty is one of the constitutive features of German democracy (cf. Gabriel/Brettschneider 1998: 285). In order to first and foremost re-gain input legitimation (see above), a discourse is needed between the political leadership and the citizenship as well as among citizens themselves. This idea is mainly referred to by the concept of deliberative democracy.

The concept, coined by German sociologist Jürgen Habermas, describes a public sphere where all citizens discuss public concerns with rational arguments. At the end of the discussion, a reasonable public opinion evolves that constitutes the basis for all political decisions (cf. Habermas after Gerhards 1998a: 268). It is the public sphere that is the carrier of public opinion (cf. Schenk/Döbler 1998: 143) and with that it is of great importance for political communication. In a mass democracy where direct political influence of the citizens is rather limited (cf. Sarcinelli 1998a, p.

436), the public sphere fulfils the function of an intermediary system (cf. Gerhards 1998a: 269) that mediates between citizens and political actors and offers a platform where they can enter into discourse. In a media society the public sphere exists mainly in and through mass media (cf. Gerhards 1998b : 694). But the mass media have turned the public sphere into a « mass media public sphere » with the result that "the public sphere would be dominated by well organised collective actors (interest groups and political parties), not by the audience of the potentially affected citizens themselves" (Habermas after Gerhards 1998a, p. 272). As a conclusion, the mass media failed at their task of supporting such communicative action. Consequently, other actors are asked to fulfil this task.

The cyberpublic and the fragmentation debate

In recent years a shift has occurred as mass communication is increasingly placed into pre-medial areas such as weblogs or social online communities (cf. Saxer 2007, p. 89). The discussion of the effects on democracy is two-dimensional, concentrating on effects of engagement and fragmentation. One of the common suggestions is a re-democratization of public spheres (cf. Leggewie/Bieber 2003; Welz 2002). These "cyber-optimists" (Jensen et al. 2007; p. 41) are of the opinion that the Internet has positive effects on engagement and helps to mobilize people who are otherwise not engaged offline (Boulianne 2009; Sclove 1995 ; Budge 1996). The buzzword E-Democracy refers to the supposition that the modern web-technologies strengthen the political participation and the communication between citizens and the political leadership : « Online information seeking and interactive civic messaging – uses of the Web as a resource and a forum – both strongly influence civic engagement, often more so than do traditional print and broadcast media and face-to-face communication » (Shah et al. 2005: 551). In contrast to that, other researchers find empirical evidence that "the Internet currently does little to expand political mobilization to new types of individuals" (Krueger 2006: 772) and that it rather tends to reinforce the same structures that determine political practices offline (Bimber 1998; Krueger 2006). This is supported by empirical investigations into emerging knowledge gaps (cf. Bonfadelli 1994; Tichenor et al. 1970). Rather than reaching disengaged publics, mobilisation efforts disproportionately reach the already politically engaged and those with a higher socioeconomic status, the latter being a predictor of internet skills (Abramson/Claggett 2001; Krueger 2006). In consequence, a "Digital Divide" is added to a "Democratic Divide".

The second central discussion topic apart from mobilization effects of political online communication is the process of fragmentation. With the Internet and Web 2.0 applications, a "multimedia, multi-channel communication society" evolves

(Kamps 2002: 104) that fragments the public sphere into part-publics (Habermas 2008 ; Witte 2008). "Thus, the existing national public spheres seem to be rather undermined" (Habermas 2008).

The fragmentation of the cyber public directly leads to questions of "discursive contestation" (Dahlberg 2007: 827). On the one hand "the internet has been seen as offering citizens the opportunity to encounter and engage with a huge diversity of positions, thus expanding the public sphere" (Dahlberg 2007: 828 ; Döring 2003 ; Blumler/Gurevitch 2001). Some authors, on the other hand, argued that people discuss (political) issues in rather homogenous groups with like-minded others, thus avoiding different viewpoints (Sunstein 2001). Dahlberg (2007) argues that « the public sphere is expanded by expanding discursive contestation and particularly by expanding contestation of the boundary of dominant discourses » (Dahlberg 2007: 836). The expansion of contestation however requires two prerequisites: « first, multiple and vibrant spaces of deliberative discourse (intra-discursive contestation) outside the dominant; and second, inter-discursive contestation (especially of dominant discourse) leading to openings and movements in discourse » (Dahlberg 2007: 836).

However, as Habermas states, these prerequisites are not yet met: "The Web offers the hardware for de-localisation of condensed and accelerated communication, but spontaneously offers nothing to oppose the centrifugal tendency. For now, the functional equivalents for the structures of the public sphere are missing in the virtual environments that re-collect the decentralized messages, select them, and synthesize them in a revised version" (Habermas 2008: 161f., own translation). Considering the legally fixed function of political parties in Germany (see above), these public arenas should also be offered by political parties themselves. Whereas extensive research is conducted on the effects of internet use on political engagement and political information (see above), less research has been conducted on the communicator. This paper therefore makes a significant contribution to depicting the online engagement of political parties and thus contributes to the "internet-effect-discussion" from a communicator research perspective.

Taking together the considerations about the latest negative developments in German political engagement and the questions about legitimization and fragmentation, the following questions arose that constitute the basis for the study : Does the online communication of the federal political parties of Germany offer applications that hint at a development towards a deliberative democracy?

Which Web 2.0-applications are offered on the websites of the federal political parties in Germany?

Do the federal political parties offer web-applications that extend beyond simple references back to the own party, and that thus allow inter-discursive contestation?

Method

The research project "Future of the public sphere – the public sphere of the future" analyses changes of the public sphere. To answer the questions raised, a study of the German federal parties' online communication was conducted. The study included the Christian Democratic Union (CDU), the Social Democratic Party of Germany (SPD), the Free Democratic Party (FDP), the Green Party (Bündnis 90/Die Grünen) and The Left (Die Linke). The entire study will be completed in October 2011, but on the basis of partial results, this article can already report on tendencies in the parties' use of Web 2.0 in the so-called "Superwahljahr" 2009 (super election year 2009)[20].

Basis of the study is a quantitative examination of the political parties' websites that aimed at recording predefined Web 2.0 elements in order to make statements regarding the usage of the possibilities of Web 2.0. The Web 2.0 applications were selected by means of a pre-test and were continuously amended in case of changes on the examined web pages. Of interest were the individual elements, not the specific content of the websites. The method of content analysis, which captures the "formal and content-related characteristics of large amounts of text" was therefore not suitable in this case (Brosius et al. 2008: 143, own translation). It was rather the "supply structure of web pages" (Roth 2005: 61, own translation) that was analysed. However, inclusion of all elements would not be goal-oriented. Therefore, only selected elements relevant to the research questions were included : The categories for the analysis were developed on the basis of the Web 2.0 principles openness, personalization, interactivity, participation and multimedia, as well as on the enhanced possibilities of information and relationship management (cf. Schmidt 2006: 174). In view of the goal, the result was a raster of the categories relationship management and information management to which the principals were assigned as subcategories. The concrete elements of the subcategories on the one hand draw on the research of Gellner/Strohmeier (2002) and were on the other hand generated by a random examination of internet pages of different German federal and state parties, as well as with consideration to established Web 2.0 applications.

---

[20] A new article will be published late 2010 analyzing how political communication changes with Web 2.0 shortly before and after the federal election in Germany. Some preliminary results can also be found in chapter 7 of this article.

A lot of authors have already pointed to the various problems with scientifically investigating online content (cf. Welker et al 2010). The fleetingness of data and the dynamics of the medium resulting from its high degree of multimedia hamper reliable data analysis. The data collected can be found elsewhere a second later and thus open up a new interpretation; the non-linear structure of websites additionally often leads to an unmanageable depth of links (cf. Welker et al. 2010). The research at hand met this problem of linked websites. It therefore has – due to economical reasons and the question of the study – confined the research object : As the study only investigates the possibilities of participation, only those Web 2.0 elements that were placed prominently and thus easily found by users were coded. Consequently, the homepage was analyzed (cf. Dimitrova/Neznanski 2006) as well as the first level pages. If Web 2.0 elements could be found on these pages, they were linearly followed to the second level pages and to their indicated subpages until no more participatory elements could be found. The limitation of this procedure is that Web 2.0 elements could only be found on subpages when they linearly were mentioned on the preceding main pages. Thus, the less prominent placed elements were not considered in the analysis. From this it also follows that in the longitudinal analysis some participatory elements were temporarily not traceable. This is explicable because they were either removed from the website due to a revision or placed on subpages that were not investigated. However, the study focuses on the participatory possibilities that websites of German political parties offer. Therefore, the quality and not the quantity of the offers is decisive. Essential to this quality is that the elements are easy to find. It cannot be eliminated that political parties e.g. have a profile on Facebook without linking it on their website. The participatory elements offered on these external websites were not captured by this study.

The unit of analysis included all levels of each respective internet page. The federal parties had already been researched last year, thus allowing a comparison. The analysis of political party websites was complemented by qualitative guided interviews conducted with the representatives responsible for the internet pages. The interviews aim at identifying internet strategies and practices, as well as at illuminating internet-specific knowledge and attitudes on the basis of the question of how important participation is to the parties. A quantitative survey adds to the interviews. General information regarding the internet presence, the internet-related knowledge of the participants, and general assessments concerning the internet were collected, allowing the researchers to retrace several facets of the parties' approach towards dealing with Web 2.0 prior, during and after important elections (in addition to the parties, the project also examines the approaches of the media and other institutions to Web 2.0).

RESULTS

Interpersonal communication/ relationship management

Under consideration of deliberative politics, the participatory elements have to take centre stage, because they reflect in how far the party is willing to establish contact with the citizens. Via profiles on social networks, the German parties offer some participation. The SPD not only has a channel on YouTube but also accounts on Facebook, Flickr[21] and Twitter. The CDU is registered on the social networks YouTube, studiVZ[22] and Twitter and is thus not quite as active as the SPD. Figure 1 illustrates the presence of the parties in social networks.

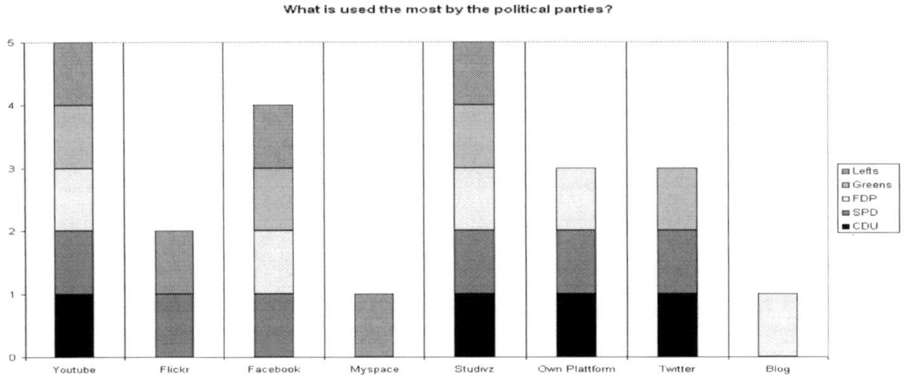

Figure 1 : Presence of the parties in social networks ; date : May 2009

Figure 1 shows that all parties represented in the German Bundestag have their own YouTube channel. The channel of the Green Party is named "Kanal Grün" ("channel green") ; the name of the FDP channel is "TVliberal". The second platform used most by the parties is studiVZ. Facebook, the best known social network for everyone (cf. Hitwise 2009), is used by every party except the CDU. The parties' own platforms, on which members can meet in a community, rank fourth among the Web 2.0 possibilities. The SPD and the FDP, for example, have established party networks in the form of community platforms named "meinespd.net" and "myfdp.de" respectively. Through these platforms members can be easily reached and mobilised.

---

21 On this platform users can upload photos for sharing.

22 StudiVZ is a very famous German social network platform on which students can network. It is similar to the Anglo-American Web 2.0 platform Facebook.

Interestingly, changes occur quickly. The data collected in March 2009, at a time when the debate regarding Web 2.0 use of the parties was just starting, show no activities on the studiVZ platform. In March, the micro-blogging service Twitter was only being used by the party "Die Grünen", while in May 2009 one already finds activities of the SPD and CDU on Twitter as well[23].

On their own websites, however, participatory offers have only been developed in a limited fashion which is visualised in Figure 2. SPD and Die Linke still communicate traditionally, via e-mail, while the CDU in 2008 implemented on its website a survey as an additional means of communication. The party « Die Grünen » added a comment function to their feedback form in 2009 and a discussion forum. The FDP ranks first when it comes to possibilities of enabling contact. In addition to contact via e-mail, established in 2008, they already initiated an info hotline, a wiki where citizens could also participate in the production of party position papers and a discussion forum. In 2009, they further added a comment function. With these offerings, the FDP already comes quite close to deliberative democracy. The study however does not investigate the quality of these possibilities and does not analyse to what extent comments of citizens find entrance into party politics. Live chats with politicians as well as influential elections, e.g. for positions, or possibilities for uploading files such as photos or videos were not offered by the parties.

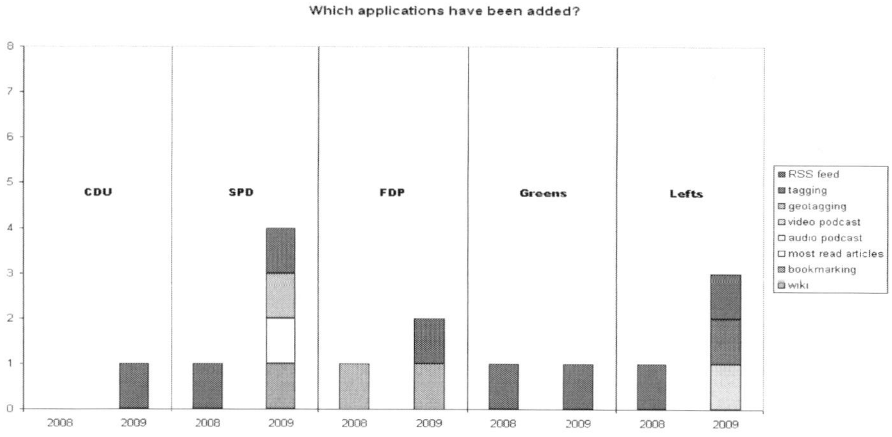

Figure :2: Contact and participation possibilities ; date : May 2009

23 The research only considered the use of Twitter by the parties. The activities of individual politicians on Twitter were not considered.

Information management

Web 2.0 elements not only serve to increase activity in social networks but also render the entire internet increasingly communication and user friendly. The present research has also analysed the parties in 2008 and 2009 regarding Web 2.0 elements with which a party disperses information about itself and its activities and has found varying increases of offers, which are expressed in Figure 3.

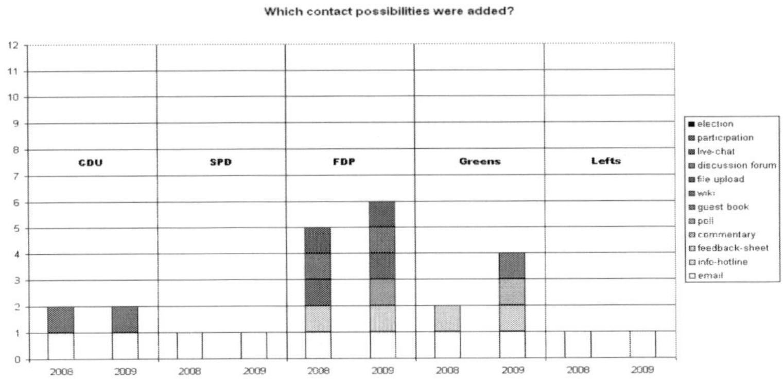

Figure :3: Federal parties using Web 2.0 ; date : May 2009

By 2009, RSS Feeds could be found on every site. From a technical point of view it is easy to include the Web 2.0 application « really simple syndication » on a web page. This application offers enormous possibilities for providing users with up-to-date information once they have registered for that feed. Geotagging and bookmarking were added to the political parties' web page offers in 2009. No clear pattern can be found in the new Web 2.0 elements offered by individual parties, except for the fact that overall the CDU features the fewest new offers on its site and the SPD the most.

Politics increasingly focuses on multimedia-based content. In comparison to 2008, parties uploaded a greater number of videos to their sites because videos play a central role in online election campaigns. With this, parties adapted their online strategies to the usage patterns of the population: Between 2008 and 2009 the use of videos increased from 55 to 62 percent (cf. Van Eimeren/Frees: 2009).

DISCUSSION / INTERPRETATION

Interpersonal communication / relationship management

This study has examined the party websites regarding their participatory elements, which offer citizens the possibility to become involved in political issues. These elements include public opinion polls and forums. In 2008, these offers were few, and so far they have only been expanded in a limited manner (especially by the FDP). The strong increase in multimedia content points to the fact that the technical possibilities of Web 2.0 are being employed. This, however, does not imply a move towards participation. By comparison, the FDP offers the greatest amount of possibilities for citizen contact, followed by the Green Party, the CDU, SPD and Linke. The FDP also ranks first in the number of possibilities for participation, followed by the SPD. Third place is shared by the CDU, Linke and Die Grünen.

The internet hype regarding social networking sites such as Facebook, Twitter and studiVZ has also been recognized by all parties of the Federal German Government. In Germany, studiVZ ranks fourth among the most widely used web portals and is thus even more frequented than the website of the most popular German newsmagazine, « Spiegel Online » (cf. IVW 2009). To solicit the votes of adolescents, the parties have to follow them onto the internet: In 2008, the Allensbach study showed that the internet has surpassed the newspaper as the most popular information source of the below 40 year old constituency (cf. Köcher 2008). Especially concerning studiVZ, the parties have adapted to the conventions of this network in order to appeal to young people. One can leave comments, click on photo albums, and even "Gruscheln" the party. "Gruscheln" is a special word which was first used on studiVZ. It has no official definition and, according to studiVZ CEO Oliver Scopec, was interpreted by the press as a combination of saying hello and cuddling ("grüßen" and "kuscheln"). It is roughly equivalent to "poking" on Facebook. On the platform the word is used individually and can therefore vary in meaning (cf. Skopec 2008). The German Chancellor Angela Merkel recently added a personal page on studiVZ on which one can "gruschel" her. Personal homepages of politicians have been the standard for years, but during election campaigns the parties have also discovered social networks as a means for getting their message out. The website « wahl.de » provides information regarding the activities of politicians and parties in social networks. The owners of the webpage claim to have found the following pattern: The debate-happy party "Die Grünen" places great emphasis on interactive platforms such as Twitter, while the FDP focuses on the representative form of videos on YouTube. The social democrats, i.e. the SPD, are most active on Facebook since they mainly target the middle class, the members of which are most frequently found on Facebook (cf. Schneider 2009 ; Roggenkamp 2009).

In terms of participation, it is primarily Facebook which is used by parties for entering into dialog with people. On Facebook, protest campaigns are advertised, and users can comment on the current political state or participate in live chats.

The Twitter entries of SPD and Die Grünen lead to their respective homepages, while the CDU simply advertises its political agenda on Twitter. This kind of networking thus does not allow conclusions regarding the will to offer participation. Twitter is rather used as an instrument for attracting interest. "Because Obama used Twitter, an amazing number of politicians are using Twitter in the election year. If only they knew what for" (Staun 2009: 31, own translation).

Only the FDP started offering participatory elements on its website. Via discussion forum and wiki the party gives citizens the possibility to engage with party politics.

The Web 2.0 applications theoretically offer many approaches for implementing a deliberative policy as they allow many people to be included in debates. In this context, parties could establish points of intersection in order to promote deliberation. But so far the results generally show that German political parties offer too few participatory elements for the implementation of deliberative politics (cf. Leggewie/Bieber 2003; Welz 2002), although social networks are a first step in the right direction. Characteristic of Web 2.0 platforms is the idea of communicative networking of content and people (cf. Friedmann 2007: 45; Kilian et al. 2008: 12).

Consequently, one can hardly speak of a participation in political debates via the net. Therefore, there can be no talk of a dehierarchization of political communication, because people are given too few opportunities to discuss contents - communication remains top-down: the party dictates the content while the public listens.

The present study is still missing interviews with party leaders. With respect to the Federal State of Bremen, however, the study has already been completed and the results allow a number of conclusions regarding the federal level. Relating to the possibilities of Web 2.0 and general internet use, the responsible people exhibited considerable knowledge gaps. From this one can infer that politics has not yet recognized the importance of the web. The percentage of the public using the internet was underestimated and the concept of Web 2.0 and its elements were correctly defined only to a limited extent. But the main problem was the scepticism regarding illegal content, which could potentially be posted by users (cf. Witte et al. 2009). The operators of the web pages feel responsible for the content and have only limited personnel and financial resources for its control (cf. ibid.). During election campaigns there are sufficient funds, but apparently they are not or only little used for participation on the internet, possibly because this would also make it more difficult to govern the discourse. In her research concerning political institutions in Austria, Brunauer even states that the scepticism is greater the more a Web 2.0 application includes the users (cf. Brunauer 2008: 249). Parties, however, spend more time in social networks in order to enlist new members or voters and place greater emphasis on activities that go beyond their own party websites. Their sites do contain communities for networking of like-minded groups (cf. Dahlberg 2005), but this form of networking is less pronounced than other network activities.

Information management

The analysis showed that German politics mainly relies on videos. The fact that all parties are using YouTube is logical insofar as this platform is the market leader among video platforms (cf. Hitwise 2009). There are two other reasons for focussing on video presentation on the internet. On the one hand, 60 percent of the German households have a broadband connection (cf. Bitkom 2009) and therefore easy access to videos. On the other hand, the use of videos on the internet strongly increased. 55 percent of the so-called "onliners" used videos in 2008. Among the 14 to 29 year old users 82 percent regularly viewed videos on the internet (cf. ARD/ZDF Online-Studie 2008). The German parties therefore follow the users onto the web and try to reach them by means of videos, primarily during the election campaign.

The YouTube-channels as well as the websites of the parties in general are strongly reminiscent of U.S. political homepages. The German election campaigns have always used the American standard as a role model. It would therefore be consistent if, following Obama's intense Internet campaign; the German election campaign would also increasingly relocate to the internet. But the German political system is not comparable with that of the U.S., and the typical personalized politics exhibited by the U.S. exists only to a limited extent in Germany.

Conclusion

In recent years, the German political system has been faced with two demanding processes: A decrease in political engagement has put the legitimation of political parties and political decisions into question, while simultaneously the proliferation of new online media has fragmented the public sphere into parts. The theoretical discussion has shown that the internet and Web 2.0 contribute in an exclusive – and for the democratic process indispensable – way to the direct exchange between the populace and political actors. It is the online media that are « predestined to organise discourse among remotely living and diachronically communicating participants » (Leggewie/Bieber 2003: 144, own translation). Web 2.0 offers the most interesting aspects of online communication for political party communication. The applications and technologies of Web 2.0 even enforce the communication, information and participation potential of the internet as only they offer the technical requirements and the tools for intensified interaction, participation and innovative information management. The hierarchical top-down communication flow with its one-way structures could be dissolved in Web 2.0 in favour of a reinforced involvement of the public in political discourses, approaching the ideal of Habermas' public sphere as well as the principal of the sovereignty of the people. If the results of this deliberation are then utilized, the legitimation of political decisions is simultaneously secured by ensuring democratic input and output (cf. Coenen 2005: 4f. ; Scharpf 1998). The potential for an increase in democracy is thus given. But as Dahlberg (2007) states, a re-democratisation in view of the fragmentation of the public only exists if platforms are offered for inter-discursive contestation, especially of the dominating discourse (Dahlberg 2007 ; Habermas 2008). Political parties ought to be possible carriers of these platforms. In Germany, it is legally fixed that they have the task to be the "mediator through which the political will of the citizens can [...] be carried out in-between the ballots" (Bundesverfassungsgericht 44 : II, 2, own translation). This raises the question of in what way political parties can serve as a kind of junction in order to re-unite the possibly fragmented parts of the public. For this purpose they must operate in the, to a certain extent already occupied, parts of the net, for example in social networks. Furthermore, they must offer participation possibilities on their own websites in order to create these junctions, so that the already fragmented public can meet on them. If then they link to each other in the political discourses, the fragmentation could be bridged.

Practically, however, there is no talk about that. The conclusion of the analysis instead is as surprising as disillusioning: The websites of the parties do not offer many possibilities for public participation in political decisions. Although the politicians are active on social platforms such as studiVZ and Facebook, it seems that this is solely for marketing purposes and not for facilitating political participation. The empirical investigation has shown that Web 2.0 is not sufficiently offered on the websites of the federal political parties. Thus, there can be no talk of a structural change of the public sphere. The political parties have admittedly extended their activities to social networking sites and follow young adults into the highly used studiVZ in order to approach a possible new electorate and to bind already existing electors. Facebook and Twitter are also newly integrated social networks that receive a strong interest from the parties. However, these networking activities mainly serve marketing purposes and "member-production", and only to a limited extent the participation in political discourses. At least at studiVZ and Facebook the user is given the chance to leave a comment and to discuss political content. Also the FDP started to offer participatory elements such as a discussion forum and a wiki. But in what way these comments and discussions are integrated into political decision making processes is a question for content analysis or – in the research project following – qualitative interviews. On their own websites, the political parties generally stick to traditional modes of communication and offer only few possibilities to engage in their political communication. The main augmentation in terms of Web 2.0 applications can be observed in multimedia formats. This however does not lead to more political participation as users themselves are not able to submit content. Further analysis of the developments in and after the election campaign 2009 by the authors follow.

This paper contributed to characterizing the online engagement of political parties and thus to the « internet-effect-discussion » from a communicator research perspective. The results of the empirical research have shown that the online communication of the federal political parties of Germany offers only few applications that hint at a development towards a deliberative democracy. And these few offered applications are in turn first and foremost geared towards like-minded groups. Inter-discursive contestation is still not possible: Users can take part in political occurrences through social platforms or party-integrated communities, but are not able to take part in decision-making processes.

OUTLOOK

The websites were analyzed again in September 2009, shortly before and after the election. In addition to that another survey was taken in February 2010 to determine if the websites had changed a few months after the election. The new results of the study shortly before and after the election show that there is a noticeable change in reference to participation because CDU and SPD implemented a live chat in which citizens can discuss issues with politicians. The FDP and the Lefts went one step further by integrating citizens in the election campaign asking them to decide on the party program or to discuss current topics. This is more than any other party offers, especially since these parties assert that they will use the feedback to improve their programs. Whether they will actually do that cannot be proved now; this is an opportunity for further research. What can be said is that at least one party is trying to use citizens' feedback._Implementing live chats and asking citizens about political issues presents new possibilities for participation. In February 2010, the FDP still asked citizens to decide on the election program. This can definitely be called progress towards participation. It is likely that other parties will follow them.

Including the opinions and ideas of citizens would take this one step further. If this is the case one could argue that Web 2.0 features will be the basis for more democratization and at least a little revolution in political communication[24].

REFERENCES BIBLIOGRAPHIQUES

Abramson, P. Claggett, W. (2001). Recruitment and political participation. Political *Research Quarterly, 54*, 905-916.

Albrecht, Steffen ; Hartig-Perschke, Rasco ; Lübcke, Maren (2008) : Wie verändern neue Medien die Öffentlichkeit? Eine Untersuchung am Beispiel von Weblogs im Bundestagswahlkampf 2005. In : Stegbauer, Christian ; Jäckel, Michael (Eds.) : Social Software – Formen der Kooperation in computerbasierten Netzwerken, VS Verlag für Sozialwissenschaften/GWV Fachverlage GmbH, Wiesbaden, pp. 95-118.

Alemann, Ulrich von (2003) : Das Parteiensystem der Bundesrepublik Deutschland, Bundeszentrale für politische Bildung, Bonn.

Beck, Ulrich (1993) : Die Erfindung des Politischen – Zu einer Theorie reflexiver Modernisierung, Suhrkamp Verlag, Frankfurt am Main.

Beyme, Klaus von (2001) : Funktionswandel der Parteien in der Entwicklung von der Massenmitgliederpartei zur Partei der Berufspolitiker. In : Gabriel, Oscar W. ; Niedermayer, Oskar ; Stöss, Richard (Eds.) : Parteiendemokratie in Deutschland, Bundeszentrale für politische Bildung, 2. aktualisierte Auflage, Bonn.

Bimber, B. (1998) : The Internet and political transformation : Populism, community, and accelerated pluralism. Polity 31(1):133–61.

Bitkom (2009) : Schmalband-Internet wird kaum noch genutzt. Found online at : http://www.bitkom.org/de/presse/8477_59547.aspx. Retrieval date : 29.06.2009.

Blumler, Jay G. and Michael Gurevitch (2001) 'The New Media and Our Political Communication Discontents : Democratizing Cyberspace' , Information, Communication & Society 4(1), pp. 1-13.

Bode, Bernhard (2007) : Wahlbeteiligung ein Alarmsignal. In : Deutscher Bundestag (Eds.) : Das Parlament, Nr. 18, 30.04.2007, Berlin. Found online at : http://www.bundestag.de/dasparlament/2007/18/innenpolitik/14750882.html. Retrieval date : 27.02.2008.

Bonfadelli, Heinz (1994). Die Wissenskluftperspektive. Massenmedien und gesellschaftliche Information. Konstanz : Ölschläger.

Boulianne, Shelley (2009) : Does Internet Use Affect Engagement? A Meta-Analysis of Research',Political Communication,26:2, pp. 193 — 211.

[24] The final results will be published late 2010.

Bräuer, Marco ; Seifert, Markus ; Wolling, Jens (2008) : Politische Kommunikation 2.0 – Grundlagen und empirische Ergebnisse zur Nutzung neuer Partizipationsformen im Internet. In : Zerfaß, Ansgar ; Welker, Martin ; Schmidt, Jan (Eds.) : Kommunikation, Partizipation und Wirkungen im Social Web. Band 2 : Anwendungsfelder : Wirtschaft, Politik, Publizistik. Köln : Herbert von Halem, pp. 188–209.

Brunauer, Tina (2008) : Social Software in politischen Kampagnen : Strategien von politischen Organisationen in Österreich. In : Zerfaß, Ansgar ; Welker, Martin ; Schmidt, Jan (Eds.) : Kommunikation, Partizipation und Wirkungen im Social Web, Band 2 : Strategien und Anwendungen : Perspektiven für Wirtschaft, Politik und Publizistik, Herbert von Halem-Verlag, Köln.

Budge, Ian (1996) : The new challenge of direct democracy. Oxford : Polity Press.

Bundesverfassungsgericht 44, 125. Found online at : http://www.servat.unibe.ch/dfr/bv044125.html. Retrieval date : 17.02.2008.

Bundesverfassungsgericht 85, 264. Found online at : http://www.servat.unibe.ch/dfr/bv085264.html. Retrieval date : 17.02.2008.

Bundeszentrale für politische Bildung (Eds.) (2002) : Grundgesetz für die Bundesrepublik Deutschland, Bundeszentrale für politische Bildung, Bonn.

Dahlberg, Lincoln (2007) : Rethinking the fragmentation of the cyberpublic : from consensus to contestation. New Media & Society, Vol. 9, No. 5, pp. 827-847.

Döring, Nicola (2003). Sozialpsychologie des Internet. Die Bedeutung des Internet für Kommunikationsprozesse, Identitäten, soziale Beziehungen und Gruppen, 2., vollständig überarbeitete und erweiterte Aufl., Buchreihe "Internet und Psychologie : Neuen Medien in der Psychologie". Göttingen, Hogrefe.

Egloff, Daniel (2002) : Digitale Demokratie : Mythos oder Realität? Auf den Spuren der demokratischen Aspekte des Internets und der Computerkultur, Westdeutscher Verlag GmbH, Wiesbaden.

Gabriel, Oscar W. ; Brettschneider, Frank (1998) : Politische Partizipation. In : Jarren, Otfried ; Sarcinelli, Ulrich ; Saxer, Ulrich (Eds.) : Politische Kommunikation in der demokratischen Gesellschaft – Ein Handbuch mit Lexikonteil, Westdeutscher Verlag GmbH, Opladen/Wiesbaden.

Gellner, Winand ; Strohmeier, Gerd (2002) : Parteien in Internet-Wahlkämpfen. In : Alemann, Ulrich von ; Marschall, Stefan (Eds.) : Parteien in der Mediendemokratie, 1. Auflage, Westdeutscher Verlag GmbH, Wiesbaden.

Gerhards, Jürgen (1998a) : Öffentlichkeit. In : Jarren, Otfried ; Sarcinelli, Ulrich ; Saxer, Ulrich (Eds.) : Politische Kommunikation in der demokratischen Gesellschaft – Ein Handbuch mit Lexikonteil, Westdeutscher Verlag GmbH, Opladen/Wiesbaden.

Gscheidle, Christoph ; Fisch, Martin (2008) : Mitmachnetz Web 2.0 : Rege Beteiligung nur in Communitys. Found online at : http://www.ard-zdf-onlinestudie.de/fileadmin/Online08/Fisch_II.pdf. Retrieval date : 26.11.2008.

Gerhards, Jürgen (1998b) : Öffentlichkeit. In : Jarren, Otfried ; Sarcinelli, Ulrich ; Saxer, Ulrich (Eds.) : Politische Kommunikation in der demokratischen Gesellschaft – Ein Handbuch mit Lexikonteil, Westdeutscher Verlag GmbH, Opladen/Wiesbaden.

Gesetz über die politischen Parteien. Found online at : http://www.bpb.de/wissen/INTCH5,0,0,Allgemeine_Bestimmungen.html. Retrieval date : 17.02.2008.

Gluchowski, Peter ; Graf, Jutta ; Wilamowitz-Moellendorff, Ulrich von (2001) : Sozialstruktur und Wahlverhalten in der Bundesrepublik Deutschland. In : Gabriel, Oscar W. ; Niedermayer, Oskar ; Stöss, Richard (Eds.) : Parteiendemokratie in Deutschland, Bundeszentrale für politische Bildung, 2. updated edition, Bonn.

Habermas, Jürgen (1990) : Strukturwandel der Öffentlichkeit, Frankfurt.

Habermas, Jürgen (2008) : Ach, Europa. Suhrkamp Verlag, Frankfurt am Main.

Hayward, Jack (ed.) (1995) The Crisis of Representation in Europe, Frank Cass, London.

Hitwise (2009) : Top Social Networking Websites. Found online at : http://www.hitwise.com/datacenter/main/dashboard-10133.html. Retrieval date : 29.06.2009

Infratest dimap (2006) : DeutschlandTREND – Eine Umfrage zur politischen Stimmung im Auftrag der ARD-Tagesthemen und acht Tageszeitungen, Berlin. Found online at : http://www.infratest-dimap.de/download/dt0611.pdf. Retrieval date : 27.02.2008.

IVW (2009) : Online-Nutzungsdaten 05/2009. Found online at : http://www.ivwonline.de/ausweisung2/search/ausweisung.php. Retrieval date : 16.06.2009.

Jensen, M. J. ; Danziger, J. N., ; Venkatesh A. (2006) : Civil Society and Cyber Society : The Role of the Internet in Community Associations and Democratic Politics. The Information Society, Vol 23, No 1, pp. 39-50.

Kamps, Klaus (2002) : Kommunikationsmanagement in der Politik : Anmerkungen zur „zirzensischen« Demokratie. In : Nieland, Jörg-Uwe ; Rössler, Patrick ; Schatz, Heribert (Eds.) : Politische Akteure in der Mediendemokratie – Politiker in den Fesseln der Medien?, Westdeutscher Verlag GmbH, Wiesbaden.

Kilian, Thomas ; Hass, Berthold H. ; Walsh, Gianfranco (2008) : Grundlagen des Web 2.0. In : (dies.) (Eds.) : Web 2.0 – Neue Perspektiven für Marketing und Medien, Springer-Verlag, Berlin Heidelberg.

Krueger, B. (2002) : Assessing the potential of Internet political participation in the United States : A resource approach. American Politics Research, 30, pp. 476-498.

Krueger, Brian S. (2006) : A Comparison of Conventional and Internet Political Mobilization. American Politics Research, Volume 34 Number 6, pp. 759-776.

Leggewie, Claus ; Bieber, Christoph (2003) : Demokratie 2.0 – Wie tragen neue Medien zur demokratischen Erneuerung bei? In : Offe, Claus (Ed.) : Demokratisierung der Demokratie – Diagnosen und Reformvorschläge, Campus Verlag GmbH, Frankfurt/Main.

Meyer, Christoph (1999) : Political Legitimacy and the Invisibility of Politics : Exploring the European Union's Communication Deficit. In : Journal of Common Market Studies, Vol 37, No. 4, pp. 617-639.

Moorstedt, Tobias (2008) : Jeffersons Erben – Wie die digitalen Medien die Demokratie verändern. Frankfurt am Main : Suhrkamp Verlag

Poguntke, Thomas (1997) : Politische Parteien. In : Gabriel, Oscar ; Holtmann, Everhard (eds.) : Handbuch politisches System der Bundesrepublik Deutschland, München, R.Oldenbourg Verlag, pp. 501-523.

Sarcinelli, Ulrich (1998a) : Parteien und Politikvermittlung : Von der Parteien- zur Mediendemokratie?. In : ebd. (Ed.) : Politikvermittlung und Demokratie in der Mediengesellschaft – Beiträge zur politischen Kommunikationskultur, Bundeszentrale für politische Bildung, Bonn.

Sarcinelli, Ulrich (1998b) : Parteien. In : Jarren, Otfried ; Sarcinelli, Ulrich ; Saxer, Ulrich (Eds.) : Politische Kommunikation in der demokratischen Gesellschaft – Ein Handbuch mit Lexikonteil, Westdeutscher Verlag GmbH, Opladen/Wiesbaden.

Sarcinelli, Ulrich (1998c) : Legitimität. In : Jarren, Otfried ; Sarcinelli, Ulrich ; Saxer, Ulrich (Eds.) : Politische Kommunikation in der demokratischen Gesellschaft – Ein Handbuch mit Lexikonteil, Westdeutscher Verlag GmbH, Opladen/Wiesbaden.

Saxer, Ulrich (2007) : Politik als Unterhaltung – Zum Wandel politischer Öffentlichkeit in der Mediengesellschaft, UVK Verlagsgesellschaft mbH, Konstanz.

Scharpf, Fritz W. (1998) : Interdependence and Democratic Legitimation, MPIfG Working Paper 98/2, September 1998. Found online at : http://www.mpifg.de/pu/workpap/wp98-2/wp98-2.html. Retrieval date : 20.06.2009.

Scharpf, Fritz W. (1970) : Demokratietheorie zwischen Utopie und Anpassung. Konstanz : Universitätsverlag.

Schenk ; Michael ; Döbler, Thomas (1998) : Politische Kommunikation – Soziologische Perspektiven. In : Jarren, Otfried ; Sarcinelli, Ulrich ; Saxer, Ulrich (Eds.) : Politische Kommunikation in der demokratischen Gesellschaft – Ein Handbuch mit Lexikonteil, Westdeutscher Verlag GmbH, Opladen/Wiesbaden.

Schmidt, Jan (2006) : Weblogs – Eine kommunikations- und soziologische Studie, UVK Verlagsgesellschaft mbH, Konstanz.

Schneider, Johannes (2009) : Gruscheln wie Obama. In : Der Tagesspiegel vom 4. Mai 2009. Found online at : http://www.tagesspiegel.de/politik/deutschland/Barack-Obama ;art122,2788568. Retrieval date : 25.06.2009.

Schorn, Karina ; Gisart, Brigitte (2010) : Wahlverhalten bei der Bundestagswahl 2009 nach Geschlecht und Alter. Ergebnisse der repräsentativen Wahlstatistik. In : Statisches Bundesamt (Ed) : Wirtschaft und Statistik 3/2010. Found online at : http://www.destatis.de/jetspeed/portal/cms/Sites/destatis/Internet/DE/Content/Publikationen/Querschnittsveroeffentlichungen/WirtschaftStatistik/Wahlen/Wahlverhalten2009,property=file.pdf.

Sclove, R. E. (1995) : Making technology democratic. In : Brook, J. ; Boal, I. (Eds) : Resisting the virtual life : The culture and politics of information, San Francisco, City Lights, pp. 85–101.

Shah, Dhavan V. ; Cho, Jaeho ; Eveland, Willieam P. Jr. ; Kwak, Nojin (2005) : Information and expression in a digital age : Modeling Internet effects on civic participation. Communication Research, 32 (5), pp. 531-565.

Skopec, Oliver (2008) : Antworten von Oliver Skopec. Found online at : http://www.mehrblog.net/2008/08/47912/antworten-von-oliver-skopec/ Retrieval date : 16.06.2009.

Statistisches Bundesamt (Ed.) (2006) : Datenreport 2006 – Zahlen und Fakten über die Bundesrepublik Deutschland, Bundeszentrale für politische Bildung, Bonn. Found online at : http://www.destatis.de/jetspeed/portal/cms/Sites/destatis/Internet/DE/Content/Publikationen/Querschnittsveroeffentlichungen/Datenreport/DatenreportDownload,templateId=renderPrint.psml. Retrieval date : 21.02.2008.

Strohmeier, Gerd (2004a) : Die Modernisierung der Wahlkämpfe in Deutschland. In : Karp, Markus ; Zolleis, Udo : Politisches Marketing – Eine Einführung in das politische Marketing mit aktuellen Bezügen aus Wissenschaft und Praxis. LIT Verlag, Münster.

Sunstein, C. (2001) : Republic.com. Princeton University Press, Princeton.

Tichenor, Phillip ; Donohue, George ; Olien, Clarice (1970) : Mass Media Flow and Differential Growth in Knowledge. In : Public Opinion Quarterly, 34, pp. 159-170.

Van Eimeren, Birgit, Frees, Beate (2009) : Nutzungsoptionen digitaler Audio- und Videoangebote. In : Media Perspektiven 7/2009, pp. 349-355.

Vowe, Gerhard (2002) : Politische Kommunikation. Ein historischer und systematischer Überblick der Forschung. In : Technische Universität Ilmenau (eds.) : Diskussionsbeiträge aus dem Institut für Medien- und Kommunikationswissenschaft, Nr. 8, Ilmenau.

Vowe, Gerhard ; Wolling, Jens ; Emmer, Martin ; Seifert, Markus (2007) : Politische Online-Kommunikation (DFG-Projekt) – Entwicklung der individuellen politischen Online-Kommunikation in Deutschland. Found online at : http://www.politische-online-kommunikation.de/. Retrieval date : 01.03.2008.

Ward, S., Gibson, R.K., Lusoli, W. (2003) : Online participation and mobilisation in Britain : hype, hope and reality, Parliamentary Affairs, Vol. 56 No.4, pp.652-68.

Welz, Hans-Georg (2002) : Politische Öffentlichkeit und Kommunikation im Internet. In : Bundeszentrale für politische Bildung (Ed.) : Aus Politik und Zeitgeschichte B 39-40/2002. Found online at : http://www.bpb.de/files/51GR9W.pdf. Retrieval date : 30.01.2008.

Witte, Barbara (2008) : Journalismus – Partizipation – Öffentlichkeit. In : Zerfaß, Ansgar ; Welker, Martin ; Schmidt, Jan (Eds.) : Kommunikation, Partizipation und Wirkungen im Social Web, Band 2 : Strategien und Anwendungen : Perspektiven für Wirtschaft, Politik und Publizistik, Herbert von Halem-Verlag, Köln.

Yang, Mundo (2008) : Jenseits des „Entweder-Oder« : Internet als konventioneller Teil der Demokratie. In : kommunikation@gesellschaft, Jg. 9, Beitrag 3. Found online at : http ://www.soz.unifrankfurt. de/K.G/B3_2008_Yang.pdf. Retrieval date : 10.01.2009.

Zerfaß, Ansgar ; Bogosyan, Janine ; Silberberger, Isabella ; Opercan, Martin (2007) : Blogstudie 2007 – Informationssuche im Internet - Blogs als neues Recherchetool. Found online at : http://www.blogstudie2007.de/. Retrieval date : 01.04.2008.

Médias participatifs et relations communautaires : une compétence de communication au service de l'information

Marielle Metge
Chef du département SRC IUT St Raphael
I3M EA 3820, Université Sur Toulon Var

INTRODUCTION

Les NTIC ont permis l'émergence de nouvelles pratiques en matière d'information et de diffusion de contenus, ainsi, produire, diffuser et/ou « consommer » l'information ensemble est devenu chose courante depuis l'avènement d'Internet et plus récemment du Web 2.0. De nouveaux dispositifs apparaissent donc aujourd'hui : médias participatifs, journalisme citoyen, audience active, médias alternatifs. Ces dispositifs posent la question de comment fonctionnent ces nouveaux usages qui se veulent participatifs ?

Nous portons notre attention, plus particulièrement, sur les médias participatifs qui sont en réalité des médias décentrés. En effet, ce ne sont plus des journalistes et rédacteurs professionnels qui écrivent des articles, mais toutes les personnes qui le souhaitent. Elles permettent ainsi d'apporter un point de vue différent, nouveau, un complément à une information d'un journal traditionnel. L'intérêt de ces espaces participatifs est que l'information est très rapide, et souvent alternative. Outre la publication d'articles, les individus peuvent y réagir pour dire qu'ils sont d'accord ou non, et peuvent ainsi débattre. Chacun peut apporter son expérience, son point de vue qu'il ait des compétences de rédacteur ou non.

Nous discutons alors la démarche sous-jacente à ces nouveaux dispositifs et les questions que cela pose dans la mesure où le but du média participatif est que tout le monde peut y participer, sans avoir de qualification particulière et pré requis dans le domaine rédactionnel et journalistique ou dans le domaine du sujet traité. Nous utilisons pour cela une étude empirique menée avec des étudiants de formation multimédia, dans le cadre de la production et de la diffusion d'un article sur un média participatif de leur choix. Les étudiants ont été interrogés sur la démarche d'édition, sur les représentations de ce nouveau dispositif, l'esprit communautaire et sa dynamique, sur les aspects déontologiques de l'information diffusée et enfin sur ce qui semble faire, pour eux, la différence avec l'information diffusée par les médias traditionnels.

Cette étude nous permet de définir un nouveau type de relation, qui semble démanteler la relation émetteur-récepteur, là où le lecteur est aussi rédacteur. Dès lors la notion de partage de l'information prend son sens, à partir de la distinction entre contribution, collaboration et participation. L'usage du média participatif modifie en profondeur les relations de groupes humains car il bouscule complètement les relations hiérarchiques et les relations de pouvoir au sein de nos sociétés. Elle nous autorise aussi, une approche de l'information, « non journalistique ». Cette approche nous interroge sur la construction et la crédibilité de l'information mais aussi sur le statut du « tous journalistes ». Elle montre néanmoins qu'une dynamique communautaire se développe sur le principe d'une créativité, non exacerbée par le flux important des contenus. Il ne s'agit pas de se « faire un nom » mais bien de participer aux débats et de construire ensemble l'information. Nous proposons enfin, d'animer le débat sur l'opportunité qu'ont les médias « traditionnels » de se servir de ce nouveau système d'échange et d'en discuter alors, l'intérêt pour eux, de ces nouveaux usages.

Les médias aujourd'hui

L'ensemble des médias représente aujourd'hui la clé de voûte de la société de l'information... et de la communication. Les médias modernes, très largement utilisés, voire consommés sont au centre des réflexions et discussions politico sociales. Les Nouvelles Technologies de l'Information et de la Communication ont permis l'émergence de nouvelles pratiques en matière d'information et de diffusion de contenus, tant il est devenu souhaitable de privilégier les processus interactifs et participatifs plutôt que la production et la diffusion d'information, isolées des processus communautaires.

Ainsi, produire, diffuser et/ou « consommer » l'information ensemble est devenu chose courante depuis l'avènement d'Internet et plus récemment du Web 2.0.

De nouveaux dispositifs apparaissent donc aujourd'hui : médias participatifs, journalisme citoyen, audience active, médias alternatifs. Ces dispositifs posent la question de comment fonctionnent ces nouveaux usages qui se veulent participatifs ?

Nous portons notre attention, plus particulièrement, sur les médias participatifs qui sont en réalité des médias décentrés. Les Média Participatifs (MP) sont des espaces informatisés en ligne regroupant sous un même nom de domaine des textes édités de façon continue et interactive. Les MP sont ainsi confrontés au double problème de la lisibilité de leurs contenus et de l'organisation du travail d'édition. En effet, ce ne sont plus des journalistes et rédacteurs professionnels qui écrivent des articles, mais toutes les personnes qui le souhaitent. Elles permettent ainsi d'apporter un point de vue différent, nouveau, un complément à une information d'un journal traditionnel. Il s'agit là, plus d'un vecteur d'opinion que d'un vecteur d'information (July, 2006), les médias participatifs sont plus proches des internautes et perçus comme appartenant à leur communauté. Ils créent un lien direct et interactif avec leurs publics. C'est pourquoi ils ne peuvent plus être ignorés.

L'intérêt de ces espaces participatifs réside dans une information rapide, et souvent alternative. Outre la publication d'articles, les individus peuvent y réagir et dire s'ils sont d'accord ou non. Ils peuvent ainsi débattre. Chacun peut apporter son expérience, son point de vue qu'il ait ou non, des compétences de rédacteur. L'actualité disparaît au profit de l'instantanéité. Aujourd'hui, avec Internet, ce sont des centaines de réseaux qui se constituent, des milliers d'internautes anonymes (ou non) qui se rencontrent sur la toile pour travailler ensemble et donner LEUR vision de « l'actu » et raconter en direct la manière dont ils la vivent et exprimer leur point de vue.

MEDIAS PARTICIPATIFS : COMMENT ÇA MARCHE ?

La démarche sous-jacente à ces nouveaux dispositifs est simple, le but étant que tout le monde peut y participer, sans avoir de qualification particulière et pré requis dans le domaine rédactionnel et journalistique ou dans le domaine du sujet traité. On peut distinguer plusieurs grands types de médias participatifs : les médias auto produits et auto gérés et les médias auto régulés.

Les médias auto produits et auto gérés

Il n'y a pas d'équipe rédactionnelle ou journalistique avec des membres clairement définis, comme Agoravox, Rue89 par exemple. Ce type de site compte uniquement sur l'investissement bénévole de citoyens pour l'alimenter en contenu et créer une dynamique communautaire. Il propose des modes de publication et d'édition alternatifs, basés sur l'auto production et l'auto régulation des contenus. Chaque individu est à la fois consommateur et producteur du média. Pourtant, l'auto régulation est essentiellement pratiquée par des catégories de « super-utilisateurs » dont le pouvoir et le degré d'implication dépassent amplement ceux des simples participants.

Un contrôle et une sélection des meilleurs articles sont effectués en amont en fonction d'un certain nombre de critères : fiabilité des informations, pertinence des arguments, proximité avec l'actualité, clarté du langage utilisé. La publication des articles est validée par le comité de rédaction et plusieurs salariés. Un vote a lieu pour chaque article proposé, avec un quota minimal à atteindre pour être publié. Les articles sont ici engagés, expriment un point de vue. L'idée essentielle est de se baser sur des citoyens et non des professionnels.

Les médias auto régulés

Là une équipe rédactionnelle clairement définie publie du contenu. Il s'agit de journalistes professionnels. La participation se fait au niveau des commentaires, qui sont régulés par des médiateurs (eux-mêmes utilisateurs) qui éliminent les commentaires sans rapport, diffamatoires ou insultants. Il s'agit alors plus de conversation-débat sur le sujet d'actualité de l'article. Ainsi le contenu résulte d'une enquête journalistique réalisée dans les règles de l'art, et ouvre la voie à un débat entre citoyens et journalistes, apportant de nouveaux éclairages.

Pour citer quelques exemples, nous retiendrons :

- Agoravox où tout le monde peut écrire des articles, il suffit pour cela d'être inscrit. Néanmoins, on doit respecter une politique éditoriale, à la manière d'un groupe de presse.
- Rue89 : Les articles sont écrits par des journalistes professionnels, des experts, ou des étudiants en journalisme. Les internautes peuvent réagir.
- MediaCitoyen.fr : journal participatif gratuit permettant à n'importe qui de réagir, le critère qualitatif étant la qualité de l'information fournie.
- YouVox : portail de webzine participatifs en accès libre et gratuit, accès sur la technique.
- Mediapart.fr : Le portail participatif d'Edwy Plenel ; ancien directeur de la rédaction du « Monde », qu'il quitte en 2004. A la différence des autres plates-formes, celle-ci est payante. Il est soutenu par de nombreux politiques, de Mamère à Bayrou, mais, le soutien plus médiatisé fut sans doute celui de Ségolène Royal pendant l'élection présidentielle, qui recommanda à ses membres l'abonnement systématique à mediapart.fr

- Wikipedia.fr : la célèbre encyclopédie universelle en ligne, accessible à tous, qui, est un peu victime de son succès, comme le dénotent certains chercheurs comme Andrew Keen : « Wikipedia, l'encyclopédie en ligne collaborative en tête des recherches mondiales, n'a pas plus de valeurs qu'un Trivial Poursuit, avec plein d'erreurs et de demi-vérités [...] »
- Planeta Terra : média collaboratif sur les thèmes et enjeux sociaux, environnementaux, la mondialisation, le changement climatique.
- Terra Economica : vulgarisation de l'économie et des enjeux du développement durable.

Techniquement, il est obligatoire de s'inscrire, et de respecter la charte « journalistique » ou « netiquette » du site ; d'autre part, il faut aussi respecter l'orientation politique du portail, ou faire très attention aux sources et à la bonne qualité de l'information donnée.

Il est aussi parfois essentiel d'exposer son « cv » dans des endroits tels qu'Agoravox, afin d'acquérir un peu plus de crédibilité. Certains sites se réservent le droit d'effacer le contenu si celui-ci ne plaît pas à la rédaction, il y a donc une certaine forme de censure. Nous le voyons bien, ces nouveaux dispositifs intéressent autant qu'ils interrogent d'autant que comme le souligne Marc Tessier (2007), même si la qualité et la démarche quasi-professionnelle des internautes sur certains médias citoyens sont avérées, la question reste posée quant aux frontières permettant d'accéder au statut de journaliste. Il ressort du débat actuel (9 octobre dernier à la bibliothèque de Lyon). Le journalisme aujourd'hui se fait en dehors du cercle des journalistes professionnels car tout le monde a la possibilité d'être un « capteur de l'information ». Le rôle de lecteur s'est amplifié et son statut a changé, de passif, il est devenu actif. Le journaliste professionnel garde toutefois toute sa crédibilité car les exigences de sa profession l'amènent à suivre une démarche de recherche, d'investigation, de veille, de tri et de sélection de l'information crédible et donc de situer son propos et de dénoncer les dérives possibles via les médias participatifs.

ETUDE EMPIRIQUE DE L'UTILISATION D'UN MP

Pour tester ces dispositifs, nous avons mis en place une étude empirique avec des étudiants de formation multimédia, dans le cadre de la production et de la diffusion d'un article sur un média participatif de leur choix. Les étudiants ont été interrogés sur la démarche d'édition, sur les représentations de ce nouveau dispositif, l'esprit communautaire et sa dynamique, sur les aspects déontologiques de l'information diffusée et enfin sur ce qui semble faire, pour eux, la différence avec l'information diffusée par les médias traditionnels.

Ces étudiants (une soixantaine) répondaient aux critères de motivation, compétences et engagements des rédacteurs des nouveaux médias issus de l'enquête d'Aurélie Aubert (2009). En effet, âgés de 17 à 25 ans, ils sont nés dans ce mouvement du « tout Internet » et bénéficient, par leur formation des moyens techniques nécessaires à l'utilisation d'un ordinateur, d'Internet et des médias participatifs. Ils entretiennent un rapport boulimique à l'information (Aubert, 2009) et le positionnement critique des journalistes professionnel ne leur échappe pas. D'autre part, ils ont un recours méthodologique majoritaire aux données du web. Nous avons ainsi interrogé les étudiants sur les avantages et inconvénients que représente pour eux leur participation à un média participatif.

Le choix du média n'a pas été imposé et plus de 70 % d'entre eux ont privilégié le commentaire d'un article plutôt que la création directe. Néanmoins, il est a noté que lorsqu'ils ont choisi de créer leur propre article, la qualité de rédaction et d'illustration a été très rigoureuse et quasi-professionnelle, comme le note le rapport Tessier publié en février 2007. Concernant la démarche 99 % des étudiants l'ont trouvé simple : « le principe est simple en effet, il suffit de lire l'article que l'on souhaite commenter et par la suite d'aller dans la partie de publication, on laisse soit son pseudo avec son email ou bien on peut laisser un commentaire en anonyme » (commentaire étudiant).

Le constat est donc simple, sur un plan plus personnel, ce sont des individus qui prennent leur contribution à article comme l'aboutissement d'une réflexion, leur réflexion qui leur permet de se rendre visibles, de se représenter via le Web : « cela permet de représenter des minorités, des marginaux, souvent sous-représentés de la société et permet de dire qu'on a un niveau journalistique et puis on peut s'intéresser au monde entier, à des endroits qu'on ne connaît pas » (commentaire étudiant). Enfin, bien qu'ils soient en carence d'expertise, ils revendiquent un droit particulier à la créativité (Aubert, 2009) : « cela m'a permis d'exprimer mon opinion et de la confrontée à celle des autres », « j'ai pu parler d'un sujet qui me tient à cœur alors qu'il ne fait pas la « une »…), « j'ai eu l'impression d'être un journaliste et de créer ma propre ligne éditoriale »), « même si je suis pas journaliste, j'ai pu écrire un commentaire qui a suscité dix autres commentaires » (commentaires étudiants)

Cette étude nous autorise une approche de l'information, « non journalistique ». Cette approche nous interroge sur la construction et la crédibilité de l'information mais aussi sur le statut du « tous journalistes ». Nous avons d'ailleurs obtenu des informations sur l'inconvénient majeur de ces dispositifs c'est-à-dire, la véracité de l'information, sa crédibilité : « Au niveau de la vérification des articles, qui repose sur les super administrateurs on peut se demander si ces derniers sont réellement aptes… », « remet en question la liberté d'expression », « En fait, trop d'information tue l'information », « Il a un risque de désinformation », « l'administration du site est faite par les modérateurs, par conséquence la diffusion de notre opinion dépend du modérateur » (commentaires étudiants).

Dans cette étude, la dynamique communautaire a été fortement mise en avant par les étudiants. Ce dispositif apparaît comme un outil majeur de promotion de l'esprit communautaire, puisque la participation implique l'individu non seulement au titre de ses opinions, mais aussi au sens de membre de cette communauté, partageant l'information :

- « Le média participatif permet à chacun de déposer ces connaissances, et aussi la diversité des informations ainsi que le pluralisme des articles permet une connaissance plus riche »
- « Interactivité entre l'auteur de l'article et le lecteur, mais aussi avec les autres... » (commentaires étudiants).

Médias participatifs : quelle(s) relation(s) ?

Cette étude nous permet de définir un nouveau type de relation, qui semble démanteler la relation émetteur-récepteur, là où le lecteur est aussi rédacteur. Dès lors la notion de partage de l'information prend son sens, à partir de la distinction entre contribution, collaboration et participation. L'usage du média participatif modifie en profondeur les relations de groupes humains car il bouscule complètement les relations hiérarchiques et les relations de pouvoir Ainsi, ces dispositifs renforcent les médias dans leur rôle de médiation et de transformation des relations entre les producteurs (énonciateurs) et les consommateurs (usagers) de l'information.

Ce qui importe, selon Marshall McLuhan, ce n'est plus le contenu du message lui-même, mais le moyen ou le canal par lequel il est transmis : le medium. Cette démarche participative procède de deux dimensions qui transforment les relations :

- La connexion, là où les médias cherchent la connexion avec ses audiences pour cultiver une relation de proximité. L'objectif est ici de partager le temps et l'espace, les intérêts et inquiétudes d'une même communauté. Il s'agit de créer, par des thèmes proches des lecteurs, un pont de connexion avec le public.
- La participation, où le but n'est plus simplement de dialoguer avec les lecteurs, mais où les médias doivent construire des contextes d'action familiers pour le public qui peut s'identifier et créer un réseau communautaire en toute confiance. Pour cela les médias participatifs disposent d'un certain nombre de formules de participation interactive (poser une question, envoyer un témoignage, faire un commentaire,

répondre aux questions d'autres usagers, voter pour une information, une enquête, un commentaire…). Ainsi l'attraction viendra aussi de l'affichage du nombre de visites ou de votes, qui dans la démarche participative est un facteur « entrant », qui stimule le public. Les étudiants eux-mêmes ont montré que leur participation à certains articles a été motivée par le sujet, le thème mais aussi le nombre de commentaires. Ceux d'entre eux qui ont créé un article étaient d'ailleurs dans l'attente du nombre de réactions suscitées…

Elle montre néanmoins qu'une dynamique communautaire se développe sur le principe d'une créativité, non exacerbée par le flux important des contenus. Il ne s'agit pas de se « faire un nom » mais bien de participer aux débats et de construire ensemble l'information. C'est donc un ensemble d'individus détenant des informations et liés entre eux de telle sorte que l'ensemble est compétent pour intervenir selon des règles de communication partagées et les valeurs de chacun des membres. C'est le groupe qui organise les échanges et règle la vie collective, de façon à satisfaire toutes les fonctions de la vie sociale (transmission culturelle et sociale, sentiment de participation, de reconnaissance, d'appartenance…) (Agostinelli et Metge, 2008).

Seuls ou reliés à des communautés plus complexes, les échanges assurent la subsistance cognitive et informationnelle de l'individu.

La notion de « communauté de pratiques » introduite par Lave et Wenger (1990) prend ici tout son sens. Leur concept de Legitimate Peripheral Participation (LPP) introduit la notion de communauté de pratique permettant des relations entre des « nouveaux » et des « anciens » membres, dans le cadre d'une participation relevant toujours d'un processus d'échanges hautement socialisés entre les acteurs. En effet, pour cette notion, étroitement liée aux théories de l'action (Vygotski, 1985), le social constitue la source du développement conceptuel individuel car il est à la fois le résultat de l'interaction individu - culture mais aussi le processus même de l'interaction. Il constitue aussi, l'organisation de l'activité commune et l'appropriation individuelle de l'information. Si avant nous parlions d'un public qui recevait l'information d'une façon passive, aujourd'hui on peut parler d'une audience interactive à qui il est permis de montrer ses réactions, opinions, expériences... Tout ça, dans le but de créer un espace commun à travers l'information qui favorise le niveau de sociabilisation. Ici le social se trouve relié à l'activité. L'individu ne peut s'approprier les situations et les informations (objets, connaissances…) sous-tendues, que s'il est actif. Cette appropriation des éléments culturels, qui appartiennent au monde (même local), n'est pas d'une part réductible à des objets matériels et d'autre part, n'a de perspectives que de les utiliser en tant qu'outils pour un processus d'intériorisation aboutissant à la maîtrise individuelle de sa pensée propre. L'activité est l'ensemble des « événements » de l'individu en situation. Ces événements pour être qualifié d'activité doivent être significatifs pour l'individu mais aussi pour les autres, c'est-à-dire racontables ou commentables par lui (ou eux) c'est bien sûr la totalité des événements : communications, interprétations, mouvements etc., d'un (ou plusieurs) individu(s) en situation. Cette activité (qui peut être quotidienne) relève d'une logique localement négociée à l'intérieur d'un groupe constitué.

De plus, en considérant l'action comme un processus d'auto organisation, elle relève principalement de la façon dont un individu va utiliser les ressources matérielles ou immatérielles du milieu pour accomplir une action ; mais aussi, les circonstances matérielles et sociales, ici participer à l'information. Ces circonstances doivent également être pertinentes au collectif, aux interactions, aux relations intersubjectives dans le partage d'une matérialisation de l'information (Lave, 1988). Parallèlement, ce type d'approche insiste fortement sur le contexte dans lequel est située la communication des informations. C'est le contexte qui permet de construire du sens (Suchman, 1987). L'action située se définit alors par une organisation qui émerge in situ de la dynamique des interactions (Conein et Jacopin, 1994). Cette dynamique résulte de deux processus : le premier demande une compréhension mutuelle des actions de l'autre ; le second demande la perception d'indices provenant directement de l'environnement. Cette conception du contexte met l'accent, dans le premier cas, sur la compréhension et la communication ; et dans le second cas, sur la perception et l'espace, comme si les interprétations différentes des effets de contextualisation variaient en fonction du rôle joué dans le contexte par le langage ou par les matériaux utilisés.

L'action est donc indissociable du contexte, de ses circonstances, de la compréhension, de la communication et du savoir mutuel qui implique un partage d'intention et la compréhension d'une action dans ses interactions avec son contexte. Si l'action peut être objectivement décrite, l'action située nous dit aussi comment l'individu reconstruit le milieu pour réaliser ce qu'il a à faire. Cette approche est particulièrement intéressante pour expliquer les situations complexes de communication via les communautés virtuelles, comme les médias participatifs, dans lesquelles l'intentionnalité est partagée entre « émetteurs et récepteurs ». En effet, elle autorise la mise en relation des interactions sociales et l'utilisation des dispositifs technologiques et sémiotiques sophistiqués.

DE LA RELATION A LA COMPETENCE DE COMMUNICATION

Au delà des premières considérations de l'étude empirique menée, nous voyons bien que la dynamique communautaire relève d'un relationnel mouvant largement appréhender par le contexte et la situation qui permettent de décrire un rédacteur mais aussi un lecteur, dans cet utilisateur du média participatif. Force est aussi de constater que ce relationnel mouvant est ouvert et donc constructeur de nouveaux contacts, de changements d'opinions, d'idées nouvelles quelle que soit la manière de les faire émerger. C'est dans cette dynamique que nous nous sommes interrogés plus avant sur les compétences mises en œuvre pour communiquer dans cette communauté «média participatif ».

La compétence communicative nous a semblé un point d'entrée incontournable, tant elle permet d'avoir une vision globale de la situation dans sa complexité. L'approche de la compétence communicative permet selon nous, d'envisager la communication des médias participatifs de façon anthropocentrée. Comme nous le disions à la fin du paragraphe précédent, l'action est prépondérante dans ces situations communautaires d'échanges. L'objet d'étude de Hymes (1984) est la langue en acte et plus particulièrement les relations entre usages de la parole, la parole en tant qu'action et les structures sociales. Il « plaide en faveur d'une linguistique socialement constituée. La conséquence d'une telle option est de ne plus s'en tenir à la grammaire comme cadre de description, de l'organisation des traits linguistiques, mais de prendre en compte les styles de parole, les façons de parler des personnes et des communautés. » (Hymes, 1984 p. 20). Plusieurs aspects permettent d'identifier la compétence communicative. Les aspects linguistiques de la compétence communicative sont ceux qui ont à voir avec la réalisation d'une connaissance intériorisée des éléments fonctionnels et des structures de la langue, comme :

- *La compétence phonologique* (la capacité à reconnaître et à produire les sons distinctifs significatifs d'une langue, comme voyelles, consonnes mais aussi intonation, ton, etc...). On lui associe d'ailleurs la compétence orthographique, ou la capacité à déchiffrer et à écrire le système d'écriture d'une langue.
- *La compétence grammaticale* est la capacité à reconnaître et à produire les structures grammaticales distinctive d'une langue et à les utiliser efficacement dans la communication.
- *La compétence lexicale* est la capacité à reconnaître et à utiliser des mots dans une langue mais aussi la façon dont les locuteurs de la langue utilisent ce vocabulaire.

- *La compétence discursive* ou textuelle est utilisée pour se référer à deux capacités liées mais distinctes ; la capacité de comprendre et de construire des monologues ou des textes écrits de différents genres, tels que récits, textes de procédure, des textes informatifs, persuasifs (exhortation) textes, de descriptions et d'autres.. Ces genres de discours ont des caractéristiques différentes, mais dans chaque genre il ya des éléments qui contribuent à créer un texte, un discours cohérent, et d'autres éléments qui sont utilisés pour marquer des points importants distinctif ou de premier plan.

Apprendre une langue implique d'apprendre comment mettre en relation ces différents types de discours de telle sorte que les auditeurs ou les lecteurs puissent comprendre ce qui se passe et voir ce qui est important. De même, il implique d'être en mesure de relier l'information d'une façon cohérente pour les lecteurs et auditeurs. Même si, notre étude empirique n'a pas mis en avant les capacités orthographiques, grammaticales et lexicales, elle montre néanmoins, dans les commentaires des étudiants, combien la compétence discursive ou textuelle a été pour eux, un véritable travail de mise en cohérence des idées à développer dans leur article. La prise en compte de cette cohérence est en lien direct avec la compréhension du lecteur et donc incontournable pour eux. Les aspects pragmatiques de la compétence communicative ont, en revanche attiré, plus particulièrement notre attention dans cette étude empirique. Ce sont ceux qui ont à voir avec la façon dont le langage est utilisé dans des situations de communication, pour permettre à l'orateur ou à l'auteur d'atteindre les objectifs qu'il s'est fixé. Là aussi, ces aspects font appel à différentes compétences.

- *La compétence fonctionnelle* fait référence à la capacité d'accomplir les buts de la communication mise en œuvre, en utilisant les ressources de la langue. Pour ne citer qu'un exemple, tiré de cette étude, la possibilité d'être édité sur le site participatif était dépendante de l'article proposé, de son contenu et plus précisément de ce qui dans le contenu permet de créer un lien avec la communauté.
- *La compétence sociolinguistique* est la capacité d'interpréter la signification sociale des différents choix linguistiques et d'utiliser la langue avec la signification sociale appropriée pour la situation de communication. C'est ce qui ressort des commentaires des étudiants qui ont adapté leurs contenus, non seulement aux lecteurs potentiels mais aussi au média participatif dans lequel ils souhaitaient participer à l'actualité. Il serait d'ailleurs intéressant d'approfondir cette approche par différenciation des médias participatifs, en faisant l'hypothèse que selon les choix linguistiques opérés, il y aurait une reconnaissance du média éditeur, comme c'est le cas dans la presse écrite

(on reconnaît, en le lisant, un article tiré de la presse locale ou du « canard enchaîné » et c'est souvent en fonction des choix linguistiques opérés dans les contenus que l'on peut les identifier).

- *La compétence interactionnelle* implique de connaître et d'utiliser les règles non écrites pour la plupart, pour l'interaction dans diverses situations de communication au sein d'une communauté linguistique donnée et de la culture de cette dernière. Cela implique, entre autres choses, de savoir comment lancer et gérer des conversations et négocier le sens avec d'autres personnes. Les étudiants ont éprouvé cette compétence lors de la mise en ligne de leurs commentaires, mais aussi bien en amont, lors de la proposition d'édition de leur article où il leur a été demandé de reformuler, voire de réécrire certains passages du document proposé. La sanction à cette compétence a été pour les étudiants le cas des articles qui n'ont suscité aucun commentaire (mauvais choix dans le sujet développé ou rédaction défaillante pour susciter l'intérêt...).
- *La compétence culturelle* est la capacité à comprendre le comportement du point de vue des membres d'une culture et à se comporter d'une manière qui serait comprise par ces membres dans le sens souhaité. La compétence culturelle consiste donc à comprendre tous les aspects d'une culture, mais surtout la structure sociale, les valeurs et les croyances, et la façon dont les choses sont supposées être faites. Là aussi, le manque de commentaires, de retours des lecteurs a interrogé les étudiants sur la structure des médias participatifs (censure, véracité de l'information...) mais aussi sur le choix des sujets en termes de valeur (éthique) dans les sujets et dans la manière de les aborder.

Plus intéressant encore, pour faire référence à ce que nous disaient les étudiants, suite à l'étude empirique (« nous avons vite compris qu'il fallait référencer nos source et écrire comme un journaliste..., il y a des règles implicites que l'on découvre en lisant d'autres articles... », commentaires étudiants...), pour Hymes (1972), « Les règles de la parole correspondent aux manières dont les locuteurs associent des modes d'élocution particuliers, des sujets ou des formes de message, avec des activités et des contextes particuliers » (Hymes, 1972, p. 36). Dès lors, la compétence de communication correspond à « ce dont un locuteur a besoin de savoir pour communiquer de manière effective dans des contextes culturellement significatifs » ; elle renvoie à « une capacité performative » (ability to perform). L'idée centrale est « l'adéquation (appropriateness) des messages verbaux à leur contexte, ou leur acceptabilité (acceptability) au sens le plus large » (Gumpers et Hymes, 1972, Préface). C'est bien là, ce que les étudiants ont identifié comme étant indispensable à leur lecteur mais aussi à la publication de leur article. La conception covariationiste de D.H. Hymes réserve d'ailleurs une part de liberté au locuteur qui choisit, dans une situation donnée, un « style » porteur d'une signification sociale (les phénomènes langagiers sont « situés », « radicalement sociaux et personnels »). On comprend ici, l'importance de la compétence communicative dans les communautés, qui ne peut s'acquérir que par l'expérience sociale. Hymes (1972) parle de besoins, de mobiles alimentant l'acquisition de la compétence communicative mais aussi de son aspect réflexif ; la compétence communicative « se traduit en actions qui sont elles-mêmes nouvelles sources de mobiles, de besoins, d'expérience » (Hymes, 1984, p. 74). « Un membre normal d'une communauté possède un savoir touchant à tous les aspects du système de communication dont il dispose. Il manifeste ce savoir dans la façon dont il interprète et évalue la conduites des autres, tout comme la sienne propre (Hymes, 1984, p. 89).

La communication demeure un système complexe et la compétence communicative ne saurait ignorer les notions de contextes qui interviennent dans la construction de la signification, celle de circularité des échanges, d'intentionnalité qui comprend les stratégies d'interaction mais aussi les codes, les normes, la participation ou la coopération, la métacommunication... là où la compétence communicative occupe une place prépondérante.

CONCLUSION

Pour conclure, nous reviendrons au terme de médias pour alimenter d'autres questions qui ont été soulevées mais non abordées dans cette étude empirique : l'opportunité qu'ont les médias « traditionnels » de se servir de ce nouveau système d'échange et l'intérêt pour eux, de ces nouveaux usages.

Qu'il s'agisse des médias ou des médias participatifs, tous ont un intérêt commun, l'édition et la diffusion de l'information. Comme le rappelle Serge July à l'occasion de la sortie du supplément Ecrans de Libération : Tous les médias généralistes, qu'ils soient audio, télévisuels ou écrits, sont sérieusement secoués par la révolution numérique, tant en ce qui concerne l'audience que les recettes publicitaires. Aucun nouveau média n'a jamais tué les médias existants, à condition que ceux-ci muent. Ainsi, Le Monde propose depuis 2005 à ses abonnés de créer leur blog. De même LCI donne depuis septembre une place conséquente aux informations fournies par les internautes.

Paradoxalement, l'information communautaire (et d'ailleurs l'information tout court) est régie par des règles que l'on ne peut pas transgresser sous peine de retomber dans le règne de l'a peu près et de la rumeur. Tout comme les médias traditionnels, les sites communautaires doivent faire l'apprentissage des processus de validation, savoir résister à la tentation du scoop, et mettre en place les outils nécessaires.

En définitive, les défis du journalisme semblent tantôt simples à l'image de l'information personnalisée, spécifique, sélective et utile et tantôt complexes face au partage équitable de l'information vraie pertinente, mais surtout divertissante au sein des nombreuses communautés virtuelles émergentes, en quête « d'extimité » comme l'indique Serges Tisseron, sur Planète (« Cet obscur désir de s'exposer ») au sein d'un espace public mosaïque (Neveu, 1999). Quoi qu'il en soit, on admet tous que dans un contexte pareil, l'information brute n'a plus de valeur ; seul son enrichissement en a une.

Internet sera–t-il le média de demain ? La question reste posée.

REFERENCES BIBLIOGRAPHIQUES

Aubert, A. (2009). Le paradoxe du journalisme participatif, Motivations, compétences et engagements des rédacteurs des nouveaux médias (enquête), *Terrains et travaux n° 15,* 2009/1

Gumperz, J., & Hymes, D. (1972, eds). *Directions in sociolinguistics: The ethnography of communication.* New York: Holt, Rinehart and Winston.

Hymes, DH. (1984). *Vers la compétence de communication.* Collection « Langues et apprentissage des langues ». Paris : Hatier.

July, S. (2006). Médias participatifs : un fort taux de participation... Benoît Desavoye, Par Débat 2007.fr / Les chroniqueurs le lundi 29 mai 2006 [http://www.debat2007.fr/blog/index.php?2006/05/29/226-medias-participatifs-un-fort-taux-de-participation]

Lave, J. (1988). *Cognition in Practice : Mind, mathematics, and culture in everyday life.* Cambridge, UK : Cambridge University Press.

Lave, J., & Wenger, E. (1990). *Situated Learning : Legitimate Periperal Participation.* Cambridge UK : Cambridge University Press.

Neveu, E. (1999). *Espaces publics mosaïques - acteurs, arènes et rhétoriques, des débats publics contemporains.* Rennes : PUR

Conein, B., & Jacopin, E. (1994). Action située et cognition : le savoir en place. *Sociologie du travail, n°4,* 475- 499.

Suchman, L., A. (1987). *Plans and Situated Actions : the problem of human machine communication.* Cambridge : University Press.

Vygotski, L., S (1985). Le problème de l'enseignement et du développement mental à l'âge scolaire. In, B. Shneuwly & J.P. Bronckart (Eds.). *Vygotski aujourd'hui,* (95-117). Paris : Delachaux & Niestlé.

Internet : un espace médiatique fragmenté

Sébastien Rouquette
Maîtres de conférences HDR en communication
Responsable-adjoint du groupe de recherche *Communication et solidarité*
UFR LACC, Université Clermont-Ferrand II, Clermont-Ferrand

INTRODUCTION

L'ensemble des médias – radios, télévisions, magazines, etc. – est marqué par une diversification des offres. De même, tous les lecteurs et téléspectateurs se comportent de plus en plus fréquemment comme des consommateurs infidèles, choisissant un titre selon l'actualité ou l'envie du moment Tessier et Baffert, 2007, p. 14).

Mais cette tendance n'est-elle pas structurellement plus importante sur Internet ? Ne faut-il alors pas prioritairement parler de cyberespace fragmenté au sens où l'entend Dave Chaffey, c'est-à-dire d'un espace médiatique élargissant la gamme des offres de programmes à un point tel que celui ci se caractériserait par une réelle difficulté à atteindre un public cible[25].

Beaucoup, à commencer par les professionnels des médias eux-mêmes, lient prioritairement cette question à celle de la rentabilité de la presse en ligne : cette fragmentation des contenus implique-t-elle par exemple qu'une stratégie rédactionnelle spécialisée est plus payante, ou plus facile à rentabiliser, qu'une

---

25 Dave Chaffey, « Define 'Media fragmentation' : definition : what is ? », http://www.davechaffey. com/E-marketing-Glossary/Media-fragmentation.htm, dernière consultation 06/10/2009.

stratégie généraliste[26] ? Il est aussi possible de s'interroger prioritairement sur les enjeux politiques ou sociaux de cette fragmentation, se demandant par exemple dans quelle mesure un espace public commun peut émerger en ligne, le fonctionnement d'un tel espace exigeant que chacun partage un « terreau d'informations communes nécessaires à notre fonctionnement social » (Flichy, 2008).

Mais, parallèlement à ces deux premières orientations, cette fragmentation du pose aussi des questions de mode d'accès à l'information, les internautes étant – comme le rappellent David Johnson et David Post[27] – totalement mobiles. Ils peuvent instantanément changer de site, passer d'un article de politique générale à une dépêche *people* ou – plus radicalement encore – comparer quasi instantanément le traitement de la même actualité par des sites concurrents et lire ainsi différemment l'actualité.

En quoi y a-t-il alors fragmentation de l'hypermédia internet et quels facteurs favorisent le cas échéance cette tendance (1ère partie) ?

Quel est enfin le type d'information proposée pour tenter de fidéliser les internautes et de remédier à une lecture éparpillée, selon leur positionnement propre (portail, site d'information d'une entreprise de presse écrite, *pure player* généraliste (chapitre 2).

UN ESPACE FORTEMENT CONCURRENTIEL

L'éparpillement de l'offre entraîne-t-elle celle des visites ? Malgré les chiffres d'audience des principaux portails et sites de presse, cette fragmentation des visites concerne de fait pleinement la consommation de l'information en ligne. Et ce d'autant plus que plusieurs facteurs se combinent.

Les multiples conséquences d'une offre exponentielle

Le premier est que la progression du nombre d'acteurs médiatiques accessibles depuis son clavier a augmenté de telle sorte que chaque internaute accède désormais à une offre d'informations différente. Un internaute a non seulement accès à l'ensemble des radios nationales, des radios locales et des radios diffusées à l'étranger mais aussi aux nouvelles *webradios* exclusivement retransmises sur le réseau des réseaux. Affranchies des contraintes techniques de diffusion et de coûts

---

[26] « La fin des journaux et l'avenir de la télévision par Bernard Poulet », *Alternatives économiques*, 04/2009, source : http://www.alternatives-economiques.fr/la-fin-des-journaux-et-l-avenir-de-l-information-par-bernard-poulet_fr_art_831_42657.html

[27] http://firstmonday.org/issues/issue3_1/johnson/.

d'investissements minimaux, les *webradios* accroissent de manière exponentielle le choix de programmes possibles donc de micro-publics potentiels (en fonction de goûts culturels, musicaux, etc. toujours plus segmentés).

Cette diversité est telle que les multiples moteurs de recherche et les annuaires proposent un nombre infini de réponses[28.] Parce que les moteurs utilisent des algorithmes et des méthodes de classements différents (pour Google le PageRank est un critère incontournable, avec un site récent il est plus facile d'être bien positionné avec Yahoo Search), ils ne restituent pas la même chose. Qui plus est, ces différences s'accentuent : entre 2005 et 2007, le pourcentage de premiers résultats communs est passé de 7 % à 3,6 %[29].

Cette fragmentation de l'offre serait sans réelles conséquences spécifiques à Internet si ses effets n'étaient pas renforcés par une fragmentation des demandes.

Il faut en effet distinguer deux indicateurs : l'audience de chaque site d'une part, qui correspond ici au nombre d'internautes qui visitent les pages d'un site, et « les parts d'audience » de chaque site d'autre part, c'est-à-dire la proportion des internautes qui vont voir ce site sur la totalité des internautes disponibles. Dans le premier cas, un site d'information garantit aux annonceurs un nombre minimum de visites par jour. Dans le second, il offre une part d'audience du nombre total d'internautes. Or que ce soit en termes publicitaires ou sociologiques, l'un et l'autre n'ont pas la même implication : même visité par un nombre conséquent d'internautes (300 000 par jours), un site ne garantit pas nécessairement un part d'audience et une visibilité élargies des articles et des publicités diffusées. La distinction entre ces deux données ne recoupe d'ailleurs pas celle des médias audiovisuels, un internaute pouvant successivement aller sur un site d'information puis un autre (il ne choisit pas et donc n'élimine pas un site en consultant l'autre). Ce qui implique que, dans la mesure où les internautes peuvent à la fois aller en grand nombre sur un site et se rendre sur de nombreux sites (ce qui se traduirait à la fois par de bonnes audiences et de bons taux d'audience), une différence entre audience et part d'audience est plus significative encore.

Or – deuxième facteur – plusieurs recherches ont montré depuis longtemps que les requêtes des internautes se caractérisent avant tout par leur très forte hétérogénéité. De manière générale, une majorité de sites ne recueille qu'un nombre très faible de visites. Parallèlement, même les sites les plus visités ne captent pas un pourcentage très élevé de la totalité des internautes. Ces résultats, confirmés de

---

[28] « Radio jazz » : 752 000 résultats sur Google en 2009 par exemple.

[29] Ratier, Emmeline « Des résultats discordants d'un moteur à l'autre », Le journal du net, 13/06/2007.

multiples fois pour l'ensemble du Web (Lajoie, 2002 ; Silverstein et *alii*, 1998 ; etc.) se perçoivent directement dans l'hypermédia internet. Comme l'a montré l'enquête réalisée lors de la campagne présidentielle américaine de 2007, deux types de visites sont particulièrement significatives : peu de sites captent une grande part d'audience, beaucoup ne sont visités que par un très petit nombre d'internautes (document 1).

	Moyenne (en %)	18-29 ans (en %)	+30 ans (en %)
MSNBC.com	26	30	24
Cnn.com	23	30	21
Yahoo.news	22	27	19
Google.news	9	10	9
Fox News.	9	5	10
Aol News	7	5	8
New York Times	6	5	6
My space	3	8	/
[...]			
Less than 1 % each			
Others newspapers	6	6	6
Isp homepages	3	4	3
Candidates websites	2	2	3
Local TV, radio	1	2	1
Others	20	23	18
Number of cages	639	153	479

Document 1 – Où les internautes américains s'informent-ils pendant la campagne présidentielle américaine ?

Source : *Where people get campaign news online*, Enquête de pew Internet center for the people and the press, 19/12/2007.

54 % d'entre eux citent donc l'un des trois principaux sites visités (*MSNBC, CNN* et *Yahoo News*). Ceux qui viennent ensuite, comme Le *New York Times* ou d'autres portails comme *AOL News*, sont consultés par moins d'1/10ème des internautes. IlD'un autre il ex « longue traîne médiatique » (l'effet longue traîne décrit sur Internet la stratégie des sites de commerces comme *Amazon* qui compte sur le fait que les produits qui sont l'objet d'une faible demande, ou qui n'ont qu'un faible volume de vente, peuvent ensemble représenter une part de marché égale ou supérieure à celle des *best-sellers*). Seuls les 13 premiers sites ont été cités par au moins 1 % des internautes. À l'inverse, plusieurs centaines de pages personnelles, de blogs, de sites de candidats, d'autres sites de journaux régionaux, de radios et télévisions locales (plus de 620) ont été évoqués par moins de 1 % du panel. Or, toutes audiences cumulées, l'ensemble de ces visites éparses compte pour plus de 22 % du total. Plus intéressant encore, les internautes considèrent ces sources

secondaires comme de véritables sources d'information, en particulier les internautes de 18-29 ans qui utilisent plus fortement encore Internet pour diversifier leurs sources d'information.

Une concurrence accrue

Cette caractéristique structurelle de l'hypermédia internet est d'autant plus importante à prendre en compte que ses effets se mesurent à la fois par un accroissement de la logique de compétition et, secondairement, par l'éparpillement des « parts d'audience » Internet entre les différents concurrents.

Il semblerait, au premier abord, normal de considérer que cette logique de concurrence est limitée aux seuls sites « professionnels », estimant alors que la masse des webmasters non-professionnels pour lesquels la publication d'un blog ou d'un portail est indépendante d'impératifs financiers ne soit pas concernée. Mais ce serait considérer qu'une publication médiatique n'a de motivation que financière. Les reconnaissances recherchées peuvent aussi être d'ordre symbolique, porter sur la valeur du travail effectué ou chercher à recueillir un écho positif auprès du plus grand nombre d'internautes possible. Or, en donnant beaucoup de visibilité aux outils de mesure d'audience en ligne, en favorisant l'exploitation de forums, d'outils de publications de commentaires des billets, en cherchant au fond à favoriser les retours des lecteurs pour inciter – avec efficacité (Rouquette, 2009, p. 218) – les blogueurs à publier le plus régulièrement possible, les plates-formes de blogs d'outils interactifs renforcent indirectement cette logique de compétition. Comme le montre l'analyse du contenu de sites personnels, les webmasters ont tendance à « surveiller ce que font les autres, incorporer d'une manière ou d'une autre les contenus éditoriaux les plus saillants, copier les dernières innovations en matière de graphisme pour que son propre site soit plus remarquable dans la jungle des sites personnels » (Beaudouin et Licoppe, 2002, p. 59). Publier dans un domaine spécialisé, n'empêche pas l'existence – et les effets – d'une concurrence visible entre sites de passionnés des médias.

Les effets de cette concurrence sont plus importants encore pour les sites à la recherche d'une audience étendue.

D'abord parce que cela se traduit pour la plupart d'entre eux par une forte dispersion des internautes. Alors que les journaux télévisés arrivent à capter une part significative du public disponible (30 % de parts de marché pour le JT de 20h TF1, soit plus de 7 millions de téléspectateurs : Médiamétrie 2009), la plupart de sites n'arrivent qu'à agréger une faible proportion des internautes connectés (document 2).

	Nombre de visiteurs uniques[30]	% des 35-49 parmi les internautes du site	« Puissance », c'est-à-dire % d'internautes de 35-49 ans sur l'ensemble des visiteurs du site
Télérama	175 000	52,4 %	2,9 %
Buy central	342 000	50,9 %	5,6 %
Nodnet	232 000	50,9 %	3,8 %
Cadre-emploi	161 000	48,6 %	2,6 %

Document 2 – des parts d'audience de sites très éparpillées

Source : Médiamétrie Netratings, déc. 2004

Parce que c'est leur intérêt, les sites mesurent généralement la proportion d'internautes qui appartiennent à la cible des annonceurs, ici les actifs de 35-49 ans. De ce point de vue, investir dans ces sites semble offrir une garantie d'efficacité publicitaire (tous les sites listés sont majoritairement consultés par la catégorie d'âge considérée). Mais de manière significative, la perspective méthodologique inverse est bien plus rare. Il suffit pourtant de se demander, non combien les 175 0000 internautes de *Télérama* notamment appartiennent à cette cible mais plutôt combien d'internautes de 35-49 consultent *Télérama.fr*, pour mesurer les biais des premiers résultats (l'image majorité des internautes de 35-49 ans – 97 % – ne va jamais sur *Télérama.fr* : document 2). Cet éparpillement suggère d'abord combien l'usage de l'hypermédia internet est différencié, à l'image de l'usage de l'ensemble du web, y compris dans un partie ciblée de la population. Cet éparpillement implique ensuite qu'il n'est pas envisageable de raisonner en part d'audience et qu'il n'est pas possible de toucher une proportion significative d'internautes en investissant sur peu de sites.

Le deuxième effet de cette fragmentation des parts d'audience est plus direct encore : il est plus difficile d'atteindre le seuil de rentabilité des sites. Tant que l'augmentation du nombre de connectés compense, voire dépasse, celle du nombre de sites créés comme ce fut le cas tout au long de la décennie 2000, les effets de cet environnement concurrentiel en sont atténués d'autant. Mais la multiplication d'acteurs médiatiques, copiant parfois ouvertement le modèle de leaders du marché (portail d'information féminin, senior, masculin) ne peut être illimitée. Ainsi, le portail *Aufeminin.com* annonce pour la première fois des profits en nette baisse en 2007, ce qui révèle les incertitudes, sinon les inquiétudes des investisseurs de l'industrie des

[30] « Nombre total d'individus ayant visité un site au moins une fois pour toute la période concernée. Les individus ayant visité le même site plusieurs fois ne sont comptés qu'une fois » (Médiamétrie, 2009).

médias dans ce domaine fluctuant. Et ce d'autant plus que « les internautes seraient plus volages, car tentés par l'apparition de nouveaux sites Web » (Meslon).

C'est dans ce contexte qu'il faut comprendre pourquoi les publicitaires argumentent sur l'intérêt d'un nouvel instrument de mesure publicitaire pour Internet. « L'avenir du média Internet n'est pas dans le modèle économique qui repose sur la publicité de masse mais dans ce qu'on appelle le profiling » considère également un spécialiste de l'indexation des images, Louis Chamming's. « Parfaitement adapté au marketing direct, il est l'outil idéal pour identifier et solliciter, non pas des cibles statistiques, mais des individus concrets, considère-t-il encore » (2002, p. 39-40). Au fond, quand les internautes se révèlent avoir des requêtes trop disparates pour constituer un nombre quantitatif suffisant pour être publicitairement monnayable sur chaque site, Internet est alors présenté comme l'outil publicitaire idéal pour cibler qualitativement les consommateurs.

Au-delà de ce point de vue publicitairement optimiste, faut-il voir dans la fragmentation structurelle des parts d'audience des sites médiatique une source d'érosion du pouvoir de ces mêmes sites, au sens où le « pouvoir » de conviction, d'influence de chaque chaîne, de chaque titre se diluerait inévitablement avec la multiplication des énonciateurs et l'infidélité croissante des internautes zappeurs (Demers, 2002, p. 12-13) ? Ou bien le fait pour les internautes d'avoir à construire leur propre parcours de lecture est par ailleurs si contraignant que les conséquences de cette fragmentation pèsent plus sur les internautes que sur les sites eux-mêmes ?

DES CONTENUS ET DES STRATEGIES REDACTIONNELLES DE FIDELISATION AUX IMPLICATIONS DIFFERENTES

Compte tenu de l'obligation des sites à la recherche de rentabilité de garantir aux annonceurs un panel d'internautes au profil plus intéressant et plus étendu que celui de tous leurs concurrents, y compris des sites de jeux, de divertissements, etc., comment peuvent ils conjuguer plus-value rédactionnelle et lieu de passage incontournable par le plus d'internautes possible ?

Dans le cas des portails généralistes plus particulièrement, comment rester incontournable et tenir compte de la multiplicité des requêtes de ces derniers ?

Dans le cas des sites de presse écrite également, doivent-ils modifier leurs offres rédactionnelles en raison de contraintes propres à Internet (fragmentation des parts d'audience, lecture zapping, recherche d'information par mots clés, etc.), des potentialités de celui-ci (blogs, vidéos, etc.) mais aussi de la concurrence nouvelle représentée par les *pure players*, les portails et certains blogs généralistes ?

Fidéliser : de nouvelles pratiques pour un objectif classique

L'offre de contenus la plus efficace mais pas la plus simple en mettre en œuvre pour garantir un seuil d'audience minimum consiste à fidéliser ses internautes.

Pourtant, reconnaître que la fidélisation est importante ce n'est pas rappeler ici un principe commun à beaucoup de médias. C'est prendre acte du fait que, sur Internet spécifiquement, il est particulièrement efficace de chercher à fidéliser son lectorat. Et ce à la fois pour des raisons propres au fonctionnement de l'hypermédia Internet et aux internautes. C'est pourquoi il faut d'abord comprendre les raisons pour lesquelles ces derniers sont attachés à visiter prioritairement leurs sites favoris avant d'analyser la façon dont différentes catégories de sites prennent en compte un comportement.

Fidéliser est, d'une part, d'autant plus important sur Internet que, en raison de la multiplicité des offres et de la lecture hypertextuelle des articles, le risque de voir partir les internautes sur des sites concurrents y est plus élevé qu'ailleurs. Et, d'autre part, parce que c'est la technique la plus efficace pour garantir aux annonceurs un seuil d'audience minimum en ligne. Car, comme l'ont montré de nombreuses enquêtes, la majorité des internautes revient toujours sur les mêmes sites. L'étude internationale de Nielsen (document 3) précise ainsi que le nombre varie entre 40 et 60 sites visités en moyenne.

	Number of active user per month (en millions)	Hows of use per month	Number of session per month	Number of unique site visited per month
Global	254	9:20	17	43
United states	104.8	11.27	21	47
Japan	21.6	10 :38	19	55
France	7.2	7.25	16	48
Finland	1.3	5.12	12	32

Document 3 – un nombre limité de sites systématiquement revisités

Source : Nielsen, Janvier 2002

Il s'agit d'abord d'un besoin de sécurité. Comme l'a établi l'observation des pratiques de navigation d'enseignants et d'étudiants en informatique, « des contraintes spatiales fortes semblent guider le travail sur l'information : 81 % des pages ouvertes ont déjà été visitées, les 3 pages les plus lues occupent en moyenne 24 % des logs »[31]. Surtout, « le retour aux mêmes pages *via* d'autres documents est une constante » (Ghitalla & Lenay, 2002, p. 54). Autrement dit, chaque phase de

---

[31] Cockburn, Andy et Mc Kenzie, Bruce (2000), « What do web users do ? An empirical analysis of web use », *International journal of human computer studies*, 2000, 19 p.

découverte est initiée à partir d'un terrain connu. Plus intéressant encore, « les gens découvrent un cercle concentrique, revenant souvent au point de départ » (Ghitalla & Lenay, 2002, p. 51). Les internautes ne partent donc pas aussi souvent qu'imaginé à la découverte du cyberespace. En ce sens, l'hétérogénéité du Web s'arrête là où s'arrête la curiosité des internautes.

Or, plusieurs raisons différentes jouent. D'abord la peur d'être désorienté. Pour d'autres c'est aussi la volonté de ne pas perdre son temps en allant sur des sites inconnus. La préférence pour les outils d'information déjà expérimentés repose sur un principe bien connu : « l'internaute constitue des routines de navigation, selon un principe d'économie cognitive : mémoriser ce qui plaît pour y revenir aisément sans procédures expertes de recherche » (Jullia, 2002 p. 88). Les sites déjà connus ont l'avantage d'avoir été testés, leur contenu éprouvé, leur système de navigation expérimenté, leurs pictogrammes déjà interprétés et maîtrisés. L'internaute sait qu'il va trouver plus vite une information qui le satisfait.

Or, la visite des sites d'information est particulièrement concernée par ce principe dans la mesure où la consultation de l'actualité en ligne fait partie des activités courantes, et donc des navigations où l'on cherche à être rapide et efficace (74 % d'internautes ont ainsi consulté l'actualité en ligne au cours des 30 derniers jours : document 4).

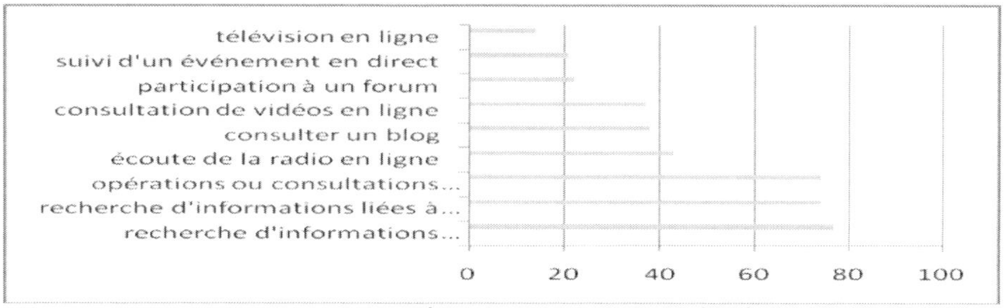

Document 4 – la consultation de l'actualité en ligne : une pratique régulière

Ipsos, 2008, échantillon de 43 715 internautes

Dès lors, comme le reconnaît le dirigeant d'un groupe d'*infotainment* comme *Cityvox* « au-delà de notre course à l'audience [...] nous devons travailler davantage à la fidélisation. Car aujourd'hui nos internautes ne reviennent pas assez souvent. Seulement deux fois par mois c'est insuffisant[32] ». Car « une fois choisis, les favoris forment les étapes d'un parcours qui se modifie peu » (Fogel et Patino, 2005, p. 36). C'est ce qu'a démontré, à son insu, le journal espagnol *El Pais*. Devenu payant en

[32] Interview de Bertrand Bigay, « Cityvox. Le site Internet veut tisser sa toile à l'international », *le journal des entreprises*, 7/12/2007.

2002, ce journal redevient gratuit lors des attentats de Madrid en 2004, pendant une semaine. Malgré une campagne de publicité, une forte consommation des médias « l'audience en ligne augmente peu : le site n'est plus sur la liste des favoris et cette absence n'a pas de remède à sa mesure » (Fogel & Patino, 2007, p. 36).

Pour les sites visant la rentabilité, être placés en favoris constitue même une garantie de visites – et donc de financements publicitaires – régulières.

On ne peut comprendre l'importance accordée à cet impératif de fidélisation sans considérer le fait que les responsables de site savent depuis les débuts du Web que fidéliser un internaute coûte bien moins cher – et rapporte plus dans les sites commerciaux (Hussherr & Néron, 2000) – que d'en acquérir de nouveaux. D'une parce que, comme l'a calculé une étude de Benchmark group du début des années 2000, le coût d'acquisition d'un client est plus élevé que le coût de fidélisation : coût d'un plan média, d'achat d'une base de données de mails, de frais de publicité, prix attractifs initiaux, etc. D'autre part, parce que la fidélisation permet d'augmenter la rentabilité au fur et à mesure que la relation client se consolide. Car la somme totale des paniers d'achats augmente en moyenne avec l'ancienneté de la connaissance du site, notamment au-delà de deux ans, une plus grande confiance se traduisant alors par plus de consommation.

D'ailleurs, indice significatif de l'importance de cette fidélisation dans l'économie du cyberespace, pratiquement tous les sites à la recherche de rentabilité proposent à la fois une newsletter, un flux RSS et un pictogramme pour être automatiquement placés en favori (75 % des sites à la recherche de rentabilité proposent une newsletter, 87 % un flux RSS et 53 % un accès *via* le téléphone mobile : document 5).

	Sites où la recherche de financements est centrale		Sites où la recherche de financements est secondaire	
Une newsletter	Oui = 75%	Non = 25%	Oui = 44%	Non = 56%
Régie publicitaire	Oui = 97%	Non = 3%	Oui = 46%	Non = 54%
Flux RSS	Oui = 87%	Non = 13%	Oui = 85%	Non = 15%
Mobile	Oui = 53%	Non = 47%	Oui = 4%	Non = 96%

Document 5 : la fidélisation, principe central de l'économie cognitive des internautes et de l'économie financière des sites

Source : *L'hypermédia internet*, 2010

C'est la raison pour laquelle chaque site accorde autant d'importance à la fidélisation. Tous les procédés de fidélisation mis en œuvres existent-ils hors ligne ou bien des offres rédactionnelles caractérisent-elles spécifiquement les sites d'information en ligne, et plus particulièrement ceux qui captent le plus de visites : les portails et les sites d'information généralistes ?

De fait, au-delà des outils techniques exploités de tous – flux RSS, accessibilité sur téléphone mobile, newsletters –, deux grandes stratégies rédactionnelles de fidélisation existent. Les unes déterminent les contenus des portails dont toute la stratégie rédactionnelle consiste à rendre sa visite incontournable, quel que soit l'objectif de navigation initial de l'internaute. Les autres pèsent sur les contenus des sites d'information généralistes à la recherche d'une large audience (sites de presse et *pure players* confondus).

Trois stratégies archétypiques de financement, de fidélisation, d'offre et d'évolution des contenus

Ces caractéristiques centrales du cyberespace pèsent ensuite sur les modalités de financement et les contenus des sites. Mais, en raison à la fois de la diversité des ressources originelles (entre *pure players* et sites de médias pouvant s'appuyer sur du contenu existant) et de l'inégale répartition des ressources publicitaires, celles-ci aboutissent à trois modèles archétypiques de financement, de stratégie de fidélisation, d'offre et d'évolution des contenus. Des modèles qui, d'une part, ne concernent que les principaux acteurs du cyberespace et qui d'autre part, ne dessinent que des modèles généraux représentatifs des principales stratégies de rentabilisation de sites, négligeant tout ce qui n'est pas spécifique à ces stratégies et en accentuant au contraire les traits particuliers.

Fidéliser ses internautes : un objectif similaire, des méthodes différentes

Quel que soit l'archétype de stratégie dont ils relèvent, tous les sites à la recherche de rentabilité ont pour objectif prioritaire de fidéliser leurs internautes, à la fois pour des raisons partagées par tous les médias et pour d'autres spécifiques à Internet. En premier lieu, parce que le coût d'acquisition d'un client est économiquement plus élevé que le coût de fidélisation (dépenses de promotion, etc.). En second lieu, parce que, sur Internet spécifiquement, la peur d'être désorienté dans la masse d'informations disponibles, la volonté de ne pas perdre son temps en allant sur des sites inconnus, en particulier quand les requêtes d'actualité s'inscrivent dans des sessions régulières, rapides et efficaces, constituent autant de motivations pour rester fidèle à ses sites favoris plutôt que de se perdre tous les jours ailleurs.

Mais, suivant les stratégies adoptées et la palette des ressources éditoriales dont ils disposent, tous n'adoptent pas les mêmes méthodes.

1. Les portails conjuguent politique de l'offre (offrir de multiples contenus et laisser les internautes choisir, tous proposant *a minima* les usages les plus courants du Web grand public) et de la demande (anticiper les

goûts du public majoritaire et proposer une actualité calibrée à ces goûts). Ils recueillent le plus de données possibles sur leur « clientèle » et, de manière similaire à la politique de rayonnage des hypermarchés, sélectionnent les rubriques selon leur degré de fidélisation et de rentabilisation.

2. Les plates-formes de contenus écrits ou vidéos agrègent les contenus produits par d'autres, que ce soit des articles ou des vidéos de médias ou des contenus participatifs produits par des particuliers, simplifiant pour les internautes la consultation de contenus vidéo ou écrits à partir d'un seul endroit.
3. Les principaux sites d'information généralistes – sites de médias écrits et principaux *pure players* – enfin ajoutent aux articles d'actualité classiques des contenus spécifiques à Internet : *chats* avec des experts, blogs de citoyens, de journalistes ou de spécialistes invités, etc.

Chacune de ces catégories de sites cherche certes à répondre différemment à l'hyperconcurrence des offres et à la lecture hypertextuelle des internautes mais aussi à la fragmentation et l'individualisation des demandes (partie I). Ce qui se traduit, non par une convergence, mais par une diversification des contenus d'actualité (partie 3) :

Principales stratégies de rentabilisation en ligne / Se caractérise par :	B – Portails généralistes, stratégie hypermédia (type *aol.fr*)	C – Agréga-teurs de contenus, stratégie d'inter-médiation (type *Daily-motion com.fr*)	D – Sites d'information généralistes (*Lemonde.fr, Rue89.com* ; *TV7.com …)*
Des articles d'actualité produits en interne	Peu (partenariats)	Non (partenariats et particuliers)	oui
répond à :			
1 – Fragmentation et hyperconcurrence des offres	oui	oui	oui
2 – Fragmentation et individualisation des demandes	oui	oui	oui
3a – Ressources publicitaires *via* les moteurs de recherche	oui	non	non
Autres modes de financement (publicités visuelles, partenariats, newsletters, etc.)	oui	oui	oui

Conséquences sur les contenus proposés :			
Offre …	Convergente : informations, pratiques, divertissements communiquer	Contenus hétérogènes	Diversification des contenus d'actualité

Document 6 – Trois stratégies de rentabilisation de l'actualité en ligne

Les portails : une stratégie hypermédia coûteuse mais rentable, caractérisée par un faible investissement dans l'offre d'actualité

Pour rester incontournables malgré la diversité des requêtes quotidiennement formulées par les internautes, tous les portails proposent les principaux services et contenus fédérateurs, ceux demandés par la majorité d'entre eux (document 6). Cette offre est plus cumulative qu'évolutive, les nouvelles rubriques se rajoutant aux précédentes (blogs, sites de réseaux sociaux, etc.). Ce qui implique des investissements financiers importants et favorise, de fait, les portails « historiques » sur les nouveaux entrants.

Leur rentabilité repose alors, d'une part, sur leur capacité à obtenir les parts d'audience les plus élevées et à rentabiliser notamment par la vente de liens sponsorisés de leurs moteurs de recherche, une ressource publicitaire dont eux seuls bénéficient dans l'hypermédia internet. Elle repose d'autre part, sur une grande diversité de rubriques, celles consacrées aux informations, déjà faibles, étant proportionnellement en diminution.

En d'autres termes, les portails offrent incontestablement une actualité consensuelle et peu diversifiée. Une actualité dans laquelle la place consacrée aux rubriques *people*, célébrités et sport est forte. L'importance des *softs news* révèle effectivement l'intérêt des internautes pour les informations pratiques (météo, télévision), de loisirs (technologie, shopping les nouveaux produits) ou divertissantes (jeux, horoscope, célébrités, faits divers, sport). Cette tendance est plus visible encore sur les portails dans la mesure où ces derniers cherchent à être un point de passage incontournable pour toutes ces activités.

De même, l'offre des portails se caractérise par un grand nombre de dépêches d'agence, de communiqués et d'informations obtenus par des partenariats avec des sites spécialisés, et des sujets de divertissements intéressant les lecteurs du plus grand nombre de pays possible.

Pour autant, ce serait une erreur d'en déduire que l'hypermédia internet se caractérise essentiellement par le développement de rubriques visant spécifiquement à répondre à des attentes de bonheur privé. Significative du mode de consommation individualisé de l'information, cette tendance n'est pour autant pas représentative du cyberespace dans son ensemble, les autres modèles de rentabilisation exploitant pour l'un, produisant pour l'autre, des contenus informationnels variés.

Atouts spécifiques – et limites actuelles – des plates-formes d'agrégation des contenus

Les plates-formes d'agrégation de contenus visent également à répondre à la forte diversité des requêtes exprimées (document 6). Elles cherchent à le faire sans supporter le prix inhérent à la réalisation d'enquêtes et à la vérification d'informations. Ce modèle répond, avec un investissement initial minimum, à la principale contrainte du cyberespace : agréger assez d'internautes pour bénéficier de ressources publicitaires suffisantes. En d'autres termes, la force économique de ce positionnement est de viser une audience suffisante en limitant au maximum les coûts. Quitte à ne pas offrir de contenus originaux et de plus-value rédactionnelle.

Mais ce modèle repose sur l'équilibre entre faiblesses des coûts et recettes plus élevées. Or, en l'état du développement d'Internet, du marché publicitaire et des contraintes techniques et juridiques de celui-ci, c'est également la principale faiblesse de ce modèle. Avec d'un côté le caractère incompressible de certains coûts, en particulier celui des bandes-passantes, coût auxquels se rajoutent les incertitudes juridiques concernant l'application des droits d'auteur en ligne. De l'autre, la faible valeur publicitaire d'une grande partie des contenus agrégés, ce qui limite d'autant la rentabilité économique de cette position d'intermédiation.

Reste que les deux premiers modèles de rentabilisation exploitent deux façons de répondre aux principaux défis du cyberespace – répondre à la fois à la diversité des offres et des demandes – en visant à satisfaire une diversité de requêtes du « grand public ». C'est au fond l'une des principales différences avec les sites d'information généralistes, plus centrés sur le seul registre de l'actualité et recueillant (alors) des parts d'audience moindres.

Les sites d'information généralistes : enjeux économiques, rédactionnels et sociaux

La situation des sites d'information généralistes repose sur une contradiction forte : en termes d'influence et de croissance de lectorat, il est particulièrement « payant » de diffuser des contenus rédactionnels dits « de qualité » en ligne (document 6). En termes publicitaires en revanche, il est, en l'état de la répartition des revenus publicitaires, coûteux de ne pouvoir bénéficier que de ressources générées – classiquement – par la vente d'espace publicitaire autre que les moteurs de recherche ou, moins classiquement, par des ressources complémentaires. Ainsi, les sites d'information généralistes sont dans la nécessité de proposer des contenus d'actualité originaux ou approfondis, au risque sinon de voir leurs parts d'audience fondre dans la masse des sites en ligne. Mais, pour le moment, ils ne disposent pas des ressources nécessaires pour rentabiliser ces investissements rédactionnels indispensables.

D'un côté en effet, les sites d'information les plus visités sont aussi ceux qui proposent le plus d'actualité, à la fois pour intéresser le panel d'internautes le plus varié possible, mais aussi pour être bien référencés, quelle que soit la diversité des requêtes d'actualité envisageables. De même, l'intérêt des articles constitue le principal atout des sites d'information contre la navigation zapping. D'ailleurs, 50 % des sites à l'audience élevée proposent de longs articles en libre accès. Parallèlement, organiser le planning de la rédaction pour offrir continuellement des informations actualisées a un coût. Même si cela permet de répondre à l'attente des internautes de vivre, depuis leur ordinateur, tous les événements importants en direct.

Ainsi, la mise en ligne de blogs de journalistes notamment permet au titre d'augmenter son offre à moindre coût. Cela donne la possibilité aux journalistes de diffuser des analyses sans coupures, au risque d'avoir à consacrer un temps élevé à cette activité supplémentaire rarement rémunérée. De même, la diffusion d'archives gratuites, soit – rarement – totalement, soit ponctuellement, en mettant en lien l'actualité du jour avec des explications ou des faits antérieurement publiés, permet à la fois d'accroître la visibilité des sites dans les moteurs de recherche et de répondre à une demande des internautes : remettre un événement dans son contexte.

Dans un cas, des journalistes acceptent de consacrer un temps supplémentaire à la gestion de leurs blogs. Ce qui permet de fidéliser une communauté de lecteurs spécialement intéressés par la thématique traitée. Dans l'autre, les sites renoncent à rendre payant l'accès aux archives afin de se donner plus d'atouts pour rester visibles dans le cyberespace et pour augmenter le nombre de pages vues.

Or, si toutes ces plus-values rédactionnelles ont un coût, aucune ne peut actuellement être compensée par des ressources suffisantes. Aucun site d'actualité n'arrive à engranger des ressources publicitaires dépassant 50 % de l'ensemble de ses revenus en ligne. Aucune ressource secondaire – abonnements, partenariats, newsletters, ventes de bases de données, ventes de services aux entreprises – n'arrive à palier cette situation. Dès lors, la situation des titres dépend largement de leur situation initiale, les sites de médias étant logiquement avantagés sur les *pure players* par le fait de bénéficier des ressources des rédactions hors ligne.

En l'état, l'avantage économique de la stratégie hypermédia des portails, et secondairement, de la stratégie d'intermédiation des plates-formes de contenus tient à deux choses : bénéficier de l'avantage concurrentiel de la publicité par liens sponsorisés des moteurs de recherche pour les premiers, bénéficier de parts d'audience élevées pour les deux. Un deuxième avantage d'autant plus significatif que ces sites bénéficient à la fois de plus de visiteurs mais aussi de visiteurs aux profils variés (y compris des internautes « qualifiés »), les requêtes pratiques ou de divertissement concernant l'ensemble des internautes. En cela aussi, le caractère doublement fragmenté de l'hypermédia internet est prépondérant dans la structuration du marché de l'information médiatique en ligne.... Tout au moins tant que les sites d'information généralistes n'arriveront pas à faire-valoir plus fortement les profils des internautes ciblés dans les tarifs publicitaires.

CONCLUSION

En quoi les multiples facettes et conséquences liées au caractère fragmenté des requêtes et à la multiplication des sites en ligne constituent-elles une caractéristique centrale d'Internet comme espace médiatique ?

D'un côté, la multiplication des offres, l'accès individuel au réseau des réseaux favorisent le nombre de requêtes singulières, incitant alors les sites d'information à multiplier leurs offres de contenus (nouveaux services, nouveaux blogs, etc.). Parallèlement, la lecture hypertextuelle de l'information en ligne n'implique pas une lecture superficielle mais au contraire une recherche sélective de l'information, incitant cette fois-ci les sites à la fois à proposer un pourcentage significatif d'articles de fond et à exploiter rédactionnellement et publicitairement au maximum les zones périphériques de chaque article.

La fragmentation des parts de marché entre acteurs du cyberespace incite par ailleurs chaque site à multiplier les techniques de référencement, quitte à exploiter des techniques onéreuses (achats de mots clés, inscriptions dans des programmes d'affiliations, y compris en utilisant des méthodes biaisées) ou à proposer beaucoup d'articles – voire d'archives – en libre accès afin d'être mieux référencés par les nouveaux intermédiaires de l'économie cybermédiatique : les moteurs de recherche.

De l'autre, l'extension du principe de la gratuité rend incontournable les ressources publicitaires, c'est-à-dire un mode de rentabilisation qui nécessite une diffusion la plus large possible des produits médiatiques. Or, le marché publicitaire est organisé de telle façon qu'il privilégie les entreprises médiatiques qui disposent soit d'un moteur de recherche propre (publicités par achats de mots clés), soit d'un site à forte d'audience (ou d'un réseau de « sites parents »).

Devant cette contradiction et l'organisation du marché publicitaire, la situation économique comme la stratégie des sites d'informations dépend de leur position initiale et du public visé : soit une audience maximale quel que soit l'usage d'Internet considéré (information mais aussi divertissements : portails, agrégateurs), soit une audience qualifiée, complémentaire de l'audience et des recettes des ventes du journal papier (sites de journaux d'information), soit enfin un site aux coûts de production aussi restreints que le public touché, une stratégie d'autant plus difficile à rentabiliser que la stratégie est onéreuse et le segment est concurrentiel (*pure players* d'information).

REFERENCES BIBLIOGRAPHIQUES

Balpe, J-P. (1997). Technologies numériques et construction du savoir., [http://hypermedia.univ-paris8.fr/Jean-Pierre/articles/Technonum. html].

Chamming's, L. (2002)..Peut-on parler d'audience sur Internet ? *Dossiers de l'audiovisuel*, 39-40.

Demers, F. (2002). Que revendiquer au nom de l'éthique pour un cybernaute ?, In, P. Brunet P. (ed.). *Éthique et Internet*, (4-21). Laval : PUL.

Flichy, P. (2008). Internet, un outil de la démocratie ?, *La vie des idées*, [http://www.laviedesidees.fr/Internet-un-outil-de-la-democratie.html]

Fogel J-F., & Patino, B. (2007). *Une presse sans Gutenberg*. Paris : Points.

Ghitalla, F., & Lenay, C. (2002). Hypertexte et art de l'ellipse. D'après l'étude de NON-roman de Lucie de Boutiny., *Les cahiers du numérique*, 65-86.

Hussherr, F-X., & Néron, S. (2000). *Comportement de l'internaute*, Paris : Dunod.

Lajoie, J. (2002). Internet et activité exploratoire. *Odyssée Internet*, Québec :PUQ, 164-178.

Poupard, J. (2002). *De l'individualisation de masse à l'industrialisation de la commercialisation via les TIC*, Grenoble 3, Thèse de doctorat.

Rallet, A. (2001). Du commerce électronique à l'électronisation du commerce, *Réseaux*, n° 106, 19-72.

Rouquette, S. (2009). *L'analyse des sites Internet*. Louvain : Ina/De boeck.

Rouquette, S. (2010). *L'hypermédia Internet*, Paris : Ina.

Silverstein C., Henzinger, M., Marais, H., & Moricz, M. (1998). Analysis of a Very Large Web Search Engine Query Loq., p. 6-12, [http://www.cs.ucsb.edu/~almeroth/classes/tech-soc/2005-Winter/papers/ analysis.pdf]

West, D. (2001). *The rise an fall of media establishment*. New. York : Palgrave Macmillan.

Néo médias et nouvelles pratiques de recherche en SIC

Françoise Bernard
Professeure - SIC
IRSIC, Université de Provence, France

Didier Courbet
Professeur - SIC
IRSIC, Université de la Méditerranée, France

INTRODUCTION

La communication de changement est un objet d'études en Sciences de l'Information et de la Communication (SIC). A l'occasion d'une collaboration pluridisciplinaire entre SIC et Psychologie sociale, le paradigme de la communication engageante a été formulé en réponse à une question théorique et pratique portant sur les enjeux du changement en actes et sur la relation entre communication et action. Ce paradigme a été appliqué à un ensemble de projets de recherche dans le domaine de la « communication d'action et d'utilité sociétales » et a conduit à de nombreuses publications. Ces projets relèvent, pour la plupart d'entre eux, d'une approche méthodologique plurielle et originale en SIC qui intègre la méthode expérimentale et les pratiques de la recherche-action dans la mesure où la recherche s'inscrit dans un enjeu de changement sociétal. Dans ce cadre, la réflexion présentée montre comment la conduite des projets concernés implique les néo médias. Cette implication soulève de nouvelles questions théoriques et pratiques certaines d'entre elles sont ici présentées. Après avoir résumé brièvement une recherche-action emblématique de l'implication des nouveaux médias au sein même d'une expérimentation en communication engageante, les auteurs montrent comment la présence de ces néo médias conduit à de nouvelles problématisations, mais aussi à des innovations dans les pratiques de recherche en communication.

PRESENTATION D'UNE RECHERCHE-ACTION : « ENGAGER PAR INTERNET »

Parmi les projets de recherche financés que nous conduisons depuis une dizaine d'années et qui sont consacrés à la « communication engageante », nous allons plus particulièrement faire référence à une recherche qui a pour originalité d'introduire dans un protocole de recherche-action en communication engageante expérimentale l'usage d'Internet. Il s'agit, en mobilisant les ressources de ce « néo média », de mesurer les effets d'un « engagement numérique » auprès de consommateurs, engagement qui les conduit à l'achat de produits d'écoconsommation, en l'occurrence des ampoules à économie d'énergie (AEE), également nommées « ampoules basse consommation » ou « lampes fluocompactes ». L'expérimentation s'est déroulée *in situ*, dans les locaux d'une enseigne de grande distribution du secteur du bricolage. Cette recherche s'inscrit dans le cadre d'un projet ANR financé (ANR-05-|N|T|05|1|4|4|3|8|9|) qui a pour thème : « La communication engageante au service de l'écocitoyenneté ». Dans ce projet, parmi les chantiers de recherche-action ouverts, nous avons conçu et conduit une expérimentation originale, autour d'un site Internet « engageant » que nous avons créé et réalisé. Cette expérimentation a mobilisé 13 enquêteurs et a concerné 400 sujets. Le plan d'expérience que nous avons conçu s'inscrit dans le cadre du paradigme de « la communication engageante et instituante » sur lequel nous revenons dans notre deuxième partie. Cette expérimentation s'inscrit, de fait, dans le cadre d'une sensibilisation à l'usage des AEE qui précède l'application de la Convention qui a été signée entre le Ministère de l'Ecologie, de l'Energie, du Développement Durable et de la Mer et différents acteurs de la grande distribution et du bricolage pour le retrait, par étapes, de la vente des ampoules à incandescence. Le 1er septembre 2009, le règlement européen sur les ampoules, adopté en décembre 2008, est entré en application pour les ampoules de plus de 100 W et le 31 décembre 2009 les ampoules à incandescence de plus de 75 W seront retirées de la vente en France. Rappelons qu'une ampoule fluocompacte, recyclable, consomme entre 4 et 5 fois moins d'électricité qu'une ampoule classique, non recyclable, pour une qualité d'éclairage identique et qu'une ampoule halogène de 500 Watt allumée pendant 1 heure consomme la même quantité d'énergie que 25 ampoules basse consommation de 20 Watt utilisées pendant 1 heure (source ADEME).

Dans le cadre de cette recherche, notre objectif principal était de mesurer les effets d'un dispositif de communication engageante numérique sur les comportements des sujets (acheter et installer les AEE à domicile), sur leurs attitudes et connaissances à l'égard des AEE et des économies d'énergie.
Prenant acte des nombreuses recherches psychosociales (cf. notamment Peterson et alii, 2000) montrant que les messages destinés à informer et à sensibiliser ne sont pas systématiquement suivis d'effets, notamment d'effets comportementaux (changements de comportements effectifs), nous avons souhaité tester l'efficacité de différents types de dispositifs de communication numérique engageante. Pour qualifier ces dispositifs nous choisissons également le terme de « néo média » afin de souligner, d'un point de vue médiologique, à la fois les continuités et les discontinuités entre Internet et les médias de masse qui ont précédé le médium numérique.

Ces dispositifs numériques ont été conçus par nos soins dans un cadre théorique et expérimental rigoureux.

Plan d'expérience

Il s'agit d'un plan 2x2 (avec actes préparatoires *versus* sans actes préparatoires X avec signature d'un engagement *versus* sans signature d'un engagement).

Quatre conditions expérimentales ont été définies et deux conditions « contrôle ». Les sujets, des clients d'une grande surface de bricolage de la région PACA, sont affectés aléatoirement à l'une des six conditions.

Les quatre conditions expérimentales sont les suivantes :

- Condition 1 : visite d'un site pertinent avec actes préparatoires/avec signature d'un engagement
- Condition 2 : visite d'un site pertinent avec actes préparatoires/sans signature d'un engagement
- Condition 3 : visite d'un site pertinent sans actes préparatoires/avec signature d'un engagement
- Condition 4 : visite d'un site pertinent sans actes préparatoires/sans signature d'un engagement

Dans les conditions 1, 2, 3 et 4, les sujets visitent le même site. Il s'agit d'un site en rapport avec les économies d'électricité (site pertinent). Il s'agit d'un site montrant que le remplacement d'ampoules à incandescence par des ampoules à économie d'énergie permet de réaliser des économies d'électricité.

La recherche comprend, en outre, deux conditions de contrôle :

- Condition 5 : visite d'un site non pertinent - un site donc non lié aux économies d'énergie - sans ou avec acte préparatoires/avec signature d'un engagement (condition site neutre)
- Condition 6 : sans visite de site et sans signature d'engagement (condition sans visite de site).

En nous référant au cadre théorique de la communication engageante, nous considérons que la communication engageante devrait s'avérer plus efficace que la « communication classique » (communication non engageante) pour :

1. favoriser le comportement d'achat de lampes à économie d'énergie
2. favoriser l'acquisition de connaissances (meilleure mémorisation) relative aux lampes à économie d'énergie
3. promouvoir une attitude positive envers les lampes à économie d'énergie
4. convaincre les sujets de l'utilité des lampes à économie d'énergie
5. amener les sujets à considérer que le recours aux lampes à économie d'énergie concourt au respect de la planète (identification de l'action élevée)
6. favoriser le prosélytisme (et augmenter la prédisposition des personnes à faire de la promotion pour les AEE via la communication interpersonnelle et dans des micro-groupes)
7. favoriser le remplacement effectif d'ampoules classiques par des ampoules à économie d'énergie au domicile
8. augmenter l'intention de remplacer des ampoules classiques par des ampoules à économie d'énergie au domicile.

Ces huit points sont autant de « variables dépendantes » (VD) dans le cadre de la recherche expérimentale auxquelles sont associés des groupes d'hypothèses qui ont été vérifiées une à une.

Quatre conditions expérimentales

L'expérimentation nécessite une mise en situation qui passe, dans le cas présenté, par une « demande prétexte ». Les sujets des quatre conditions expérimentales sont invités à évaluer « la qualité d'un nouveau site conçu pour l'ADEME » (demande prétexte, après accord de l'ADEME). Pour cela ils doivent visiter ce site en passant quelques minutes devant un écran d'ordinateur installé dans un magasin. Ce site est destiné à promouvoir les ampoules à économie d'énergie. Les actes préparatoires consistent à cliquer dix fois avec la souris de l'ordinateur pour remplacer dix ampoules ordinaires par dix ampoules à économie d'énergie. L'engagement porte sur le remplacement d'au moins une ampoule ordinaire par une ampoule à économie d'énergie, chez soi, dans les dix jours. Les informations relatives à l'engagement sont données de façon numérique, la signature des sujets se fait aussi de manière numérique.

Après la visite du site Internet, plusieurs questions (Questionnaire) sont posées aux sujets sur la qualité ergonomique du site (cf. « demande prétexte ») afin de satisfaire le critère de cohérence cognitive pour les sujets.

Un recueil des variables en deux temps

Premier temps, en observation directe : dans le magasin (observation directe). Les sujets sont suivis à leur insu dans le magasin. On observe s'ils achètent ou pas des ampoules. Le nombre d'ampoules à économie d'énergie achetées est noté (recueil de la Variable Dépendante (VD)1 : achat immédiat).

Deuxième temps, en différé : quinze jours plus tard (enquête téléphonique). Les sujets sont sollicités au téléphone. Ils sont alors amenés à répondre à une série de questions (recueil des VD 1 : achat différé ; VD2 : connaissances ; VD3 : attitude ; VD4 : convaincu de l'utilité des ampoules à économie d'énergie ; VD5 identification de l'action (« planète ») ; VD6 : prosélytisme ; VD 7 : remplacement effectif d'ampoules classiques par des AEE au domicile ; VD 8 : intention de remplacer des ampoules classiques par des AEE au domicile).

Deux conditions contrôles

Les sujets d'une des deux conditions contrôles (condition site neutre) sont amenés à visiter un site « neutre » sur le jardinage et la décoration. A la fin de cette visite, ils sont invités à prendre le même engagement (remplacement d'au moins une ampoule ordinaire par une ampoule à économie d'énergie) que dans les conditions expérimentales.

Les sujets de l'autre condition contrôle (condition sans visite de site) sont simplement recrutés pour participer à une enquête téléphonique sur les habitudes et pratiques des ménages de la région d'Aix-en-Provence, enquête programmée quinze jours après l'expérimentation.

Un site Internet « engageant »

Le site que nous avons conçu présente les deux caractéristiques principales suivantes.

- Premièrement, il est visité par les sujets des conditions expérimentales (conditions 1, 2, 3 et 4). Il porte sur les économies d'énergie et vise à promouvoir les ampoules à économie d'énergie afin d'agir pour préserver la planète et de développer les connaissances individuelles sur le thème.

- Deuxièmement, il est constitué de six séquences automatisées :

1. Visite active - ou passive- du logement avec actes préparatoires (changer des ampoules).
2. Informations spécifiques sur les gains financiers et écologiques liés aux dix changements d'ampoules effectués.
3. Message persuasif. Les sujets pouvaient lire en gros caractères sur l'écran : *J'utilise des ampoules à économie d'énergie, je préserve la planète.*
4. Informations générales sur gains financiers et écologiques liés à l'utilisation des ampoules à économie d'énergie (5 items).
5. Message persuasif.Les sujets pouvaient lire en gros caractères à nouveau sur l'écran le message persuasif : *J'utilise des ampoules à économie d'énergie, je préserve la planète.*
6. Remerciements, suivis -ou non-, d'une invitation à prendre un engagement.

Les résultats

L'ensemble des huit groupes d'hypothèses est très largement confirmé, après traitement statistique et analyse de résultats. Parmi ces résultats et pour exemple, l'analyse de variance, sur la base du plan expérimental, révèle un effet principal tendanciel de la variable « actes préparatoires », indiquant que *les sujets placés dans les conditions (1 et 2) avec actes préparatoires* ont davantage acheté d'ampoules à économies d'énergie (groupe d'hypothèses 1), dans le magasin que les sujets placés dans les conditions (3 et 4) sans actes préparatoires ; ces mêmes sujets (conditions 1 et 2) ont également une meilleure attitude envers les ampoules à économie d'énergie (groupe d'hypothèses 3) que les sujets placés dans les conditions (3 et 4) sans actes préparatoires ; ces mêmes sujets (conditions 1 et 2) sont davantage convaincus que l'utilisation d'ampoules à économie d'énergie chez soi concourt au respect de la planète (groupe d'hypothèses 5) que les sujets placés dans les conditions (3 et 4) sans actes préparatoires. Enfin, les sujets placés dans les conditions avec signature d'un engagement (condition 1 et condition 3 prises ensemble) et ayant signé un engagement ont remplacé davantage d'ampoules classiques par des ampoules à économie d'énergie au sein de leur domicile (groupe d'hypothèses 7) que les sujets placés dans les conditions sans signature d'un engagement (Condition 2 et Condition 4 prises ensemble). L'objectif n'étant pas ici de présenter les tableaux de résultats, nous ne développerons pas davantage ce point.

Cependant, et plus généralement, l'ensemble des résultats montre d'abord la pertinence qu'il y a à mobiliser les néo médias pour agir sur les actes, en l'occurrence les actes d'écoconsommation et d'achat durable, et les attitudes. Il montre aussi les effets sur la mémorisation, ce critère est important dans les travaux consacrés à la réception des médias (cf. Courbet, Fourquet- Courbet & Intartaglia, 2008). Il montre enfin que l'implication des néo médias permet d'associer enjeux d'action et enjeux de médiation des savoirs. La médiation ouverte par les pages web, lorsque la conception de ces pages intègre correctement le paradigme de la communication engageante, favorise à la fois le cours d'action ET la mémorisation des messages. Ce point nous semble extrêmement important. Il y a là des pistes très pertinentes pour de futurs travaux et applications du paradigme de la communication engageante impliquant les néo médias à l'émergence et au développement d'une « économie verte » (Jurgensen, 2009).

NEOMEDIAS, COMMUNICATION ENGAGEANTE ET DYNAMIQUES INSTITUANTES

Les travaux conduits depuis une dizaine qui ont conduit à formuler le « paradigme de la communication engageante et instituante » (cf. notamment : Joule, 2000 ; Bernard & Joule, 2004 ; Bernard, 2008) portent sur la question de la relation entre communication et action. La communication comme pensée et pratique est convoquée lorsqu'il s'agit de mettre en place des politiques et des projets de changement, c'est par exemple le cas pour la santé, la prévention en général, c'est aussi de plus en plus le cas dans le domaine de l'environnement. Les fondateurs de ce paradigme prennent appui sur un ensemble de travaux, notamment américains (cf. notamment Peterson et alii, 2000) qui montrent que l'approche persuasive, argumentative, sémantique de la communication, si elle permet de faire évoluer les représentations et les attitudes, ne conduit pas pour autant à des changements comportementaux. Prenant acte de ces limites, les auteurs, qui travaillent sur la problématique du changement en actes, ont recours à un autre courant théorique développé dans le champ de la psychologie sociale expérimentale, celui de la théorie de l'engagement (Joule & Beauvois, 2002) afin d'expérimenter une autre voie conceptuelle et pratique.

La théorie de l'engagement

Les recherches réalisées dans le cadre de la théorie de l'engagement (Kiesler, 1971 ; Joule & Beauvois, 1998 ; Joule, 2006 ; Girandola 2005) nous invitent à repenser les phénomènes de changement d'attitude et, surtout, de changement comportemental (Joule & Guéguen, 2005).

Pour Kiesler (1971), une personne qui a agi se trouve *engagée*, en quelque sorte malgré elle, dans son acte et cet engagement va avoir des effets à la fois sur le plan des attitudes et sur le plan des comportements (cf. notamment, Joule & Beauvois, 1998 ; Joule, 2001, 2006).

Les auteurs, à partir de travaux expérimentaux, montrent qu'on peut obtenir un fort engagement en jouant sur plusieurs facteurs, dont les principaux sont :

- *Le contexte de liberté dans lequel l'acte est réalisé* : un acte réalisé dans un contexte de liberté est plus engageant qu'un acte réalisé dans un contexte de contrainte.
- *Le caractère public de l'acte* : un acte réalisé publiquement est plus engageant qu'un acte dont l'anonymat est garanti.
- *Le caractère explicite de l'acte* : un acte explicite est plus engageant qu'un acte ambigu.
- *L'irrévocabilité de l'acte* : un acte irrévocable est plus engageant qu'un acte qui ne l'est pas.
- *La répétition de l'acte* : un acte que l'on répète est plus engageant qu'un acte qu'on ne réalise qu'une fois.
- *Les conséquences de l'acte* : un acte est d'autant plus engageant qu'il est lourd de conséquences.
- *Le coût de l'acte* : un acte est d'autant plus engageant qu'il est coûteux (en argent, en temps, en énergie, etc.).
- *Les raisons de l'acte* : un acte est d'autant plus engageant qu'il ne peut être imputé à des raisons externes (par exemple : promesses de récompenses, menaces de punition) et qu'il peut être imputé à des raisons internes (par exemple : valeurs personnelles, traits de personnalité). En d'autres termes, les raisons externes désengagent, contrairement aux raisons internes qui engagent.

La notion d'acte, en l'occurrence d' « acte préparatoire » renvoie à la procédure du « pied-dans-la-porte » (Freedman et Fraser, 1966). Son principe consiste à obtenir peu avant de demander davantage.

Enfin, la théorie de l'identification de l'action apporte une contribution très pertinente à la compréhension de la relation entre cognition et action. Rappelons que les circonstances engagent le sujet à un niveau d'identification donné, ce niveau pouvant être plus ou moins élevé (par exemple du niveau de l'écogeste à celui de valeurs portant sur l'avenir de l'humanité et de la planète). Sur la base de cette option, Joule et Beauvois (1998, 2002) ont proposé de considérer la théorie de l'identification de l'action (Vallacher et Wegner, 1985 ; Wegner et Vallacher, 1986), comme une théorie locale de la théorie de l'engagement.

De la théorie de l'engagement à la communication engageante et instituante

Le paradigme de la communication engageante est donc issu d'une coopération interdisciplinaire entre chercheurs en Psychologie sociale et chercheurs en Sciences de l'Information et de la Communication (SIC). Il prend appui sur le cadre théorique que nous venons de présenter qui est élargi avec la contribution d'autres apports théoriques en SIC. Dans le champ des SIC, et en intégrant les méthodes et résultats des projets de recherche financés impliquant ce cadre théorique, par exemple : le projet « Sensibilisation des baigneurs de Marseille à l'écocitoyenneté » (Conseil Régional PACA et ADEME), ou encore le projet « AMERECO » (ISCCnrs). Ce paradigme comporte les caractéristiques suivantes :

- le processus d'engagement en actes s'effectue dans une situation de communication qui met en relation trois dimensions structurantes, celles de l'action, du lien et du sens et qui pose la question de la relation entre ces dimensions
- l'acte préparatoire sert de « support » à une logique de communication qui se déploie dans le cadre d'un cours d'action ; sur Internet, le « clic » est conçu comme un micro acte préparatoire (associé au critère de « contexte de liberté »)
- la relation entre acte et significations passe, en partie, par l'enjeu de l'identification de l'action qui mobilise généralement une approche par le sensible, par exemple avec des productions médiatiques (de l'affiche à Internet) ; en ce qui concerne le web, la dimension sensible est, dans le domaine de la production médiatique, prise en compte par les *web designers,* des travaux en SIC sont consacrés à cette question (cf. Fourquet- Courbet, Courbet & Vanhuele, 2007)
- les dispositifs de communication engageante, et notamment ceux qui impliquent les néo médias, sont porteurs de pratiques de médiation des savoirs, par exemple avec : les quiz en ligne, les liens vers un article numérique « savant », la navigation hypertexte orientée vers la découverte et la connaissance, etc.

- « le caractère public de l'acte » est développé en impliquant des processus pluriels de publicisation portés par les médias (PQN, PQR, magazines, radios, TV, etc.) et les néo médias (sites Internet, blogs, forums numériques...)
- penser la place des médias et néo médias dans un dispositif de communication engageante conduit à problématiser la communication engageante comme communication instituante
- la communication engageante parce qu'elle prend en compte la question de la pérennisation du changement en actes ouvre des dynamiques instituantes mais conduit aussi à l'étude de celles-ci.

La notion de dynamiques instituantes, tissées en l'occurrence avec et par les néo médias, permet de rendre compte d'un triple processus interdépendant :

- premièrement, celui d'une mise en « espace public » (Habermas, 1962, 1992), la dimension délibérative se joue aussi désormais via Internet
- deuxièmement, celui d'une généralisation et d'une légitimation des projets, des valeurs et des significations par les pratiques de publicisation, celles-ci ne peuvent-être pensées indépendamment du medium auquel elles sont associées
- troisièmement, celui d'une mise en « culture », de « branchements culturels » (Amselle, 2001). Par exemple, l'écogeste individuel, mis en écran par les néo médias, acquiert, dans la « production - circulation » intertextuelle, peu à peu une densité, une épaisseur de norme sociale et culturelle.

Le paradigme de la communication engageante et instituante contribue à rendre compte de ce processus multidimensionnel entre action et institution, entre médias et culture.

Par ailleurs, ce qui s'institue, dans ce carrefour « socio-médio culturel » autour de la thématique environnementale contribue à l'émergence d'un « imaginaire social historique » (cf. sur ce point, Castoriadis,1979) caractérisé par une redéfinition de la relation entre l'humain et la biosphère.

La question des innovations en recherche-action participative et coopérative

L'approche que nous proposons de l'innovation dans les pratiques de recherche est indissociable, dans nos travaux avec d'autres champs d'innovation : l'innovation médiatique et l'innovation sociétale. Cette question des pratiques doit être mise en regard avec les orientations théorique et méthodologique. Nous avons souligné le caractère pluridisciplinaire des travaux dans une direction nouvelle : SIC et psychologie sociale expérimentale, mais aussi le maintien de la singularité des SIC avec la conception d'une méthodologie plurielle qui prend en compte approche expérimentale approche compréhensive et approche participative. Enfin, les pratiques de recherche sont fortement ancrées dans la tradition des recherches-actions, tout en proposant des pistes innovantes. Trois points nous semblent importants : comment est revisitée la recherche-action, comment les pratiques de recherche participative et coopérative produisent de nouveaux « agencements », comment problématiser et étudier la relation entre innovation médiatique, innovation sociétale et innovation scientifique.

Revisiter la recherche-action

De manière plus générale, les recherches-actions (RA) que nous conduisons depuis une dizaine d'années relèvent d'une approche participative et coopérative (pour une typologie des RA cf. : Resweber, 1995). Les références dans le domaine de la recherche-action sont nombreuses (pour une synthèse, cf. : Barbier, 1996) et trouvent leur source dans les travaux fondateurs de Kurt Lewin qui considère que l'action est une source de connaissance qui peut être réinvestie dans l'action en cours (Lewin, 1951). John Dewey est également un auteur important notamment en ce qui concerne la notion d'expérimentation, comme ensemble constitué par une action et ses conséquences (Dewey,1968). Georges Lapassade définit la RA comme dispositif d'action, de visibilité et de réflexivité (Lapassade, 1971).

La posture du chercheur en recherche-action est singulière dans la mesure où il accepte un statut d'acteur du changement. Ce statut produit des effets en chaîne. Il pose la question du « statut épistémologique de la distance », celle-ci devant être pensée en termes de composition de figures de distanciation : empathie avec d'autres acteurs-partenaires durant certaines phases interactives de conduite du projet, « méta position » pour le temps de l'analyse.

Dans les projets dont nous avons eu la responsabilité, la recherche-action est accompagnée d'une démarche participative, dans le sens où les « sujets » ont un statut de partenaire, d'acteur de la recherche et du changement qu'elle impulse (cf. notamment, Bernard et alii, 2009). Ils sont aussi porteurs d'expérience utile à la dynamique de la recherche. Ils sont dotés d'une compétence de réflexivité. La question de la mutualisation de savoirs hétérogènes est posée comme mise en commun de savoirs académiques et de savoirs d'expérience.

La démarche participative est définie comme étant caractérisée par « l'initiative des communautés », ce qui est le cas pour des travaux conduits au Canada, en Amérique latine et en Afrique et en Asie (Anadon, 2007). Des communautés -des agriculteurs, des villageois, des habitants d'une vallée, etc.- font appel à des chercheurs pour résoudre des problèmes : préservation de la forêt, économie de l'eau, variété de cultures agricoles, lutte contre des aménagements détruisant l'environnement, etc. Les travaux que nous avons présentés, sur ce critère, n'entrent pas dans cette catégorie dans la mesure où il s'agit d'une réponse à des appels d'offres. Cependant, pour rendre compte de la dimension forte de partenariat qui caractérise nos travaux et conditionne leur succès, nous proposons la notion de « recherche-action participative et coopérative » (Bernard, 2008).

La recherche-action ainsi conçue tend à responsabiliser chacun des acteurs autour d'un thème sociétal et à favoriser son autonomie, dans l'acception des potentialités de réflexivité et d'action dont chaque individu est doté. Cette pratique de recherche peut également être lue en termes de parcours d'autonomie dans l'acception d'une compétence de réflexivité que chaque individu peut exercer et appliquer à sa vie individuelle et sociale. Par exemple, la réflexivité orientée vers l'autonomie et appliquée à la relation aux institutions consiste à considérer que celles-ci étant une production sociale « immanente », elles peuvent et doivent changer à l'initiative des acteurs sociaux autonomes (cf. sur ce point, Castoriadis, 1979).

De nouveaux « agencements »

Les projets sont également caractérisés par la construction - au fil de l'eau - d'un « agencement » original composé d'acteurs et d'organisations pluriels. La notion d'agencement renvoie aux propositions théoriques et notamment à la « dialectique de la conjugaison » de Gilles Deleuze (1990). L'usage que nous en faisons est plus modeste et limité en ce sens qu'il désigne une « matière -expressivité -mouvement » impliquant à la fois de l'humain, du technique, de l'organisationnel.

Ainsi, pour préserver le littoral méditerranéen et favoriser les comportements écocitoyens des baigneurs de Marseille qui sont aussi les habitants de la Ville, des partenaires privés et publics se mobilisent au cours de la recherche-action, restaurateurs, associations de quartiers, services de nettoyage et propreté de Marseille Provence Métropole (MPM), Régie des Transports de Marseille (RTM) (cf. Bernard, 2008), etc. La logique de réseau social peut évidemment être consolidée et dans certains cas provoquée par le réseau numérique et Internet. Réseau social, réseau professionnel, réseau scientifique et réseau numérique « s'épaulent » réciproquement et constituent de nouveaux « agencements » sociocognitifs et organisationnels qui peuvent être également qualifiés, dans un autre cadre d'analyse -celui de la communication organisationnelle- de « formes inter organisationnelles ». Ces formes sont ouvertes et évolutives. Elles sont aussi à la fois éphémères -le temps du projet de recherche-action- mais aussi durables en ce sens qu'elles favorisent des rencontres d'individus et de collectifs qui sont motivés par les mêmes centres d'intérêt de qui sont susceptibles de se retrouver ultérieurement et autrement. Elles sont riches en débats et parfois en tensions qui s'inscrivent dans la perspective d'un élargissement des pratiques démocratiques à la technique et à la science (cf. sur ce point : Callon, Lascoumes & Barthe, 2001).

Innovations médiatique, sociétale, scientifique

Catégoriser l'épaisseur du « social en mouvement » en termes d'innovations associées est une possibilité à condition de ne pas perdre de vue l'intrication des faits d'ordre différents. Nous proposons, dans une perspective inévitablement simplificatrice, donc de faire un lien entre innovation médiatique, sociétale et scientifique en introduisant les notions de culture, de *praxis* et d'imaginaire. Cette démarche résonne en termes de *praxis* dans l'acception du *sens qui se joue dans une expérience historique*. Le médium-média Internet est désormais présent dans tous les champs de l'activité humaine. Il n'est pas objet technique mais objet socio-anthropo-technique, c'est donc la fin des boîtes noires (cf. sur ce point : Latour, 1992).

Dans l'expérimentation que nous venons de présenter, l'usage d'Internet proposé aux sujets enquêtés, revêt une dimension toute particulière. En effet, nous avons présupposé que la « culture Internet », telle qu'elle est déjà socialisée, joue implicitement en faveur de - et favorise- la crédibilité de l'expérimentation. Tout se passe comme si le « medium » - et l'imaginaire qui le porte et qu'il porte- contribue à la crédibilité et à l'acceptation de la démarche de changement. Par extension, on peut formuler l'hypothèse de la « crédibilité du medium ». Cette hypothèse mérite d'être mise en regard de l'hypothèse, plus classique, de la crédibilité de la source (Hovland & Weiss, 1951). Il s'agit bien d'une perspective innovante dans les pratiques de recherche en sciences sociales expérimentales. Cette innovation constitue, en soi, un objet d'études pertinent dans le champ des SIC.

CONCLUSION

Le cadre théorique, méthodologique et pratique ainsi posé est pluriel, ouvert, complexe et participatif. Les projets de recherche-action inscrits dans ce paradigme et leurs résultats pris dans leur ensemble constituent un programme de recherche centré sur l'heuristique de l'action communicationnelle. Ce programme ouvre de nombreuses nouvelles pistes qui appellent un travail continu de réflexivité, dans le déroulement même de chacun des projets puis, de manière plus généralisatrice et comparative entre projets réalisés. Les problématisations sont nombreuses, par exemple celle de la multi et l'interculturalité (cultures de métiers, de groupes, cultures médiatiques, etc.), celle de l'heuristique de l'action, celle de l'institutionnalisation (Internet comme institution médiatique ?), celle des formes organisationnelles, etc. Ces problématisations confirment, si cela était utile, que les pratiques des néo médias associées aux pratiques de recherche soulèvent de nouvelles questions scientifiques et sociétales.

REFERENCES BIBLIOGRAPHIQUES

Amselle, J.-L. (2001). *Branchements. Anthropologie de l'universalité des cultures.* Paris : Flammarion.

Anadon M. (2007). *La recherche participative. Multiples regards.* Québec : Presses Universitaires du Québec.

Barbier R., (1996). *La recherche-action*, Paris : Economica.

Bernard F. (coord. scient.), Joule R.-V., Fourquet-Courbet M.-P., Courbet D., Badillo P. & Bourgeois D., (2009). « Vers une recherche coopérative en Sciences de l'Information et de la Communication : Action, médias et environnement », projet AMERECO, *APO ISCCnrs 2007, rapport scientifique final.*

Bernard F., (2008). La recherche-action dans les travaux consacrés à la communication d'action et d'utilité sociétales : le cas de la communication engageante et de l'environnement., in Bouzon A. & Meyer V., *La Communication des Organisations : Entre Recherche ET Action*, Paris : L'Harmattan, p. 145-155.

Bernard F., (2008). « L'organisation média : de nouvelles questions pour de nouveaux enjeux. Le cas de la communication d'action et d'utilité sociétales", in Badillo P. *Ecologie des médias.* Bruxelles : Bruylant, pp. 195-212.

Bernard, F. (dir. scientifique), (2008). Rapport scientifique final : « Sensibilisation des baigneurs à l'environnement marin et à la propreté urbaine sur les plages de Marseille » - « Ma plage, moi je la respecte ! », commanditaires : Conseil Régional PACA et ADEME, Marseille : juin 2008.

Bernard F., (2007). « Communication engageante, environnement et écocitoyenneté : un exemple des « migrations conceptuelles » entre SIC et psychologie sociale", *Communication & Organisation*, GREC/O, Université Michel de Montaigne, n°31, juillet, pp. 27- 42.

Bernard F., (2006). « Organiser la communication d'action et d'utilité sociétales. Le paradigme de la communication engageante ", *Communication & Organisation*, GREC/O, Université Michel de Montaigne, n°29, juin, pp. 65-86.

Bernard, F., & Joule, R.-V. (2004). « Lien, sens et action : vers une communication » engageante ", *Communication & Organisation*, GREC/O, Université Michel de Montaigne, n°24, Bordeaux 3, pp. 347-362.

Callon, M., P. Lascoumes et Y. Barthe (2001). *Agir dans un monde incertain. Essai sur la démocratie technique*, Paris, Seuil.

Castoriadis C., (1979). *L'institution imaginaire de la société.* Paris : Ed du Seuil.

Courbet D., Fourquet- Courbet M.-P. & Intartaglia J., (2008). Publicité sur Internet : que reste-t-il des mots, que reste-t-il des images, trois mois après en mémoire implicite ? *Revue des Interactions Humaines Médiatisées,* 9, 1, pp 1-24.

Dewey J., (1968, trad. franç.). *Expérience et éducation.* Paris : Armand Colin.

Freedman J.L. & Fraser S.C., (1966). Compliance without pressure : the foot-in-the-door technique. *Journal of Personality and Social Psychology, 4,* pp.195-202.

Fourquet- Courbet M.-P., Courbet D. & Vanhuele M., (2007). How Web Designers Work. The role of internal dialogues, self-evaluation and implicit communication theories, *Journal of Advertising Research*1 (Impact Factor : 1,05), vol., 47, issue 2 (June 2007).

Deleuze G., (1990). *Pourparlers 1972 – 1990.* Paris : Les éditions de Minuit.

Girandola F., (2005). Action and Commitment theory. In. V. Alexandre., & W. Gasparski (Eds.), *French and other perspectives in praxeology* (Vol. 12, pp. 117-130). New Jersey : Transaction Publishers.

Habermas J., (1962, 1978 trad franç.). *L'espace public,* Paris : Payot. Hovland C.I. & Weiss W., (1951). The influence of source credibility on communication effectiveness. *Public Opinion Quarterly, 15,* pp. 635-650.

Joule R.V., Girandola F. & Bernard F., (2007). How can people be induced to willingly change their behavior? The path from persuasive communication to committing communication. *Social & Personality Psychology Compass* 1:10.1111/j.1751-9004.2007.00018.x, http://www.blackwell-synergy.com/toc/spco/0/0.

Joule R.V., (2006). Vie collective et comportements sociaux. Dans M. Bromberg et A. Trognon (Eds.). *Psychologie sociale.* Paris : Presses Universitaires de France, pp. 115-130.

Joule R.V. & Guéguen N., (2005). La théorie de l'engagement et ses applications : principes d'action et cadrage méthodologique. *7ème Congrès International de Psychologie Sociale Appliquée. Rennes : 20-22 octobre.*

Joule R. V., Py J. & Bernard F., (2004). Qui dit quoi, à qui, en lui faisant faire quoi ? Vers une communication engageante. In M. Bromberg & A. Trognon (Eds.). *Psychologie sociale et communication* (pp. 205-218). Paris : Dunod.

Joule R.V. & Beauvois J.L., (2002). *Petit traité de manipulation à l'usage des honnêtes gens.* Grenoble : Presses Universitaires de Grenoble.

Joule R.V. & Beauvois J.L., (1998). *La soumission librement consentie.* Paris : Presses Universitaires de France.

Jurgensen P., (2009). *L'économie verte.* Paris : Odile Jacob.

Kiesler C.A., (1971). *The psychology of commitment : experiments linking behavior to belief.* New York : Academic Press.

Lapassade G., (1971). *L'analyseur et l'analyste.* Paris : Gauthier-Villars.

Latour B., (1992). *Aramis, ou l'amour des techniques.* Paris : La Découverte.

Lewin K., (1951). *Field Theory in Social Science* (1951), New York : Editions Harper and Row.

Peterson A.V., Kealey K.A., Mann S.L., Marek P.M. & Sarason I.G., (2000). Hutchinson Smoking Prevention Project : long-term randomized trial in school-based tobacco use prevention--results on smoking. *Journal of the National Cancer Institute, 92,* 1979-1991.

Resweber J-.P., (1997). La recherche-action : Stratégie de recherche et recherche de stratégies, *Humanisme et Entreprise*, n°222, pp. 97-108.

Vallacher R.R., & Wegner D.M., (1985). *A theory of action identification.* New Jersey : Lawrence Erlbaum.

Wegner D.M., & Vallacher R.R., (1986). Action identification. In R.M. Sorrentino. & E.T. Higgins (Eds.), *Handbook of motivation and cognition : foundations of social behavior* (pp. 550-582). New York : Guilford

Stratégies et pratiques socio-professionnelles dans un marché industriel
Les sites UGC Scoopt et CitizenSide

Laurie Schmitt
Attachée Temporaire à l'Enseignement et à la Recherche
Laboratoire GRESEC, de l'Université Stendhal Grenoble 3
Institut de la Communication et des médias, Echirolles

INTRODUCTION

L'étude proposée dans cet article s'inscrit en Sciences de l'Information et de la Communication. Elle prend en compte plus particulièrement les mutations de l'industrie de la photographie de presse à travers l'étude de deux sites UGC (User Generated Content) proposant des contenus photographiques : Scoopt et CitizenSide. Scoopt, créé en 2005 par des écossais, concentre son domaine d'activité sur la vente de photographies de « citoyens » aux entreprises de presse. Leurs arguments sont : « Qui demain prendra la photo de la Une ? Un photographe professionnel de la presse, ou bien un simple citoyen ? Si demain vous prenez en photo un événement digne d'intérêt journalistique, ou encore une personne célèbre, peut-être aurez-vous alors entre vos mains une image précieuse. Si cette photo mérite d'être publiée, vous mériterez alors d'être payé pour cela. A Scoopt, nous nous assurons que les personnes compétentes voient votre photo, et nous veillons à ce que vous fassiez la meilleure affaire possible »[33]. L'initiative se poursuit en France,

---

[33] http://www.scoopt.com/

comme le souligne Gunthert (2009), « présent à Londres au moment des attentats, Mathieu Stefani créé dès 2005 le site Scooplive, renommé Citizenside en 2007, qui se présente comme une interface entre les particuliers et les médias ». CitizenSide développe la vente d'images d'actualité (photographiques ou filmiques) tout comme le réalise le site UGC Scoopt. CitizenSide propose en plus : le partage d'images. Le site met l'accent sur l'élaboration d'une communauté constituée par ses membres.

Plus loin, nous pouvons constater que quatre aspects relient ces deux sites. Le premier concerne leurs domaines d'activité. Les deux sites proposent et valorisent les images d'actualité à la différence d'autres sites UGC tels que Fotolia (banque d'images d'illustration qui vend ses contenus en libres de droits) ou FlickR (site de partage de photographies personnelles qui ne sont pas forcément en lien avec l'actualité). Nous nous intéressons plus précisément dans cette étude aux contenus photographiques et non filmiques.

Le second s'appuie sur l'auto-qualification des sites comme « agence » (Scoopt) ou « intermédiaire » (CitizenSide) entre utilisateurs et clients. Le troisième est le lien existant entre ces sites et les agences professionnelles. L'Agence France Presse détient 34 % du capital de CitizenSide depuis novembre 2007. Getty Images acquiert Scoopt en mars 2007 puis la ferme en mars 2009. Le quatrième est que les deux sites UGC sont réglementés par des lois nationales différentes, tout en faisant partie d'un même marché. Nous nous intéressons donc à ces deux sites en raison de leurs domaines d'activité communs, de leurs positionnements différents, de l'intérêt que portent certains industriels à ceux-ci et de leur réglementation divergente dans un marché commun. Ces quatre constats mettent en avant une complexité économique des sites et une diversité des manières de faire sous une appellation commune d'UGC. Ils nous conduisent enfin à nous interroger sur les manières de consommer et de produire de l'information autour des différents acteurs en présence.

La construction de notre problématique emprunte aux théories développées par l'Ecole de Francfort amorçant la problématique des industries culturelles reconfigurée ensuite plus particulièrement par les apports de Miège. Notre posture nous conduit à envisager ici les contenus photographiques des sites étudiés ainsi que leurs services proposés comme des biens au cœur du marché de la photographie de presse. Ce marché est constitué d'une pluralité d'acteurs. Nous prenons en compte les acteurs industriels qui structurent le marché : agences filaires, agences de presse, agences photographiques, collectifs, photographes indépendants et/ou salariés. Nous envisageons aussi les « concepteurs » (nous les nommons ainsi) des sites UGC comme des acteurs de ce marché déjà fragmenté. Nous concevons enfin les entreprises de presse comme des clients de ce marché. Nous n'abordons pas les utilisateurs.

L'orientation choisie d'une économie politique de la communication est enrichie et complétée par les apports théoriques portant sur les usages, les pratiques culturelles et l'économie du journalisme. La sociologie des usages a notamment mis en exergue les relations entre concepteurs et utilisateurs. Du côté de l'utilisateur, l'appropriation sociale des technologies de l'information et de la communication renvoie « à des possibilités d'autonomie et d'émancipation pour les individus et les groupes » (Proulx, 2008). Du côté du concepteur, nous formulons l'hypothèse que l'appropriation des contenus fait davantage appel à des modes de domination entre acteurs et des modalités d'appartenance à un marché. Dans ce contexte, chaque acteur négocie sa place.

La sociologie des pratiques culturelles en s'intéressant plus particulièrement aux pratiques d'amateurs (Hennion, 2009) a révélé les mécanismes de référenciation et de différenciation, présents entre acteurs. L'économie du journalisme permet d'envisager les spécificités du marché de la photographie de presse mais aussi d'articuler celui-ci avec les « mutations engendrées par le web 2.0. » (d'après les auteurs Gestin, Gimbert, Le Cam, Rodhomme-Allègre., Rochard, Romeyer et Ruellan, 2009 en référence à Rebillard, 2007).

Notre problématique est la suivante : les trois types d'acteurs – concepteurs, industriels et clients – développent des stratégies et des tactiques pour se positionner, se légitimer et se valoriser dans le marché de la photographie de presse. Ces actions sont portées par des enjeux. L'étude des sites UGC Scoopt et CitizenSide, dans le contexte du marché de la photographie de presse, permet de révéler que les enjeux diffèrent selon les acteurs. En effet, « les enjeux [d'utilisations et d'appropriations des contenus, des services mais aussi des sites UGC] sont multiples, ou du moins pluriels (...) les enjeux ou les en-jeux sont portés par des stratégies, des stratégies qui peuvent se trouver en contradiction les unes avec les autres, ou en tout cas être positionnées de façon dissymétrique (...) » (Miège, 2004, p. 38). Dans le même temps, il apparaît que tous ces enjeux s'inscrivent dans une continuité de pratiques socio-professionnelles de construction identitaire des acteurs du marché. Nous pouvons ainsi qualifier ces pratiques d' « ordinaires » (Certeau, 1990). Les spécificités des enjeux sont envisagées autour de la singularité des trois types d'acteurs. Ainsi, notre article se structure en trois temps autour des enjeux des concepteurs, des enjeux des industriels et des enjeux, des clients dans le contexte du marché de la photographie de presse.

Nous nous appuyons sur une analyse des dispositifs construits sur les plateformes ainsi que sur des entretiens réalisés dans le cadre de notre thèse auprès des différents acteurs du marché. Ainsi, nous mobilisons les propos, de Viers (rédacteur en chef de CitizenSide), de Munthe (Founder and CEO at Demotix) pour les concepteurs. Pour les industriels, nous nous appuyons sur ceux des acteurs : Scherer (directeur stratégies et partenariats de l'AFP), Eudes (directrice de la photographie de l'AFP), De Keerle (director of photography managing editor at Getty Images), Gonzales (directeur commercial de l'Associated Press), Zihnioglu (rédacteur en chef technique de Sipa Press). Pour les clients, nous citons : Altman (rédactrice en chef photo du *Figaro*). Enfin, nous avons pu mener des entretiens auprès des membres des associations de défense de la profession : Codina (vice président de l'ANJRPC-FreeLens), Gauthier (juriste de l'Union des Photographes Créateurs).

Enjeux des concepteurs

Nous concevons dans cette première partie, d'une part les relations entre utilisateurs et concepteurs, à travers la construction énonciative de l'utilisateur et l'élaboration d'un dispositif éditorial. D'autre part, nous envisageons les rapports construits entre concepteurs et clients par la marchandisation du dispositif éditorial.

La construction énonciative de l'utilisateur

Nous appréhendons ici la figure de l'utilisateur comme un construit - au même titre que celle de l'amateur (Creton, 1999, p. 143) - du marché. La construction de cette figure par les concepteurs s'inscrit tout d'abord dans des différentes stratégies énonciatives.

Premièrement, la figure s'insère dans une catégorisation plus générale de CitizenSide et Scoopt en tant que sites UGC - User Generated Content. Cette catégorisation semble relever d'un discours marketing des concepteurs. Elle participe à rendre visible, à classifier et à reconnaître ces acteurs dans le marché international et fragmenté de la photographie de presse qu'ils souhaitent intégrer. La stratégie adoptée est ainsi d'être identifiable pour les utilisateurs, mais aussi pour les industriels et les clients en tant qu'UGC. Dans cette continuité, les deux sites vont valoriser leur position médiane. Nous avons évoqué en introduction le fait que les deux sites se qualifient tantôt « d'agence », tantôt « d'intermédiaire ». La référence au terme « d'agence » apparaît largement promotionnelle. En effet, CitizenSide n'est pas reconnue statutairement en qualité d'agence de presse par la Commission Paritaire des Publications et des Agences de Presse (Juin 2009).

Deuxièmement, la figure de l'utilisateur est en réalité plurielle. Nous avons pu constater que différentes figures de l'utilisateur se mêlent et « se confrontent » (Chambat, 1994, p. 57) au sein des dispositifs et des discours des acteurs (Viers, Checinski pour CitizenSide ; MacRay pour Scoopt). Les concepteurs abordent les profils des utilisateurs : amateur, professionnel, semi-professionnel. Plus loin, pour qualifier les utilisateurs, ils insistent sur les termes de « témoin », « citoyen », « reporter ». Cette disparité des figures peut sembler paradoxale mais en réalité elle apparaît comme une stratégie visant à attirer le plus d'utilisateurs possible.

Troisièmement, les concepteurs mettent l'accent sur la dimension participative de l'utilisateur. L'utilisateur produit des contenus. Pour les deux sites, il « fournit de l'information ».

CitizenSide propose aussi à l'utilisateur de devenir « acteur d'une communauté[34] », « membre d'un réseau social » (d'après Viers, entretien réalisé le 25 juillet 2008). Cette activité n'est pas présente sur Scoopt. A la fermeture de Scoopt en mars 2009, la réaction de Viers - rédacteur en chef de CitizenSide - va dans ce sens : « il est dommage que Scoopt n'ait pas développé des interfaces 2.0 (partage, commentaire, vote, pages de profil, etc.) ni animé et fait vivre sa communauté[35] » (Lesourd, 2009). Par ailleurs, notons que le site UGC londonien Demotix (proposant des photographies de « rue » de professionnels et d'amateurs) créé en janvier 2009 met également l'accent sur la dimension communautaire du site selon Munthe (Founder and CEO at Demotix, entretien du 2 septembre 2009). La logique adoptée sur les sites Scoopt et CitizenSide consiste à s'adresser directement aux utilisateurs via le site par la mobilisation du pronom « vous » et insistent sur les actions mises à disposition des utilisateurs : « partagez, vendez, touchez, bénéficiez, découvrez, participez, profitez, soyez protégé, gagnez du temps, recevez » (cf. CitizenSide, rubrique « 10 bonnes raisons de s'inscrire »). Le terme d' « utilisateur » est rarement employé en tant que tel.

Les trois stratégies viennent attester que la figure de l'utilisateur est une construction énonciative. Le terme d'utilisateur est polysémique et prête parfois à confusion. Des intentions sous-tendent sa construction. Derrière la figure de l'utilisateur, la figure du concepteur se construit à son tour. Découvrons cet aspect à travers le dispositif éditorial élaboré sur les plateformes.

La conception du dispositif éditorial

Walter (2005) définit un dispositif comme « un agencement d'éléments hétérogènes, discursifs et non discursifs » (p. 12). L'auteur précise ensuite que « l'une des caractéristiques des analyses s'y rapportant – généralement à orientation formaliste – est de faire saillir une dimension stratégique et réticulaire, qui assurerait le processus de médiation ». L'auteur met ainsi l'accent sur le rôle des acteurs dans

---

34 http://www.citizenside.com/

35 http://www.participative-spirit.fr/marketing-participatif/2009/02/terminus-pour-scoopt-la-reaction-de-citizenside/

l'édition des informations, mais aussi qui permettent d'animer sa communauté et son site[37] ». Il s'agit donc de vendre le dispositif mais aussi des savoir-faire, de « l'UGC Qualifié » (Viers, rédacteur en chef de CitizenSide, entretien réalisé le 25 juillet 2008). Ainsi, un « Kit reporter » est proposé aux médias. Il est présenté à l'url : http://kitreporter.com. Ce lien n'est pas accessible depuis le site CitizenSide. Le journal gratuit *20 minutes* a notamment acheté la « plateforme technologique ». Nous la présentons ci-dessous en corrélation avec le dispositif de CitizsenSide afin d'identifier la mise en application de cette marchandisation.

20minutes http://www.20minutes-vos-images.fr/

Citizenside http://www.citizenside.com/

A l'issue de cette première partie, il apparaît que les enjeux des concepteurs dans l'appropriation des contenus photographiques d'utilisateurs s'inscrivent dans des stratégies promotionnelles. Ces stratégies diffèrent selon les interlocuteurs (utilisateurs et clients). Néanmoins, toutes participent à construire une image des sites UGC. Cette image se consolide autour d'une professionnalisation de l'offre de services qui cherche d'ailleurs à rationaliser les contenus. Derrière la figure de l'utilisateur mise en avant, c'est celle du professionnel qui apparaît, se construit et se consolide.

Enjeux des industriels

Dans cette deuxième partie, les deux sites UGC Scoopt et CitizenSide apparaissent comme des enjeux d'asservissement des concepteurs en faveur de certains industriels.

---

37 http://www.participative-spirit.fr/marketing-participatif/2009/02/terminus-pour-scoopt-la-reaction-de-citizenside/

Selon nous, les industriels (AFP, Getty Images) deviennent actionnaires de ces sites afin d'asseoir leur domination au sein du marché. Nous évoquons ainsi trois aspects qui permettent de vérifier notre hypothèse : la financiarisation, la délimitation des sphères d'action et enfin la réglementation.

La financiarisation

D'après Bouquillion (2009), « le terme de « financiarisation » désigne le développement de l'actionnariat financier et, en contrepartie, le développement du mode de contrôle dit « managérial ». (...) La financiarisation peut enfin désigner le passage des économies nationales d'une logique de « coeurs financiers » à une économie de « marchés financiers » (Morin, 1999) dominée par des acteurs anglosaxons » (p. 46). Les sites UGC se situent dans cette logique.

Cette financiarisation des sites UGC s'inscrit dans un marché photographique fragmenté regroupant des acteurs divers. Selon une étude ministérielle (Moureau, Sagot-Duvauroux, 2007), le marché de la photographie est ainsi segmenté en : presse, illustration (communication, publicité, corporate) et art. A ce titre, l'UCG devient-il un nouveau segment du marché ? La réponse se trouve peut-être en ce que la catégorisation UCG semble une construction davantage énonciative des concepteurs, que statuée juridiquement. Les concepteurs sont des acteurs se superposant ou s'affiliant aux acteurs du marché et le statut des sites reste à définir légalement. Nous envisageons cet aspect plus loin.

Néanmoins, les industriels tentent de contrôler l'entrée dans le marché des contenus générés par les utilisateurs. Ainsi achat, concentration, partenariat se réalisent. Les agences qui dominent économiquement déjà le marché rachètent les sites UGC, s'imposant ainsi toujours plus. En effet, l'AFP investit 34 % dans CitizenSide tandis que Getty Images acquiert Scoopt puis établit un contrat avec FlickR. Dans le même temps, l'AFP et Getty Images entretiennent des relations de proximité. Getty Images est référencée dans les agences partenaires de l'AFP (rubrique « presse écrite »). Le contrat qui unit depuis 2003 les deux agences vient d'être reconduit pour trois ans le 1er juin 2009. Les inégalités présentes entre les différents acteurs se confirment donc par la suprématie financière de certains industriels du marché.

Ensuite, l'investissement ou l'acquisition de sites UGC réalisés par des industriels tels que l'AFP et Getty Images indiquent que les sites – et donc les entreprises qui les proposent - deviennent à leur tour, des produits vendus et achetés.

Ces deux types d'appropriation des sites UGC par les industriels s'inscrivent dans des stratégies économiques et politiques. Ces stratégies visent à renforcer le positionnement des entreprises dominant le marché de la photographie. Du côté des sites, trouver partenaires, actionnaires ou propriétaires reconnus constitue des moyens pour eux d'exister et de perdurer mais aussi d'acquérir une reconnaissance au sein de ce marché fragmenté, structuré et hiérarchisé. Des deux côtés une dimension symbolique est recherchée. Les industriels vont alors s'assurer un contrôle de l'entrée d'autres acteurs dans le marché. Ce contrôle peut être qualifié de « managérial » (Bouquillion, 2009, p. 46).

La décision de devenir actionnaire ou propriétaire de ces sites n'est pas une décision prise par les directeurs des départements « éditorial » (Getty Images) ou « photographique » (AFP) des agences. Elle n'est pas plus le seul fait des directeurs responsables des partenariats des agences. En effet, le directeur du développement des stratégies et partenariats nous explique : « pour CitizenSide, c'est un partenariat qui nous a été amené, qui a été amené au président ou à la direction générale. Et puis, on en a discuté tous ensemble. C'est extrêmement collégial » (Scherer, entretien du 25 juillet 2008). Il peut d'ailleurs se dessiner des écarts entre le corps de métier affiché des agences qui revendiquent leur professionnalisme et la logique de financiarisation qui conduit ces mêmes agences à devenir actionnaire ou propriétaire de sites UGC dont les contenus sont souvent ceux d'amateurs. Aussi, Getty Images justifie la fermeture de Scoopt par la volonté de « concentrer davantage son énergie sur les produits faisant partie de son corps de métier[38] » (Mc Whinnie, porte-parole de Getty Images, 2009).

Précisons aussi que des financements privés et publics sont en jeu. L'Etat déploie des aides pour l'AFP, aides directes votées par le parlement chaque année et aides indirectes (exonérations d'impôts). Tessier (2008, p. 64) précise : « on connaît la situation de l'Agence France Presse, qui vit à hauteur de 40 % de son chiffre d'affaires, des abonnements publics payés par l'Etat pour le compte des différents ministères ». D'ailleurs, lors d'un entretien, quand nous demandons à Zihnioglu, rédacteur en chef technique de Sipa Press, son point de vue sur CitizenSide, il énonce : « comment une agence d'Etat peut valider ça ? ». Face à CitizenSide et FlickR, le positionnement de Sipa est de « faire de la résistance ».

Enfin, la financiarisation ne semble pas entraîner de facto une uniformisation ou une diversification accrue des contenus. Elle révèle néanmoins la suprématie de certains pays sur l'information et l'imposition toujours très prégnante des regards occidentaux sur le monde. En effet, soulignons aussi que les utilisateurs des sites UGC, tout comme les agences professionnelles, apportent une majorité de productions occidentales.

---

[38] http://www.scoopt.com/

Les sphères d'action

Le marché de la photographie de presse se constitue à un niveau national mais aussi international. Scoopt est un site fondé par des écossais mais que Getty Images (agence basée à Seattle) acquiert en mars 2007. Quand Scooplive devient CitizenSide.com en novembre 2007, le site prend une dimension internationale suite à l'investissement économique de l'AFP (agence filaire internationale) dans le capital de l'entreprise. Dans ce marché, les « sphères d'actions » (Miège, 2007) des industriels se déplacent, se diversifient et se confortent. Les mécanismes se superposent.

Premièrement, nous souhaitons insister sur la fragmentation du marché. Les trois agences filaires internationales : AFP, AP, Reuters dominent le marché de la photographie d'actualité. Tandis que Getty et Corbis sont les deux plus grandes agences mondiales de photographies dites « généralistes ». En effet, elles ne sont pas spécialisées dans un domaine particulier même si l'une et l'autre ont des domaines de prédilection. Jupiter Images est une agence de photographies libres de droits, créée depuis 2004. Sur sa plateforme, des photographies en droits gérés sont aussi proposées mais le site nous redirige en réalité sur le site de Getty Images. « Jupiterimages est une filiale détenue à 100 % par Getty Images, le premier créateur et distributeur d'images fixes, films et produits multimédia au monde et fournisseur reconnu d'autres formes de contenu numérique de qualité, tel que la musique[39] ». Il est également possible d'acheter des CD libres de droits sur Getty Images.

Deuxièmement, nous voulons souligner qu'en réalité l'intérêt porté par les agences professionnelles aux contenus photographiques d'amateurs n'est pas nouveau. La pratique photographique en amateur s'inscrit dans une continuité de l'histoire de la photographie (Gervais, 2003 ; Gervereau, 2006).

Le phénomène s'amplifie certes et l'acheminement de ces photographies vers la presse prend plusieurs voies : directes (envois spontanés d'amateurs en direction des médias), indirectes (par des agences professionnelles qui les rachètent mais aussi par les sites UGC). Ce sont donc en réalité des pratiques quotidiennes de « récupération » de photographies et de collecte de témoignages par les agences. Le directeur commercial de l'Associated Press (Gonzales, entretien réalisé le 27 octobre 2008) le souligne : « le but et le métier des agences c'est de rapporter l'information quelle qu'elle soit ». Les sites UGC ne contribuent pas à amener aux agences des

---

39 http://www.jupiterimages.fr/AboutUs

contenus différents de ceux qu'ils proposaient (contenus de professionnels) et/ou contrôlaient déjà (contenus d'amateurs). En revanche, CitizenSide et l'AFP, par le dispositif éditorial qu'ils vendent en « marque blanche », se positionnent comme « une aide technologique sur les problématiques web 2.0 » (Scherer, entretien du 25 juillet 2008). Mais encore une fois, la vente de ce dispositif revêt au fond la vente de savoir-faire éditoriaux. Les activités du rédacteur en chef de CitizenSide semblent assez similaires à celles des éditeurs dans les entreprises de presse : sélectionner, vérifier, organiser, légender.

La réglementation

Dû à son envergure, le marché est régi par un cadre juridique s'appuyant sur des lois nationales et internationales qui n'ont pas encore trouvé d'accord avec l'Internet. La récente promulgation - controversée - de la loi Hadopi en France est le reflet des difficultés rencontrées pour mettre d'accord tous les acteurs en présence dans un marché international où les intérêts nationaux sont également présents. Le marché se structure autour de différents types de licences proposées, comme nous l'explique Gauthier (juriste de l'Union des Photographes Créateurs, entretien réalisé le 2 septembre 2009) : licence en droits gérés (en France et à l'étranger), licences libres de droit (à l'étranger) et les licences Creative Commons (à l'étranger mais aussi adaptées en France). Ces licences organisent le contrat établi entre les partis : vendeurs (utilisateurs) et acheteurs (clients). Ces licences sont proposées par les concepteurs et les industriels. Moureau et al. (2007) explicitent deux d'entre elles : « dans le système traditionnel de stock, le photographe reçoit des droits d'auteur selon les utilisations qui sont faites de l'image. Il existe différents barèmes, en général négociés, qui fixent le montant des droits. Les clients peuvent acheter une exclusivité sur une zone géographique, sur une période ou sur un support particulier.

Dans le système libre de droit, on n'achète plus le droit de diffuser sur un support particulier mais plutôt un permis sur une ou sur plusieurs collections d'images, l'acheteur pouvant utiliser les images comme il le désire une fois l'achat effectué. Dans ce système, l'image peut être achetée par un nombre important de clients, il n'y a pas d'exclusivité ». Dans le cadre de la licence libre de droit, si le producteur reste propriétaire légal du document, il renonce cependant à une partie ou à l'ensemble de ses droits patrimoniaux. Précisons que la licence libre de droit n'existe pas en France. Les sites ayant leur siège à l'étranger peuvent la mettre en place. Les licences Creative Commons (FlickR) proposent quant à elles six « contrats flexibles de droit d'auteur pour diffuser vos créations[40] ». Les différents types de licences et

---

[40] http://fr.creativecommons.org/

leurs contenus révèlent la complexité du marché. Illustrons notre propos par deux exemples.

Lors de la fermeture de l'agence Scoopt, le communiqué précise que certains photographes du site peuvent être débauchés et sélectionnés[41]. Leurs productions sont présentes sur le site de Getty Images. Mais, si Getty Images propose sur la plateforme une « collection FlickR, » aucune « collection Scoopt » n'apparaît en tant que telle sur le site. Sur le site de Getty, les photographies issues de Scoopt comme de FlickR peuvent être utilisées en libres de droits (LD) ou en droits gérés (DG). Sur le site FlickR, elles sont proposées en suivant les licences Creative Commons (CC). Cet exemple révèle la diversité des licences qui règlement la vente et l'utilisation des contenus photographiques. Les licences sont différentes selon les acteurs qui les mettent en place (industriels et concepteurs). Elles répondent aux enjeux de chacun.

En France, la vente de photographie est soumise au régime du droit d'auteur. La mise en application du droit d'auteur se retrouve dans les licences d'utilisation proposées par les industriels (les agences) qui proposent des licences en droits gérés. Pour sa part, CitizenSide adopte une licence qui s'inscrit selon son directeur des affaires financières (Checinski, 2008) dans un « cadre juridique légal à la transaction ». Les informations présentes sur le site restent à notre sens encore très complexes pour un utilisateur non initié en droit. Elles spécifient les numéros des articles auxquels se réfère la licence : 122-7 et 131-3. Néanmoins, le contenu des articles n'est pas présenté.

2. Objet - Licence

L'activité de CitizenSide est de mettre en relation Vendeurs et Acheteurs de fichiers photographiques ou vidéographiques (les « Documents »).

Par Document, il faut entendre toute œuvre constituant en un fichier numérique photographique, vidéographique, ou autre (accompagné d'une légende en format texte), original, inédit, et libre de droits, à caractère non violent et non pornographique, représentant une actualité susceptible d'informer ou d'intéresser le grand public.

Par Cession ou Vente de Document, il faut entendre la cession d'une Licence exclusive des droits d'exploitation (la « Licence ») du Document au profit de l'Acheteur, pour une durée déterminée à savoir trente jours (la « Durée »), pour une seule Publication (la « Publication ») sur un seul titre (le « Titre »), pour un territoire déterminé (le « Territoire »), quel que soit le support de diffusion. Le Vendeur reste propriétaire à tout moment de son Document. Il ne s'agit donc pas d'une vente au sens du Code civil mais d'une cession totale de droits d'exploitation, à savoir de tous les droits de représentation et de reproduction des éléments corporels et incorporels du Document au sens des articles 122-7 et 131-3 du Code de la Propriété Intellectuelle. Par Durée, il faut entendre la durée de la cession de droits d'exploitation du Document accordée à l'Acheteur. Cette durée ne peut être supérieure à trente jours francs. Par Publication, il faut entendre tout acte d'exploitation du Document par l'Acheteur à titre public et commercial. Par Titre, il faut entendre le support sur lequel le Document est exploité par l'Acheteur. Ce support peut être un support de l'édition écrite (papier), audiovisuelle ou en ligne (Internet).

Par Territoire, il faut entendre le ou les pays dans le(s)quel(s) est exploité le Document, à savoir le pays de Publication du Titre. Compte tenu des spécificités des diffusions Internet et audiovisuelles, ce Territoire pourra être le monde entier.

Licence établie par Citizenside : http://www.citizenside.com/

---

41 http://www.scoopt.com/

L'article 131-3 concerne la cession de droits d'auteur. Celui-ci stipule que : « la transmission des droits de l'auteur est subordonnée à la condition que chacun des droits cédés fasse l'objet d'une mention distincte dans l'acte de cession et que le domaine d'exploitation des droits cédés soit délimité quant à son étendue et à sa destination, quant au lieu et quant à la durée[42] ». Le site fait preuve de pédagogie envers l'utilisateur, en lui explicitant la manière de remplir le contrat (cf. ci-avant).

Ainsi, nous pouvons nous demander si cette licence appelée « la » licence ne se constitue pas comme une certaine forme de contournement du droit d'auteur. Elle semble en effet emprunter aux licences de libres de droits ou aux licences Creative Commons qui régissent le marché UGC au niveau international. S'en suit la question de la responsabilité des sites UGC en cas de litiges. Dans les conditions générales d'utilisation, CitizenSide indique une décharge de responsabilité. Le vice président de l'ANJRPC FreeLens (Association de défense des photojournalistes) s'en inquiète. Selon lui, « le diffuseur doit être responsable et non pas le producteur » (Codina, entretien réalisé le 3 septembre 2008). Ainsi, le responsable de la photographie est l'utilisateur car s'il cède ses droits, en revanche, il reste propriétaire du document.

Dès lors, les réglementations structurent les rapports entre les acteurs. Mais, elles agissent aussi comme des contraintes qui accentuent les écarts ou les inégalités au sein du marché international de la photographie de presse régi par des lois différentes.

Pour conclure cette partie, il apparaît que les trois aspects développés : financiarisation, sphères d'action et réglementation sont en réalité trois appuis, pour les acteurs industriels dominants, d'asseoir leur suprématie. Les enjeux pour ces acteurs sont donc : une régulation des entrées dans le marché, une conservation des inégalités et un renforcement du positionnement des acteurs dominants.

ENJEUX DES CLIENTS

Dans cette troisième partie, nous abordons les enjeux qui sous-tendent l'utilisation ou non des contenus photographiques et des services (dispositifs éditoriaux achetés) par les clients du marché. Nous nous demandons ainsi quelles sont les motivations qui conduisent les clients à réagir et agir face aux sites UGC. Les enjeux des clients sont ici contextualisés dans la « crise » du photojournalisme et dans le marché concurrentiel des divers clients.

---

[42] http://www.legifrance.gouv.fr/

Le contexte de crise

La crise est une réalité économique mais elle est aussi un discours symbolique des clients. L'histoire du photojournalisme révèle une succession de crises. Mais la crise, dans sa dimension économique, permet d'entrevoir les appropriations des UGC par les clients dans une continuité des expériences stratégiques menées par les entreprises. Nous allons le découvrir. La crise, dans sa dimension discursive, permet aux clients de se positionner et de tenter de renouer le contrat de confiance entre lecteurs et entreprises de presse. Les appropriations d'UGC par les entreprises s'inscrivent ainsi dans une volonté pour elles, de paraître « transparentes », « ouvertes » aux yeux des lecteurs. L'UGC permet ainsi de réintroduire certaines valeurs fondatrices du mythe du journalisme toujours prégnant socialement, mais auquel il est reproché, par les lecteurs, de disparaître de la presse traditionnelle. Dans ce contexte de crise, les appropriations ou non des UGC par les clients peuvent être envisagées comme des expériences économiques et socio-symboliques.

Face aux sites UGC, la rédactrice en chef photo du quotidien *le Figaro* (Altman, entretien réalisé le 1er décembre 2008) met en avant deux aspects : la question de la déontologie et la question du support. Elle indique ainsi que *le Figaro* ne propose pas des photographies d'amateurs car : « (...) c'est contre notre déontologie (...).

Mais, il y a beaucoup de quotidiens qui font appel aux amateurs : « si vous avez des photos, vous pouvez nous les envoyer » ». Plus loin, elle énonce : « à partir du moment où les magazines ou quotidiens ont une politique comme ça, les particuliers envoient ». Les sites des entreprises de presse accordent en effet davantage de place à ces productions visuelles d'amateurs que leur version papier. Les deux rédactions (papier et numérique), souvent séparées, entrent pourtant dans une même politique des groupes médiatiques (exemple de *Paris Match* qui propose sur son site : « devenir reporter amateur », initiative qui n'est pas le fait du service photo de la rédaction papier).

Dès lors, comme le souligne Lelièvre, responsable des colloques de Visa pour l'Image, « il y a un tas d'expériences qui sont tentées » (entretien réalisé le 30 octobre 2008). La question de l'expérience est intéressante dans le sens où elle conduit à envisager les sites UGC ainsi que la « plateforme technologique » vendue par CitizenSide et adoptée par certaines entreprises dans une continuité d'expériences des entreprises de presse qui tentent de perdurer et de se développer. Nous pouvons ainsi considérer que ces expériences tentent de recréer le contrat de confiance entre lecteurs et entreprises de presse dans la crise actuelle que connaissent celles-ci. Soulignons d'ailleurs qu'à chaque crise, des expériences sont mises en place. Le développement des sites Internet des entreprises de presse, de blogs et de « webdocumentaires » l'atteste. Nous pouvons donc établir un parallèle entre les sites CitizenSide et Sccopt avec l'apparition d'autres sites UGC axés sur la vidéo mais aussi l'écrit, la création de blogs, les sites sociaux d'information. Ces manières de consommer ou de produire de l'information sont diverses et s'inscrivent pourtant dans une même logique d'existence et de développement des clients, dans un contexte singulier où la concurrence indirecte et/ou directe se fait sentir.

Le cadre concurrentiel

Au sein du marché de la photographie de presse, les clients sont nombreux et entrent d'une certaine manière en concurrence. La PQR, la PQN mais aussi la presse magazine et la presse gratuite achètent et diffusent des photographies. Comme le soulignent Moureau et al. (2007), « la presse est le premier utilisateur de la photographie. Les entreprises de presse font leurs achats – images d'actualité ou d'archives – auprès de multiples partenaires. Elles peuvent employer leurs propres photographes, s'abonner à une agence filaire (AFP, Reuters…), s'approvisionner auprès d'agences photographiques spécialisées ou plus généralistes ou encore s'adresser à des photothèques, voire, dans certains cas, être en lien direct avec un photographe ».

Les propos des auteurs montrent que les modes de fonctionnement varient selon les entreprises. Par ailleurs, les entreprises de presse sont régies par des contraintes temporelles et économiques. Nous pouvons dès lors nous demander si les sites UGC mettent en avant des services rapides et à prix compétitifs afin d'attirer les clients.

Précisons avant de répondre à cette question que selon nous, en France, l'écrit prédomine face à l'image. Les discours des acteurs mettent en avant une « culture de l'image ». Néanmoins, dès qu'une difficulté économique se présente pour les entreprises de presse, le service photographique est directement touché car « il coûte cher ». La réduction des budgets se fait sur l'image avant de se réaliser sur l'écrit. Ainsi, dans le contexte de crise et de concurrence qui pousse à agir vite, nous pouvons penser que les entreprises peuvent se tourner vers les sites UGC afin de proposer des images à moindre coût. En fait, la réalité est plus complexe. Sur CitizenSide, les prix se négocient. Le rédacteur en chef nous explique : « vous devez vous douter qu'il n'y a pas vraiment de tarifs de base. Ça peut aller de quelques dizaines d'euros à plusieurs centaines de milliers, par exemple concernant les images de Jérôme Kerviel. Là, c'était une vidéo à 100 000 euros. On a dépassé les 100 000 euros parce que la photo a été vendue à *Paris Match* et la vidéo a été vendue aux américains et c'est une image qui est passée partout, sur CNN, BBC et tout ça, dans le monde entier quoi, qu'on continue à vendre ». Cet exemple permet de soulever une véritable marchandisation des contenus, bien loin d'une « gratuité » imaginée (adossée souvent aux sites UGC). Ainsi, du côté des clients aussi, le marché se structure et l'appropriation ou non des contenus dépend du capital économique des entreprises de presse telles que *Paris Match*. Le directeur des affaires financières de CitizenSide énonce : « (...) les médias traditionnels vont faire face à une concurrence accrue des médias alternatifs, comme Internet et les blogs notamment, et sont à la recherche de « la » photo ou « la » vidéo qui va faire la différence par rapport à leurs concurrents » (Checinski, 2008). Au fond, ces médias dits « alternatifs » - dont les sites UGC font partie - ne sont pas en concurrence directe avec les clients du marché. Mais, les appropriations ou non des contenus UGC par ces entreprises s'inscrivent dans des logiques concurrentielles internes au marché entre les clients. L'UGC devient un produit permettant à un client de se positionner dans le marché par rapport aux autres. Les sites UGC ne viennent pas, à proprement parler, concurrencer les entreprises de presse. Mais, pour les clients maîtriser ces contenus s'inscrit dans une stratégie promotionnelle à deux niveaux : envers les autres clients du marché et envers les lecteurs.

En conclusion de cette troisième partie, il apparaît que l'introduction et la régulation des UGC par les clients suivent un double enjeu dans un contexte de crise et un cadre concurrentiel. Ce double enjeu est pour chaque client : se positionner par rapport aux autres dans le marché de la photographie de presse en développant des expériences dans lesquelles s'insèrent les utilisations et appropriations d'UGC d'une part ; renouer le contrat fiduciaire entre lecteurs et entreprise de presse d'autre part. Les deux enjeux sont en réalité liés. Renouer le contrat fiduciaire est motivé aussi dans le but de survivre économiquement au sein du marché.

CONCLUSION

Les trois temps de cet article ont permis de mettre en exergue que les enjeux d'utilisation et d'appropriation des contenus et des services par les acteurs du marché de la photographie de presse diffèrent selon les types d'acteurs : concepteurs, industriels et clients et de leurs intentions. Du côté des concepteurs de CitizenSide et Scoopt, il s'agit tout d'abord de se faire une place dans le marché de la photographie et d'exister en tant qu'acteurs de ce marché. Aussi, les enjeux sont promotionnels. Les concepteurs construisent leur identité de professionnel en se référant à la figure de l'utilisateur. Autrement dit, la mise en avant de la figure de l'utilisateur permet en réalité au concepteur de se légitimer et de s'affirmer par son professionnalisme. Enfin, la constitution et la vente d'un dispositif éditorial pour CitizenSide participe à valoriser la professionnalisation de ces concepteurs « amateurs » du marché. En effet, les concepteurs sont d'une certaine manière « amateurs » de ce marché qu'ils souhaitent intégrer. Du côté des industriels étudiés

(AFP et Getty Images), un des enjeux qui les guide est d'affirmer leur suprématie. Ces acteurs sont dotés de certains appuis financiers et juridiques qui leur permettent de structurer le marché. Ils se positionnent par rapport aux autres acteurs industriels : AP, Reuters, Corbis, Sipa pour en citer quelques-uns. Du côté des clients, les enjeux sont liés au contexte de crise et au cadre concurrentiel interne à cette typologie. Les clients se positionnent entre eux et cherchent à renouer le contrat de confiance avec leur lectorat afin de survivre économiquement. Dans cette optique, l'intégration et la régulation des UGC permettent aux clients de se valoriser eux-mêmes. Concepteurs, industriels et clients se positionnent les uns par rapport aux autres dans un marché commun de manière consciente ou inconsciente. Le marché de la photographie de presse est apparu à la fois fragmenté, diversifié, négocié et élargi.

Plus loin, il apparaît, au sein de chaque typologie adoptée, que les enjeux de chaque acteur sont en réalité singuliers et pluriels. Chaque acteur doit en réalité donner lieu à une étude spécifique. Les relations sont en effet complexes et varient. Face aux UGC, un même acteur peut développer tantôt des « stratégies » et tantôt des « tactiques » - au sens de Certeau, 1990 - afin de se positionner et de structurer toujours plus le marché. Costey et Coste (2009) précisent : « utilisée comme métaphore, la tactique nous situe dans l'action lorsqu'il n'est plus temps de réfléchir ou que l'on n'en a pas les moyens. La tactique serait alors un acte de résistance, un « art du faible », la victoire de la ruse (le « savoir manouvrier », « l'intelligence pratique ») des plus démunis, celle du « temps contre le lieu » – comme le dit de Certeau – face à la stratégie et au calcul de ceux qui possèdent un « lieu propre », ceux qui sont à même de maîtriser une « extériorité » ou de conserver un acquis ».

Enfin, les différents enjeux évoqués tendent à révéler que tous ces enjeux se situent dans la continuité de pratiques socio-professionnelles des acteurs du marché. L'étude de la marchandisation des UGC dans le marché de la photographie de presse a mis en avant des enjeux économiques, symboliques, politiques. Ces enjeux s'inscrivent dans des pratiques ordinaires ancrées des acteurs. A chaque évolution du marché, les acteurs tentent de se positionner les uns par rapport aux autres, de se légitimer, de se valoriser et mais aussi de structurer le marché. Ces pratiques sont présentes dans le quotidien de la vie en société, structurant les rapports individuels et collectifs. Elles régissent aussi les pratiques professionnelles qui, dans un jeu de miroir et de masque, fonctionnent dans un double mécanisme de référenciation et de différenciation. Les pratiques socio-professionnelles des acteurs du marché : concepteurs, industriels et clients construisent un ordre puisque les relations entre acteurs se structurent. La structuration du marché pousse à son tour à une certaine injonction des appropriations d'UGC.

Ainsi, nous souhaitons terminer cet article en proposant de concevoir le marché de la photographie de presse comme un « monde » au sens où l'entend Becker (1999). En effet, selon nous, la place accordée aux UGC dans le marché de la photographie de presse « (...) suppose la coopération de tous ceux dont l'activité à voir avec le résultat final (...) » (Becker, 1999, p. 79). Les UGC envisagés dans cet article Scoopt et CitizenSide acquièrent une place dans le marché par la collaboration de certains acteurs – collaboration dissymétrique et négociée.

REFERENCES BIBLIOGRAPHIQUES

Becker, H.S. (1999). *Propos sur l'art.* Paris : L'Harmattan

Bouquillion, P. (2009). Incidences des mutations des industries de la culture et de la communication sur les contenus informationnels. *Cahiers du Journalisme, 20,* 44-63

Certeau, M. (de) (1990). *L'invention du quotidien, 1. Les arts de faire.* Paris : UGE

Chambat, P. (1994). NTIC et représentations des usagers. In A. Vitalis (Eds.), *Médias et nouvelles technologies* (pp. 45-59). Rennes : Apogée

Checinski, P. (2007). Faut-il avoir peur des images d'amateurs ?, *Actes du colloque,* Paris : L'Observatoire de l'Image

Checinski, P. (2008). Photos d'amateurs : la position de Scooplive. *Légicom, 41,* 47-48

Costey, P., & Coste, F. (2009). Éditorial. *Tracés. Revue de Sciences humaines,* 7, *Pratiques et tactiques,* Récupéré le 27 juin 2009, sur http://traces.revues.org/index2273.html.

Creton, L. (1999). L'économie et les marchés de l'amateur : dynamiques évolutionnaires. *Communications, 68,* 143-167

David, B. (2004). Guerre en Irak et journalisme réflexif. In J.-M. Charon , A. Mercier (Eds.), *Armes de communication massives : Informations de guerre en Irak 1991-2003* (pp. 114-121). Paris : CNRS Editions

Gervais, T. (2003). D'après photographie. Premiers usages de la photographie dans le journal *L'Illustration* (1843-1859). *Etudes photographiques, 13,* 56-85

Gervereau, L. (2006). *Montrer la guerre. Information ou propagande.* Paris : Isthme

Gestin, P., Gimbert, C., Le Cam, F., Rodhomme-Allègre, M., Rochard, Y., Romeyer, H., Ruellan, D. (2009). La production multisupports dans des groupes médiatiques français : premières remarques. *Cahiers du Journalisme, 20,* 84-95

Gunthert, A., (2009) Tous journalistes ? Les attentats de Londres ou l'intrusion des amateurs, *Lhivic,* Récupéré le 9 août 2009 sur http://www.arhv.lhivic.org/index.php/2009/03/19/

Hennion, A., (2009). Réflexivités. L'activité de l'amateur. *Réseaux, 153,* 55-78.

Lesourd, P. (2005). L'avènement des « citoyens journalistes » dans les médias britanniques, *L'Internaute,* Récupéré le 6 mai 2006, sur http://www.linternaute.com/.

Miège, B. (2004). *L'Information-Communication, objet de connaissance.* Bruxelles : De Boeck & INA

Miège, B. (2005). *La pensée communicationnelle.* Grenoble : PUG

Miège, B. (2007). *La société conquise par la communication, Tome III, Les Tic entre innovation technique et ancrage social.* Grenoble : PUG

Proulx, S. (2008), La sociologie des usages, et après ?, *Congrès international des sociologues de langue française (AISLF)*, Istanbul

Quinton, P. (2006). La sémio à l'épreuve des technologies de l'information et de la communication. *Degrés*

Rebillard, F. (2007). *Le web 2.0 en perspective. Une analyse socio-économique de l'internet.* Paris : L'Harmattan

Sosnowiez, N. (2009). Terminus pour Scoopt ! Les réactions de Citizenside, *Participative Spirit*, Récupéré le 11 août 2009, sur http://www.participative-spirit.fr/.

Souchier, E. (2007). Formes et pouvoirs de l'énonciation éditoriale. *Communication & langages, 154,* 23-38

Tessier, M. (2008). Vers la reconnaissance du statut de « journaliste citoyen » ?. *Légicom, 41*, 63-65

Walter, J. (2005). *La shoah à l'épreuve de l'image.* Paris : PUF

L'iPod : Entre expérience contrôlée et contrôles des expériences

Vincent Rouzé
Maître de conférences
CEMTI, Université Paris 8
France

INTRODUCTION

L'arrivée du numérique semble avoir considérablement transformé le paysage économique, médiatique, culturel, politique et social. L'appropriation de ces NTIC (nouvelles technologies de l'information et de la communication) autant que ses modalités de fabrication et de distribution, ont opéré des mutations profondes tant sur le plan du monde professionnel que celui des pratiques quotidiennes. Si les NTIC accompagnent les phénomènes de convergences économiques, ils conduisent aussi à une transformation de notre manière de voir le monde, de le pratiquer sans que cela ne transforme véritablement les structurations sociales et les inégalités. Ainsi une situation aussi originale que paradoxale se dessine. Avec l'innovation technique, nous assistons à des processus de production personnalisée des contenus (user generated content, folksonomie), de connexion et de nomadisation des usages (lecteur mp3, téléphonie mobile, wi-fi), à la mutation des pratiques culturelles « à la carte »... Dans chacun des cas, ceci participe d'une volonté de contrôle de nos propres activités, de nos propres pratiques dans l'espace et le temps. Ainsi, à mesure que s'ouvre cet univers des possibles se multiplient symétriquement de nouveaux dispositifs de contrôle. L'innovation technique permet alors l'amélioration des techniques de surveillance (caméra, webcam, puce Rfid, biométrie), la systématisation du filtrage comme celui du fichier Edwige en France, et la généralisation des techniques de récupération de données personnelles à des fins marchandes ou répressives.

C'est précisément ce jeu permanent entre le contrôle des expériences et les expériences contrôlées qui est l'enjeu de cette communication. Pour illustrer cette situation, nous nous appuierons sur l'iPod, le baladeur numérique commercialisé par la société américaine Apple en 2001. Ce dernier présente en effet l'avantage d'être un produit global, interconnecté, mondialement distribué et dont les appropriations questionnent les pratiques musicales et culturelles. Nous montrerons comment s'exerce cette double dimension de contrôle et d'expérience tant du coté des stratégies engagées par l'entreprise Apple (produit global, « gadget opportunities », DRM...) que du coté des tactiques déployées par les citoyens, usagers, consommateurs (personnalisation, musicalisation du quotidien, piratage). Fort de cette analyse, nous nous demanderons en ouverture si ce double jeu de contrôle ne participe pas d'un « contrôle-contre contrôle » à l'image du don contre-don ? Quels rapports de force ou quelles médiations s'installent entre ces deux formes ? Si cette double dimension n'est pas un leurre permettant d'asseoir un système économique toujours à la recherche de nouveaux marchés et d'appuyer un système politique soucieux de renforcer son autorité? Ou si au contraire, elle est annonciatrice du développement de dispositifs originaux ouvrant la voix à des modes de gouvernance non plus duaux mais pluralistes ?

EXPERIENCE ET CONTROLE

Préalablement à l'analyse de l'iPod, il nous semble nécessaire de clarifier la raison pour laquelle nous abordons ce sujet à partir des concepts de contrôle et d'expérience. Outre le constat dressé en introduction, le recours aux concepts de contrôle et d'expérience n'est nullement fortuit. Il vise à opérer un décentrement des dualités ordinaires entre individu et société, entre marchandisation et plaisir, entre imposition et liberté, entre local et global.

Les concepts de contrôle et d'expérience s'inscrivent dans le continuité du concept d'individuation dont parle le philosophe Gilbert Simondon (1989). Ce terme original, inhérent à la pensée de l'auteur, permet de ne plus examiner séparément le fini et l'infini, l'individu et le collectif, la culture contre la technique. Au contraire, les constructions individuelles et sociales sont moins fondées sur la fusion de l'une au profit ou au dépend de l'autre que sur le mouvement d'interactions entre l'une et l'autre. Plutôt que de travailler à la fixation d'entités, le concept d'individuation permet de réinscrire l'analyse dans un continuum, dans un processus systémique où la synchronie et la diachronie, loin de s'exclure, se répondent dans un équilibre métastable nécessaire à toute forme de vie individuelle et sociale. Le danger résulte précisément de la stabilité car il conduit à l'immobilisme destructeur, à la fin de la création et de l'être à venir.

En référence à ce concept, nous tenterons de comprendre comment se construit la situation actuelle et plus précisément répondre à l'hypothèse selon laquelle l'iPod serait un symptôme de nos sociétés contemporaines de part l'articulation des contrôles et des expériences qui fondent son existence même.

Contrôle et société de contrôle

Dans notre société dite de « communication », l'emploi du terme contrôle est devenu légion. Du contrôle de gestion au contrôle fiscal en passant par le contrôle des connaissances, il désigne en référence à ses origines lexicales à la fois la vérification, la maîtrise et la surveillance. La question du contrôle est donc inhérente aux principes de règles, de normes et de lois qui régissent une organisation qu'elle qu'en soit la forme et vise à assurer sa stabilité. N'est-ce pas alors tautologique que de parler de société de contrôle puisqu'une société n'existe par essence que sous la double contrainte (double bind), de la liberté et du contrôle?

Nous répondrons par l'affirmative si on considère le contrôle comme le signifiant de la société elle-même. Le terme devient beaucoup moins répétitif et inintéressant dès lors que le signifié renvoie moins à cette tentative d'unification de l'entité « société » qu'à la compréhension des dispositifs qui l'organisent et lui donnent corps tout en invitant à penser la place de l'individu et des techniques en son sein.

Ce point liminaire est important pour comprendre le concept de contrôle et plus globalement ce qu'est la société de « contrôle » (Deleuze, 1990). Par cette expression, le philosophe Gilles Deleuze s'inscrit dans la continuité des travaux de Michel Foucault sur la société disciplinaire et de surveillance. Dans « surveiller et punir » (1975), il analyse l'apparition et le déploiement des dispositifs disciplinaires à partir du XVIIIème siècle et leur imposition au XIXème siècle. Il en tire la conclusion que la question du contrôle s'accentue à mesure que les moyens techniques permettent d'assurer une surveillance accrue - illustrée par le panoptique - en réduisant les moyens nécessaires à son fonctionnement. Dans cette société, le contrôle est régi par des mots d'ordre, des chiffres et une coercition normative assurée par les institutions étatiques, religieuses et militaires. Toutefois, comme le déclare Michel Foucault à la fin des années 1970, ce modèle d'analyse semble se périmer à mesure que ces instances perdent peu à peu de leur importance et que s'amplifient les logiques économiques et financières, médiatiques et marchandes.

« *Ces dernières années, la société a changé et les individus aussi ; ils sont de plus en plus divers, différents et indépendants. Il y a de plus en plus de catégories de gens qui ne sont pas astreints à la discipline, si bien que nous sommes obligés de penser le développement d'une société sans discipline.* » (Foucault, 1978, pp. 532-533).

De ce constat, Gilles Deleuze opère le basculement de la discipline vers le contrôle. Poussant les logiques disciplinaires et biopolitiques vers des états de crise, cette société qu'il qualifie de « contrôle » travaille d'une nouvelle complexité. Elle se construit sur le glissement progressif de l'injonction à la suggestion, de l'unitaire au fragmentaire, de l'organisation spatiale et temporelle analogique à l'ordre numérique. Historiquement, on notera que cette évolution repose sur la conjonction d'actions individuelles et collectives de plusieurs ordres que je me contenterai de résumer ici.

Elle se développe et se nourrit tout d'abord des logiques économiques de marchés mondialisés appelant progressivement au décloisonnement, à la libéralisation des échanges et de la libre circulation.

Ensuite, l'importance prise par la communication et le marketing semble opérer de nouvelles formes de contrôle. Ce que résume bien Deleuze lorsqu'il écrit : « *le marketing est maintenant l'instrument du contrôle social, et forme la race impudente de nos maîtres. Le contrôle est à court terme et à rotation rapide, mais aussi continu et illimité, tandis que la discipline était de longue durée, infinie et discontinue. L'homme n'est plus l'homme enfermé, mais l'homme endetté.* » (1990). Des mots et des choses dont parle Foucault nous sommes aujourd'hui passés des choses (société de consommation) aux mots (société de l'hyperconsommation). De la politique à l'éducation en passant par Internet, il s'agit moins d'imposer que de proposer. A ces fins, les techniques communicationnelles et marketing participent du basculement de la présentation de la réalité (information) à celle de la fictionnalisation de la réalité (communication). La méthode storytelling (littéralement raconter des histoires) en est un exemple. Elle consiste à naturaliser les idéologies au travers des processus narratifs usant des ressorts littéraires pour, non plus imposer une idée mais impliquer le destinataire. Loin du raisonnement rationnel, l'affect et l'imaginaire « mis en récit » sont convoqués pour permettre de décentrer les questions de fonds et les critiques vers d'autres lieux et d'autres sujets (Salmon, 2007). Importance des mises en mot pétries d'idéologies qui, comme le montre Armand Mattelart (2006), assure la convergence des logiques techniques, économiques, politiques et sécuritaires.

Enfin l'innovation technique et les nouvelles technologies de la communication participent de ce renforcement des contrôles individuels, collectifs et institutionnels. Comme la majorité des innovations numériques, elles ne sont plus de simples objets à fonction unique comme les produits blancs mais sont des objets « globaux ». C'est-à-dire qu'ils garantissent de multiples fonctions et participent de la fragmentation culturelle autant que du « dividuel » dont parle Felix Guattari pour désigner le morcellement des expériences. De fait, ce glissement du disciplinaire au contrôle ne doit pas occulter l'importance prise par les expériences individuelles et collectives. Ne pas le faire conduit à surenchérir sur l'importance des dispositifs en oubliant que le contrôle est contingent aux formes d'expériences elles-mêmes.

L'expérience : de la théorie à la marchandisation

De ses origines latines « experientia » désignant l'épreuve, la tentative à des fins de compréhension du réel vécu, ce mot désigne le fait d'éprouver et d'enrichir la connaissance au contact de la réalité. Rétrospectivement, il s'est invité en science comme la provocation d'un phénomène afin de l'observer, l'étudier dans le but d'en tirer un ensemble de règles, une logique systématique telle que l'appelle Husserl. Cette double définition vise donc à la connaissance personnelle puis, par les modélisations théoriques qu'elle engendre, sa dimension sociale généralisable. Dans chacun des cas, la dimension de contrôle apparaît a posteriori de la réalité vécue. Empirisme cognitif qui marque l'opposition fondamentale au principe ontologique de la raison pure. Sans nous attarder ici sur les débats que connaît cette notion d'expérience dans les sciences comme la philosophie, la sociologie, la médecine ou la biologie, notons que, à l'instar du concept de contrôle évoqué précédemment, il aborde la réalité en inscrivant le principe de connaissance dans une immanence dynamique.

Dans la continuité de la philosophie du sujet qu'inaugure Descartes avec le « cogito ergo sum », de la psychologie prônant l'introspection, l'observation positive et la valorisation de ses propres désirs, reconfigurant les jeux de construction interactifs entre le je et le nous, entre l'individu et la société, chacun se doit d'expérimenter pour comprendre le monde, se comprendre soit même et construire son identité.

Inscrit dans ce mouvement, le marketing et la communication en ont fait un outil au service des marques et des produits. Adossé à l'empirique expérimentation comme construction de soi, l'outil étiqueté « expérience » est devenu un point nodal des stratégies économiques et du marketing. (Filser, 2002 ; Carù A., Cova B., 2006). Loin de l'injonction consommatoire qui marque le début de la publicité et plus tard du marketing, l'heure est à la valorisation de l'expérience personnalisée et paradoxalement personnalisable (Lipovetsky, 2006). Ce marketing expérientiel et sensoriel se décline au travers des Applestore, des Niketowns, des parcs Disney ou encore de la musicalisation des lieux publics (Rouzé, 2004)... L'enjeu est de dépasser l'achat ou la consommation « passive » en proposant au consommateur sa participation active. L'enjeu, comme le disent les spécialistes du marketing, est de donner « du sens » au processus consommatoire mais aussi et surtout de naturaliser l'acte d'achat en jouant non plus sur le produit lui-même mais sur ses possibles modalités d'appropriation.

Nous sommes donc face à un potentiel paradoxe. Celui des expériences dividualisées appelant chacun à prendre le contrôle de son existence mais dans le même temps, orchestrées par un contrôle en amont qui orchestre ces expériences. Et c'est ici que la société de contrôle prend tout son sens. Car si l'économie et les nouvelles technologies contribuent à l'installation de nouvelles formes de surveillance et de contrôle des libertés individuelles au nom de la sécurité, elles conduisent dans le même temps sinon à une prise de conscience tout au moins à une volonté de contrôle de sa vie et de ses expériences. La question se pose de savoir si cette double relation entre contrôle et expérience n'est pas aujourd'hui un phénomène inédit et original. Conduit-elle comme le pense Bernard Stiegler (2004) à la fragmentation, à des logiques synchroniques et équivalentes, débouchant sur des formes de misère symbolique ? Ou au contraire n'est-elle pas à l'aune de reconfigurations sociales communautaires et identitaires (Maffesoli, 2000) possiblement critiques et contestataires. Pour tenter de répondre à de telles interrogations, observons comment se jouent cette double relation au travers d'un objet technique numérique mondialisé : l'iPod.

IPOD OU LES STRATEGIES DE CONTROLE

Présenté en octobre 2001 par Steve Jobs l'un des fondateurs de la société américaine Apple, ce nouveau baladeur qui tient dans la poche permet le stockage de sa discothèque (1000 titres musicaux). Pour Apple, la naissance de l'iPod est moins celle d'un intérêt pour la musique que celle de développer des « gadgets opportunities »[43] donnant une valeur ajoutée à ces ordinateurs et ainsi réinscrire les ventes dans une dynamique positive (Kanhey, 2005). Après ses échecs avec le lancement en 1994, en partenariat avec Kodak, de l'appareil photo baptisé QuickTake 100 Digital Camera, le fabriquant d'ordinateur constate l'arrivée de Napster et du téléchargement musical, le déclin du monopole sur les baladeurs exercés quelques années auparavant par Philips et Sony. Suivant l'idée du gadget, elle pense alors à un baladeur. A l'inverse de ses concurrents qui ne s'attachent qu'à l'appareil lui-même, Apple le pense comme un produit global. Les nombreux

---

[43] cf Leander Kahney, Straight Dope on the iPod's Birth, Wired.net. http://www.wired.com/gadgets/mac/commentary/cultofmac/2006/10/71956

ingénieurs travaillant sur le projet le pensent comme objet design et ergonomique, simplifient les fonctionnalités proposées, l'adossent au logiciel de téléchargement Itunes. C'est ce contrôle de l'ensemble de la chaîne alliant matériel, interface et contenus qui assure rapidement à Apple une position monopolistique sur le marché.

Produits globaux et contrôle du marché

Après des premières années peu lucratives, le produit connaît un soudain engouement à partir du dernier semestre 2004 avec deux millions d'unités vendues[44]. Ceci s'explique par le fait qu'Apple ouvre le système de téléchargement ITunes Music Store aux utilisateurs d'ordinateur PC, qu'elle procède à des améliorations techniques et qu'elle diversifie sa gamme de produits. Trois ans plus tard[45], la barre symbolique des 100 millions d'unités vendues est franchie. A l'inverse d'autres sociétés cotées en bourse et des effets de crise, Apple poursuit une croissance à deux chiffres. Grâce à l'iPod, elle génère un chiffre d'affaire de 9,153 millions de dollars[46]. En 2009, la vente d'iPod a dépassé les 200 millions d'unités vendues dans le monde.

Ce succès s'appuie sur des stratégies de contrôle multiples. La première est d'ordre technique. L'absence d'interopérabilité avec d'autres et le refus de cession de sa technologie à des tiers[47] accentuent l'incompatibilité des systèmes entre eux, contribuent au morcellement du marché et à la faible croissance de la vente de musique en ligne[48]. Par ailleurs, ce contrôle technique oblige les fabricants de matériels et d'accessoires soucieux de bénéficier de cette synergie économique à rémunérer préalablement Apple. Grâce à ce contrôle Apple laisse ses concurrents tels que le Zune de Microsoft ou l'Archos en France se partager de petites parts du marché mondial bien que des disparités nationales ou locales puissent exister. Même difficulté lorsque l'entreprise informatique américaine Hewlett Packard tente de lancer son propre appareil équipé d'un système de navigation Microsoft et proposant

---

44 http://www.apple.com/pr/library/2004/jan/06iPodmomentum.html

45 Les références chiffrées proviennent des rapports publiées chaque trimestre par la firme Apple dans la section destinée aux investisseurs (http://www.apple.com/investor/) et aux médias (http://www.apple.com/fr/pr/).

46 Les Sources citées ici proviennent des bilans comptables, le fameux « Form 10-K », publiés chaque trimestre par Apple. http://www.apple.com/pr/library

47 Ce refus est d'ailleurs largement critiqué. RealNetwork est l'un des premiers à dénoncer cette situation (USAtoday, 8/03/2004)

48 Voir notamment les rapports publiés par la cité de la musique sur l'état du marché musical en France sous la direction d'André Nicolas. En ligne : http://observatoire.cite-musique.fr/observatoire/

des contenus issus de Napster en 2003. Finalement, elle décide de signer un partenariat avec Apple en 2004 pour jeter l'éponge en 2005.

Ce contrôle s'exerce ensuite sur les contenus. Au départ, les fichiers numériques proposées pour l'Ipod s'appuient sur le codage AAC (*Advanced Audio Coding*) plutôt que MP3 pour ses meilleurs rendus sonores et interdit ainsi la lecture des morceaux sur d'autres baladeur que l'iPod.

Même idée avec l'application systématique de DRM (*Digital Rights Management).* L'imposition jusqu'en 2007 de ces protections contre la copie sur les morceaux vendus sur Itune Music Store ont permis à la firme d'assurer la sécurité des contenus - conditions *sine qua non* pour que les quatre majors ouvrent leur catalogues - créant un monopole de fait puisque les musiques téléchargées n'étaient lisibles et compatibles une fois encore que sur les produits Apple. Notons que cette remarque est aussi vraie pour ses concurrents puisque l'achat d'un morceau en ligne sur Zune plateforme développée par Microsoft ne peut être joué que sur un lecteur Zune, ou l'achat d'un morceau sur Connect de Sony ne peut être jouée que sur les lecteurs de Sony.

Cette progressive posture monopolistique sur le marché des matériels et des contenus permet à Apple de décentrer ses activités à tels point que certains analystes économiques ne parlent plus d'elle en référence au Mac mais en référence à l'iPod[49].

Vers le contrôle des expériences

Le contrôle de l'expérience s'exerce sur les contenus via les plateformes de téléchargement tels qu'Itunes ou Appstore. Fruit de négociations avec les industries culturelles et labels indépendants, celui-ci s'exerce principalement sur des bases financières. Itunes propose aujourd'hui un catalogue de huit millions de titres musicaux, 20.000 épisodes de séries et émissions de télévision, et 2.000 films[50]. Toutefois, ce contrôle peut aussi s'appliquer à des contenus propres à la marque. C'est le cas de l'Appstore. Avec 25 000 jeux et applications diverses, l'Appstore ouvert en 2008 constitue une plateforme de téléchargement s'adressant à la fois à

---

49 « Several members of the media, including analysts and fund managers who don't cover technology stocks, continue to refer to Apple as the « iPod maker » or simply a « gadget maker » indicating that Apple's core business is derived from iPod sales". En ligne sur le site économique Apple Insider. http://www.appleinsider.com/articles/08/10/27/ipods_accounted_for_just_14_2_of_apples_sales_in_q4_2008.html

50 Source Numérama. (06/2008) http://www.numerama.com/magazine/10008-iTunes-depasse-les-5-milliards-de-titres-vendus.html

l'iPhone et aux iPods bénéficiant de connections Internet (Ipod Touch). Elle propose des applications d'intérêt divers oscillant entre « la vie quotidienne », « les voyages » ou encore la manière de « gagner en efficacité »[51]. Inspiré du succès d'Itunes, Appstore s'en différencie toutefois par ses modalités de création. Chaque application proposée (gratuite ou payante) peut être le fait d'amateurs ou de professionnels. Outre les profits que ce service génère et les controverses qu'ils suscitent sur le nombre de téléchargements (plus d'un milliard selon Apple), l'Appstore est à la fois un moyen pour Apple de s'assurer l'existence de contenus pour ces appareils, de contrôler ce qui les alimentent mais aussi et surtout de se réapproprier les systèmes de production culturels « alternatifs » en les monétisant.

Le contrôle s'exerce donc tant au niveau de l'appareil que de ces contenus avec pour corollaire à la fois la transformation des acteurs des industries culturelles et l'impact sur la création culturelle elle-même. Car au-delà des profits générés, ces nouveaux acteurs jadis simples intermédiaires que sont les « producteurs de matériels et de services » n'investissent pas dans la production et la création. Les contenus culturels deviennent uniquement des produits d'appel destinés à écouler des produits physiques (Bouquillion, Combes, 2007).

Mais ce contrôle des expériences s'exerce aussi au travers des potentiels dispositifs de surveillance ou de« veille stratégique » mis en place tant du coté des logiciels permettant l'accès aux plateformes de téléchargement que de certains partenariats comme celui signé avec l'entreprise américaine Nike en 2005. Comme l'indique une étude scientifique américaine[52], l'introduction d'une puce dans la chaussure présente les qualités requises pour transmettre des informations en temps réel sur les déplacements de la personne. Premier point auquel s'ajoute la transmission via Itunes de vos propres informations. Elles vous permettent de calculer les distances parcourues, d'effectuer des moyennes, de gérer sa progression mais aussi d'entrer en compétition « virtuelle » avec d'autres joggers sur d'autres parcours. Grâce au succès de ce dispositif *« 224 millions de km parcourus et 13 milliards de calories brulées »*[53], Nike peut aujourd'hui proposer des tendances sur la

---

[51] Thématiques proposées par Apple. http://www.apple.com/fr/iphone/apps-for-iphone/ (consulté le 7/9/2009)

[52] Nous renvoyons ici à l'analyse produite par des chercheurs américains sur les risques et les dangers d'un tel système. T. Scott Saponas, Jonathan Lester, Carl Hartung, Tadayoshi Kohno, Devices That Tell On You: The Nike+iPod Sport Kit , université de Washington, Novembre 2006 http://www.cs.washington.edu/research/systems/privacy.html

[53] « Nike+iPod : quatre ans et des kilomètres de chiffres » (10/09/2008). Article en ligne http://www.macgeneration.com/tags/nike

pratique du jogging dans le monde en fonction de critères d'âge, de critères sexuels ou encore géographiques.

Communication, Publicité ou le contrôle de l'image du produit

L'originalité de ces formes de contrôle s'efface au travers le déploiement de la logique communicationnelle et marketing qui font de l'expérience et de la personnalisation un argument de choix. C'est le « *think différent* » lancé par la marque pour la commercialisation du mac. Depuis le lancement de l'iPod, l'expérience musicale unique est mise en avant. Les campagnes publicitaires se font en deux temps. Les premières (2001 - 2003) s'appuient sur la visualisation de l'objet (1ère et 2ème génération) et son lien à l'univers musical (recours à des groupes ou stars emblématiques comme Take California des Propellerheads) pour construire l'image de l'objet musical. Puis à mesure que l'iPod devient un objet culte et qu'il se vend à des millions d'exemplaires, les campagnes s'épurent. L'emblématique silhouette noire sur fond de couleurs vives portent des oreillettes blanches dans les oreilles et un iPod à la main ou à la ceinture s'étale sur tous les murs de la planète. Avec elles, de nombreux styles musicaux (rock, jazz, classique, pop, techno) ont été représentés pour montrer que l'ipod est l'instrument de toutes les musiques.

Ce choix de la silhouette uniforme plutôt que d'un personnage aux particularités affirmées doit permettre aux téléspectateurs de se représenter dans cette silhouette anonyme, d'en incarner les traits, de se l'approprier. La publicité pour l'iPod shuffle l'illustre « Faites votre choix entre deux capacités et cinq coloris pour afficher fièrement votre style musical. »[54] Elle s'adresse à une cible jeune et représente l'écoute individualisée de la musique. Sur les supports audiovisuels, ces silhouettes dansent sur les titres de groupes musicaux du moment ("Hey Mama" des Black Eyed Peas en 2003 pour l'ipod 3g, « 1,2,3,4 » de Feist en 2008 pour l'iPod Nano) ou de groupes emblématiques d'un style musical tel U2, Elton John ou plus récemment Paul Mac Cartney.

Ces quelques exemples illustrent ici l'autre versant de la médaille du contrôle. Tout en inscrivant l'objet dans une dimension musicale et communicationnelle mythique, elle efface toute trace de ce monopole comme pour mieux laisser à penser que l'objet et en premier lieu l'objet de celui qui l'acquiert. L'iPod n'est plus un simple baladeur. Il devient un nom autant qu'il est une image relayée par les médias et les

---

[54] http://www.apple.com/fr/iPod/whichiPod/

utilisateurs eux-mêmes via les sites Internet tels que Ilounge[55] ou encore iPodfanatic[56]. La boucle est bouclée.

L'EXPERIENCE CONTROLEE OU TACTIQUE

A rebours de cette situation auxquelles certaines analyses économiques et les critiques qui les accompagnent donnent le primat, le citoyen, l'usager utilise et éprouve ces dispositifs. Non pas nécessairement comme une imposition mais plutôt comme autant d'expériences contrôlées. Comme nous l'avons vu, si l'expérience est devenue une thématique centrale de nos sociétés contemporaines, le citoyen, possible consommateur, demande, au même titre que les sociétés ou les institutions, à une reprise du contrôle de son quotidien, de ses espaces et de ses temporalités.

Des contenus personnalisés

Depuis le premier Ipod jusqu'aux modèles Touch, l'iPod est un support de stockage autant que de lecture. Il est aussi un produit interconnecté avec d'autres tels que l'ordinateur, Internet, l'autoradio. Toutefois comme le souligne la sociologue Madeleine Akrich (1987) « L'objet technique ne peut pas plus être confondu avec un dispositif matériel qu'avec l'ensemble des usages "remplis" par ce dispositif : il se définit très exactement comme le rapport construit entre ces deux termes. ». Du baladeur musical toujours présent avec les modèles Shuffle, il est devenu un terminal permettant d'écouter « sa » musique, de stocker ses photos, de regarder des films ou encore se connecter à Internet. Cette multifonctionnalité et ces usages concourent à la création de « culturothèques » personnalisées (Rouzé, 2004) et participent à la construction d'une culture du fragmentaire. Le recours au téléchargement légal ou illégal en est un premier élément. Car l'une des hybridations majeures induites par la conjonction d'Internet, de l'informatique et des appareils numériques est celle de l'acquisition, la possible manipulation et la diffusion des contenus. Les tactiques engagées par les amateurs et les consommateurs conduisent d'ailleurs à une inflation de la possession et au mythe de l'accessibilité illimité et gratuite. On notera par exemple que les capacités d'accès et de stockage en perpétuelle augmentation pour répondre à l'évolution d'autres innovations poussent certains usagers à télécharger plus de musiques qu'ils ne pourront jamais en écouter de toute leur vie.

---

55 http://www.ilounge.com

56 http://iPodfanatic.com/

Viennent ensuite la nominalisation des contenus et leur organisation thématique. On parle alors d'« amateur prescripteur » et « d'usager actif ». Bien que cette dénomination tende à laisser abusivement croire que l'activité de l'amateur et les modalités de réception « active » surviennent avec Internet et les nouvelles technologies[57], elle souligne en tout cas le rôle dévolu aujourd'hui aux usagers dans la mise en visibilité de leurs goûts, de leurs choix et de leurs manières de catégoriser l'information qu'elle soit musicale, visuelle ou textuelle. Elle se joue tout d'abord dans les manières de dire sa pratique et qualifier sa consommation culturelle. Proposé par l'informaticien Thomas Vander Wal en 2002, le terme « folksonomy » est un néologisme construit à partir des termes anglais « folk » (populaire) et « taxonomy » (classification) qui vise précisément à définir les opérations de classement et de catégorisation libres opérées par les internautes (les Tags) en dehors de voix classiques d'indexation et de recherche de documents[58]. L'originalité de ce processus est moins son existence que sa pratique généralisée et mondialisée. Il existait déjà à l'heure de la cassette analogique mais a trouvé avec le numérique et Internet un écho - caractérisée par les Tags et le buzz - mondialisé.

Prise de contrôle verbale qui se double d'un contrôle des contenus eux-mêmes. Appuyé en cela par les possibilités techniques et l'interconnexion des machines, l'amateur personnalise et individualise sa pratique sans que cela ne conduise nécessairement à une césure d'avec le collectif qui jouit et participe aussi à la construction de ces appropriations individuelles. A mesure que l'usager ajoute des photos, du texte, des morceaux de musiques ou des films, les contenus se détachent de leurs conditions de production de réalisation et d'écoute pour venir en croiser d'autres. La liste des morceaux joués sur l'iPod (play list) dépend de la fonction à laquelle on le destine : soit un événement particulier (anniversaire, fête...), soit en fonction des heures de la journée, soit en fonction des activités aux quels on s'adonne, soit lors de déplacements (course à pied, voiture, transports en commun...)[59]. Cette sélection peut aussi être aléatoire soit en activant la fonction « random », soit en ayant recours à la fonction « génius » qui analyse le contenu de

---

57 Pour une critique et une analyse de ce phénomène montrant notamment les hybridations en jeu plutôt que les ruptures, nous renvoyons à l'ouvrage collectif d'Eric Macé (Dir.), (2005), Penser les médiacultures. Nouvelles pratiques et nouvelles approches de la représentation du monde, Paris : Armand Colin/Ina.

58 Lire le Deuff O. « Folksonomie, les usagers indexent le web », BBF, 2006, n°4, pp. 66-70

59 Pour une description plus fine de ces usages nous renvoyons le lecteur à l'ouvrage du sociologue britannique Michael Bull (2007) qui s'intéresse plus particulièrement aux rapports entretenus entre ces baladeurs et l'expérience urbaine.

la playlist et propose une playlist originale ayant pour principe la meilleure transition entre les morceaux.

Ces pratiques réalisent ce que Paul Valery pressentait dès 1928. « *La Musique, entre tous les arts, est le plus près d'être transposé dans le mode moderne. Sa nature et la place qu'elle tient dans le monde la désignent pour être modifiée la première dans ses formules de distribution, de reproduction et même de production. Elle est de tous les arts le plus demandé, le plus mêlé à l'existence sociale, le plus proche de la vie dont elle anime, accompagne ou imite le fonctionnement organique. Qu'il s'agisse de la marche ou de la parole, de l'attente ou de l'action, du régime ou des surprises de notre durée, elle sait en ravir, en combiner, en transfigurer les allures et les valeurs sensibles.* »[60].

Avec les objets numériques, nous assistons à des expériences contrôlées débouchant sur des formes de « babélisme culturel » dont les caractéristiques principales sont la fragmentation des contenus (un titre plutôt qu'un album) et l'abrogation des hiérarchies culturelles et historiques. En effet, ce babélisme culturel tend à dissoudre les frontières catégorielles et à transformer les dichotomies existantes non pas en terme esthétiques mais plutôt en terme de distinctions (Bourdieu, 1979) notamment entre le savant et le populaire.

A la recherche de l'ubiquité

Ces expériences contrôlées s'inscrivent autant qu'elles s'appuient sur une maîtrise des contraintes spatiales et temporelles à l'heure du « live » et de l'instantanéité. Comme le constatait Paul Virilio (1980) : « *L'avènement de ce qu'on appelle le temps réel, le live, dans tous les domaines, est dominé par l'avènement d'un temps mondial, universel, équivalent à celui des astronomes et qui met en crise le temps local de l'histoire* ». Face à cette société de la connexion et du temps direct généralisé, aux flux de communication, à cette surabondance de signes dans l'espace urbain, il devient nécessaire soit de s'y fondre, soit de s'en échapper. Or dans les deux cas, ceci travaille d'une même volonté de maîtrise des spatialités et des temporalités (Bull, 2007). La personnalisation musicale, vidéo, les podcast ou encore le livre audionumérique sont autant de formes qui permettent des reconfigurations choisies, qui déconstruisent les formats existants afin de les réinscrire dans des rythmiques et des temps personnels. Ecouter son iPod permet de s'abstraire, de

---

[60] Texte en ligne sur le site des classiques en sciences sociales: http://classiques.uqac.ca/classiques/Valery_paul/conquete_ubiguite/conquete_ubiquite.html

s'échapper du monde environnant. Ceci dans le but d'être à la fois présent mais déjà dans un ailleurs. Principe d'ubiquité qui est facilité par la portabilité des appareils. On parle alors de nomadisme, d'écoute et d'expériences nomades en insistant paradoxalement sur la nécessité d'être connecté à la fois au réseau technique et social. Mais si ces pratiques appellent à des formes de contrôles individualisées, elles n'en demeurent pas moins collectives puisque partagées par un certain nombre de personnes qui s'y reconnaissent et les alimentent.

FORMES DE CONTROLE CONTINGENTES

Cette double articulation de contrôle, comme dans toute opération systémique, entraîne enfin des formes de contrôle contingentes. Les ventes mondialisées et monopolistiques de l'iPod, les pratiques de téléchargement qu'elles occasionnent indirectement, la place des « tuyaux » et le renouvellement des partenariats induisent d'autres formes de contrôle des expériences et d'expériences contrôlées. C'est le cas notamment de l'éducation et de l'armée.

L'ipod et l'enseignement

Dès les premières années de commercialisation, l'iPod devient le support d'expériences pilotes[61]. Outre atlantique, quelques mois à peine après son lancement, de nombreux partenariats sont mis en place entre les institutions éducatives et Apple. Ils consistent à octroyer des appareils aux universités et un espace de téléchargement des enseignements numérisés via Itunes. Son intérêt est pressenti dans les langues étrangères et la musique mais il devient vite le support d'autres enseignements. En médecine par exemple, au-delà du simple support des enseignements donnés, il offre la possibilité de se familiariser avec les battements cardiaques. Une étude conduite par le Dr. Michael Barrett à l'université Temple de Philadelphie, présentée lors du colloque annuel de l'American College of Cardiology tend ainsi à montrer que l'écoute répétée de différents battements cardiaques sur un iPod permettrait une meilleure mémorisation des problèmes et améliorerait ainsi considérablement le diagnostique et la détection des anomalies chez les patients. Assez rapidement, les grandes universités nord américaines (M.I.T, Duke, Stanford, Berkeley, Sherbrooke, université de Montréal) font bénéficier leurs étudiants de ce service d'éducation complémentaire aux enseignements classiques. Même cas de figure en France à l'université Lyon 2, qui introduit les TICE (Technologies de l'information et de la communication pour l'éducation) dans ces formations. Contrôle

---

61 « Students get iPods as study aids » , BBCnews, 2003

contingent donc, qui devient progressivement une problématique politique de réduction de la fracture numérique comme l'expérience pilote lancée en 2007 dans les Yvelines[62].

Fort de ce succès, en 2007, Apple a ainsi ouvert son service Itunes U sein de son ItuneStore afin de permettre la gestion et mise en commun de ces différents enseignements. Une fois membre, les universités peuvent classer les contenus proposés et offrir un service gratuit pour n'importe quel utilisateur qui contrôle en retour les conditions de son apprentissage.

Nous sommes dans un contrôle systémique contingent puisque l'objet sert les intérêts d'autres institutions exerçant à leur tour d'autres formes de contrôle. En profitant d'outils d'apprentissage hybrides entre pratiques personnelles et pratiques d'enseignement classiques, l'université permet à ces étudiants de bénéficier de supports d'enseignement audio certifiés par les enseignants ; tout en se pliant aux règles de production et de diffusion imposées par Apple qui en tire un bénéfice à la fois économique et symbolique ; tout en faisant des étudiants de potentiels consommateurs[63].

Ipod et l'armée

Mais on trouvera aussi d'autres formes de contrôle contingent comme celui de l'apparition de l'iPod Touch et de l'iPhone dans le matériel utilisé par l'armée américaine dans la guerre en Irak. Du simple baladeur initial, il devient outil militaire. Plutôt que de développer ses propres appareils, les choix de l'état major américains s'expliquent par la simplicité d'usage, leur coût réduit en comparaison des matériels développés spécifiquement à l'usage de l'armée et les services qu'ils peuvent offrir (cartographie, traduction, transmission d'informations). Avec ses multiples fonctionnalités, l'iPod permet ainsi d'alléger les équipements en proposant une fois encore un produit global. Les programmes proposés par Apple sont ainsi détournés à des fins militaires et le département de la défense américaine n'hésite pas à développer des softwares à l'usage de l'ipod et à lancer des programmes de recherche sur leurs améliorations. On notera aussi la réduction des coûts de formation qu'il permet. Car l'ipod est simple d'usage et nombreux sont les soldats qui en possèdent déjà un à titre personnel[64].

---

62 Le monde informatique, 12/09/2007

63 C'est le cas connu de l'université de Duke aux Etats-Unis qui a offert les iPods lors du lancement du programme en 2004 mais qui aujourd'hui se propose soit de les prêter gratuitement durant un semestre soit de l'acheter à un tiers du prix du marché http://www.insidehighered.com/news/2006/04/28/iPod

64 « Apple's New Weapon", Newsweek (27/05/2009)

Contrôle systémique contingent encore avec l'armée puisque celle-ci détourne un matériel civil à des fins militaires et contribue ici au « brouillage » des frontières entre contrôles des expériences et expériences contrôlées.

Participation ou leurre ?

En guise d'ouverture et pour conclure cette communication, je poserai de façon polémique, la question de savoir si les NTIC et leurs usages participent d'un renouveau participatif du citoyen dans la sphère public ou si au contraire elle n'est qu'un leurre visant à masquer un renforcement idéologique de la logique libérale au sein des démocraties.

Comme nous l'avons vu, différentes modalités de contrôle s'exercent. Leurs analyses conduisent souvent à ne plaider que pour l'une dans son format classique d'assujettissement de l'individu à un système ou pour l'autre dans son versant naïf d'un renouveau participatif et d'une liberté totale du citoyen. Or comme le notait très intelligemment Michel De Certeau (1980) et dans la continuité des premières recherches des cultural studies, les postures tactiques s'inscrivent dans un cadre plus large que la simple pratique originale, elle n'est qu'une alternative enfermée dans les cadres stratégiques des institutions économiques et politiques.

Pourtant, ce qui se joue aujourd'hui est différent. Les stratégies autant que les tactiques sont concomitantes, elles reposent sur les interactions permanentes, « les adaptations » des différentes formes de contrôles au regard des expériences. Loin de naître ex-nihilo, le contrôle des expériences ne s'exerce qu'à rebours d'études de marché et de prospections, de compréhension des expériences contrôlées. Ce qui permet l'éclosion de modélisations temporellement définies.

Or, l'originalité actuelle réside dans ce processus de métastabilité. La force des expériences contrôlées, très souvent marginales ou décalées, consistent précisément à avoir un temps d'avance, à ouvrir des brèches dans ces postures de contrôles stratégiques pour mieux en hybrider les lois. L'artiste, Dj et auteur Jean Yves Leloup (2007) montre ainsi combien, au-delà des différentes velléités de contrôle, les nouvelles technologies ont contribué à bousculer le paysage musical et artistique. Les Ipod Battle[65] en sont un exemple puisqu'il devient une hybridation entre le catch et le dj. L'enthousiasme du public permet à la fin du combat sonore de jauger de la qualité de la prestation et des choix musicaux.

Plus globalement, cette question se repose de façon plus aigue avec Internet. Au-delà du contrôle des expériences exercé par les Fournisseurs d'Accès à

---

http://www.newsweek.com/id/194623

65 http://p45.ca/conversations/nightlife/ipod-battle/

Internet, les systèmes de gouvernance comme l'ICANN[66], les filtrages en tout genre, la participation et la pléthore d'articles d'usagers, de citoyens du monde entier conduisent à montrer que loin d'aboutir à ces formes de misère symbolique dénuées de ce narcissisme constructeur dont parle Bernard Stiegler, de nouvelles formes de participation collectives, de nouvelles formes de mobilisations et d'activisme existent. Consécutivement, elles peuvent être une voie pour un possible dépassement des logiques duales qui ordonnent l'espace public et les hiérarchisations institutionnelles. Non pas qu'elles les fassent disparaître mais au contraire, elles permettent de les rendre visible et d'en transformer les modalités de contrôle.

Parce que les expériences contrôlées s'inscrivent dans une démarche d'individuation, elles doivent pouvoir conduire à des créations originales qui seront à leur tour contrôlées pour mieux être détournées dans une spirale sans fin qui constitue finalement le métastable, essentiel au devenir d'une société dynamique et créative.

REFERENCES BIBLIOGRAPHIQUES

Akrich M. (1987). Comment décrire les objets techniques? *Techniques et Culture, n° 9*, 49-64.

Bouquillion P., & Combes Y. (2007). *Les industries de la culture et de la communication en mutation.* Paris : Harmattan.

Bull, M. (2008). *Sound Moves : IPod Culture and Urban Experience,* International Library of Sociology, London : Routledge.

Caru, A., & Cova, B. (2006). *Expériences de consommation et marketing expérientiel, Revue Française de Gestion, n° 162, 3,* 99 à 113

Certeau, De M. (1980). *L'invention du quotidien. 1. Arts de faire.* Paris : Seuil.

Deuleuze, G. (1990). Post-scriptum sur les sociétés de contrôle, *Pourparlers,* 240-247.

Filser, M. (2002). Le marketing de la production d'expérience : Statut théorique et implications managériales, *Décisions marketing, n° 28,*

Foucault, M. (1975). *Surveiller et punir.* Paris : Gallimard.

Kahney, L. (2005). *Cult of iPod.* San Fransisco : No Starch Press.

Leloup, J.Y. (2007). *Digital Magma « De l'utopie des raves-parties à la génération iPod".* Paris : Ed. Scali.

---

66 Internet Corporation for Assigned Names and Numbers

Lipovetsky, G. (2006). Le bonheur paradoxal. Paris : Gallimard.

Maffesoli, M. (1988). *Le temps des tribus. Le déclin de l'individualisme dans les sociétés postmodernes.* Paris : Klincksieck

Mattelart, A. (2008). L*a globalisation de la surveillance. Aux origines de l'ordre sécuritaire.* Paris : La Découverte.

Simondon, G. (1989). *L'individuation psychique et collective,* Paris : Aubier.

Stiegler, B. (2004). *De la misère symbolique.* Paris : Galilée.

Valery, P. (1928). *La conquête de l'ubiquité, in* Oeuvres, Tome II, Pièces sur l'art, NRF, Paris : Gallimard, Bibl. de la Pléiade, 1960.